Elemente der Politik

Herausgegeben von
H.-G. Ehrhart
Hamburg

B. Frevel
Münster

K. Schubert
Münster

S. S. Schüttemeyer
Halle

Die ELEMENTE DER POLITIK sind eine politikwissenschaftliche Lehrbuchreihe. Ausgewiesene Experten und Exper-
tinnen informieren über wichtige Themen und Grundbegriffe
der Politikwissenschaft und stellen sie auf knappem Raum
fundiert und verständlich dar. Die einzelnen Titel der ELE-
MENTE dienen somit Studierenden und Lehrenden der Politikwissenschaft und benachbarter Fächer als Einführung und
erste Orientierung zum Gebrauch in Seminaren und Vorle-
sungen, bieten aber auch politisch Interessierten einen soliden
Überblick zum Thema.

Herausgegeben von
Hans-Georg Ehrhart
Institut für Friedensforschung
und Sicherheitspolitik an der
Universität Hamburg, IFSH

Bernhard Frevel
Fachhochschule für öffentliche
Verwaltung NRW, Münster

Klaus Schubert
Institut für Politikwissenschaft,
Westfälische Wilhelms-Universität
Münster

Suzanne S. Schüttemeyer
Institut für Politikwissenschaft,
Martin-Luther-Universität
Halle

Weitere Bände in dieser Reihe http://www.springer.com/
series/12234

Everhard Holtmann
Christian Rademacher
Marion Reiser

Kommunalpolitik

Eine Einführung

 Springer VS

Everhard Holtmann
Martin-Luther-Universität
Halle-Wittenberg
Deutschland

Marion Reiser
Leuphana Universität Lüneburg
Deutschland

Christian Rademacher
Universität Passau
Deutschland

Elemente der Politik
ISBN 978-3-531-14799-4   ISBN 978-3-531-94096-0   (eBook)
DOI 10.1007/978-3-531-94096-0

Die Deutsche Nationalbibliothek verzeichnet diese Publikation in der Deutschen Nationalbibliografie; detaillierte bibliografische Daten sind im Internet über http://dnb.d-nb.de abrufbar.

Springer VS
© Springer Fachmedien Wiesbaden GmbH 2017

Lektorat: Jan Treibel

Gedruckt auf säurefreiem und chlorfrei gebleichtem Papier

Springer VS ist Teil von Springer Nature
Die eingetragene Gesellschaft ist Springer Fachmedien Wiesbaden GmbH
Die Anschrift der Gesellschaft ist: Abraham-Lincoln-Str. 46, 65189 Wiesbaden, Germany

Inhalt

1

Einleitung: Zur Bedeutung der kommunalen Politik in Deutschland

1.1 Die Gemeinde im Urteil der Bürger

Kommunalpolitik hat auf den ersten Blick wenig Aufregendes. Sie gilt gemeinhin als solide, aber auch als bieder und im Grunde provinziell. Nicht lokale Nachrichten beherrschen die Schlagzeilen der täglichen Berichterstattung, sondern die große Politik und eine global vernetzte Ökonomie. Anders fällt jedoch das Urteil der Bürgerinnen und Bürger aus: Werden sie befragt, wie sie die *Bedeutung* der politischen Ebenen einstufen, so rangiert die kommunale Sphäre zwar regelmäßig hinter der Bundespolitik (vergleichsweise weniger wichtig wird die europäische Politikebene eingeschätzt). Doch immerhin ein gutes Drittel der Bundesdeutschen, nämlich 34 Prozent in Westdeutschland und 36 Prozent in

Ostdeutschland, war 2008 der Überzeugung, dass die regionale bzw. lokale Ebene den größten Einfluss auf ihre Lebensbedingungen hat. Dieser Wert lag leicht unter dem EU-Durchschnitt von 38 Prozent. Der Bundespolitik wiesen 47 bzw. 46 Prozent erstrangige Bedeutung zu (Eurobarometer 307/2009). Im gleichen Jahr stuften 67 Prozent der deutschen Bevölkerung Entscheidungen, die der Stadtrat bzw. Gemeinderat trifft, als persönlich wichtig bzw. sehr wichtig ein. Als noch wichtiger wurde lediglich der Bundestag eingeschätzt (77 Prozent). Der Landtag lag mit 68 Prozent nahezu gleichauf (Bertelsmann Stiftung 2009). Folgt man einer neueren regionalen Umfrage, so hat der Stadt- bzw. Gemeinderat mit dem Bundestag gleichgezogen; beide kamen im April 2014 auf 75 Prozent (Infratest Dimap 2014).

1.2   Die historische Lebenskraft der kommunalen Selbstverwaltung

Im Urteil der Bürger kommt zum Ausdruck, dass kommunale Politik eine immerwährende Bedeutung für ein bürgernah regiertes und gut verwaltetes Gemeinwesen hat. Als ein Erfahrungswert hat sich das über viele Generationen hinweg vermittelt. Als eine mit Eigenverantwortung und eigenständigen Rechten ausgestattete, verfassungsrechtlich garantierte Einrichtung hat die kommunale Selbstverwaltung in Deutschland eine Geschichte, die mehr als zwei Jahrhunderte währt, und nicht zufällig hat diese Institution mehrere Wechsel des politischen Systems überdauert. Angesichts einer derart

weit ausgezogenen Traditionslinie erscheinen Zwischen-
zeiten, in welchen die Selbständigkeit der Gemeinden
von Staats wegen aufgehoben war, als vorübergehende
Abweichungen von einem langen historischen Entwick-
lungspfad: Nachdem sie im nationalsozialistischen Füh-
rerstaat 1935 gleichgeschaltet sowie in der DDR nach
1949 auf eine weisungsabhängige untere Ebene des zen-
tralistischen Einheitsstaates und der Einparteiherrschaft
der SED zurückgestutzt worden war, ist die kommunale
Selbstverwaltung im Zuge der demokratischen Neuordnung, die sich dem Fall dieser Regime 1945 bzw. 1989/90
anschloss, jeweils wieder in ihre alten Rechte eingesetzt
worden.

Das historische Beharrungsvermögen der kommunalen Selbstverwaltung als eine öffentliche Einrichtung, die
Verfassungsrang besitzt, hat mehrere Ursachen. Es erklärt
sich zum einen aus ideellen, nämlich aus der Demokra-
tieidee abgeleiteten Motiven und zum anderen aus funk-
tionalen, d. h. zweckhaft auf die Erledigung bestimmter
Aufgaben und Erfüllung spezieller Leistungen bezoge-
nen Gründen. Hinzu kommen sozialkulturelle Faktoren,
welche die gesellschaftliche Selbstorganisation im lokalen Einzugsbereich begünstigen. Letzteres meint: Seit je
her ist die örtliche Gemeinschaft jener Sozialraum, der
wesentlich unseren Alltag strukturiert. In örtlichen Ver-
kehrskreisen, also in Vereinen und Nachbarschaften, in
jugendlichen Freundeskreisen („Peer Groups") und bürgerschaftlichen Initiativen, findet soziales Leben unmittelbar statt. Persönliche Bedürfnisse und Interessenlagen
werden zwar, um die Chancen ihrer Durchsetzung zu erhöhen, vergesellschaftet, d. h. landesweit in Organisatio-

nen und Verbänden ‚aggregiert'. Aber *vor Ort* werden sie häufig konkret erfahrbar. Ehestens hier erscheinen öffentliche Angelegenheiten nicht abgehoben abstrakt, sondern konkret fassbar. Sowohl Probleme und Konflikte menschlichen Zusammenlebens, die sich aus dem Nebeneinander unterschiedlicher Lebensstile speisen oder aus dem Wettbewerb um die Verteilung knapper kommunaler Finanzmittel entstehen, als auch die Angebote der Grundversorgung, wie Kinderhorte und Schulen, Hospitäler, soziale Dienste, öffentlicher Nahverkehr und städtische Werke, existieren buchstäblich vor der Haustür. Der Sektor kommunaler Daseinsvorsorge ist eine Nahtstelle, an welcher die gesellschaftlich verwurzelte *Sozialgemeinde* eines Ortes und ihre Rechtsform, die *politische Gemeinde,* funktional miteinander verbunden sind. Dies erklärt, weshalb in der Literatur „Gemeinde" und „örtliche Gemeinschaft" begrifflich häufig gleichgesetzt werden.

1.3 Die sozialen Eigenschaften von lokalen Lebenswelten

Schon die ältere Kultur- und Gemeindesoziologie hat die sozial prägenden Eigenschaften lokaler Lebenswelten herausgearbeitet. Typisch für diese sei, dass der gemeinschaftliche Zusammenhalt gefestigt wird; ergänzend hinzu kommt demnach als eine weitere sozial orientierende Leistung überschaubarer Umgebungen, dass lokale Identifikation möglich wird. Eine herkömmliche Annahme lautet, dass solche Ortsbezogenheit wenn schon nicht mehr eine Gewähr für das ist, was altmodisch als Geborgenheit bezeichnet wird, so doch wenigstens für ein gewisses Maß an Verhaltenssicherheit sorgt, indem sie für die Bewältigung des Alltags einen Kompass bereit stellt. Im soziologischen Sinne „ist und bleibt" die Gemeinde, so führte der Soziologe René König Mitte der 50er Jahre aus, eine mehr oder weniger große lokale Einheit, die „eine unbestimmte Mannigfaltigkeit von Funktionskreisen, sozialen Gruppen und anderen sozialen Erscheinungen" in sich einschließt. Hier wirken Menschen zusammen mit dem Ziel, ihr wirtschaftliches, soziales und kulturelles Leben zu gestalten (König 1956, S. 20, 23).

Freilich sind die sozialen Begleiterscheinungen örtlicher Gemeinschaften zwiespältig. Innere Verbundenheit wirkt sich nicht immer segensreich aus. Sie hat vielmehr, so König zutreffend, „selbstverständlich auch ihre sehr handgreifliche, organisatorische Außenseite" (ebd.). Diese Beobachtung teilend, hat ein anderer Soziologe, Max Weber, als kennzeichnend für den Typus der „Nachbarschaftsgemeinschaften" eine Hilfsbereitschaft auf Gegenseitigkeit, aber auch ein Streben nach „Innehaltung möglichster Distanz" genannt. Gerade weil hier die persönlichen Beziehungen „besonders enge und häufige" sind, könnten soziale Konflikte sich „zu ganz scharfem und nachhaltigem Grade" zuspitzen (Weber 1976, S. 217). Anders gesagt: Wo Nachbarn Anteil nehmen und sich einmischen, wird das Private öffentlich und unter eine erhöhte Kontrolldichte gestellt (hierzu ausführlicher Holtmann und Killisch 1991, S. 58 ff.). In ländlichen Gegenden wird dieses Gefühl sozialer Kontrolle gerade von jungen und alten Dorfbewohnern als störend empfunden (May 1984, S. 38). Die private Sphäre dennoch zu sichern, stellt folglich für die Selbstregelungsfähigkeit örtlicher Gemeinschaften eine besondere Herausforderung dar.

Halten wir fest: Die „Dichte, Nähe und Intensität" sozialer Beziehungen (Wehling 1981, S. 227) ist ein überzeitlich gültiges Merkmal lokaler Gemeinschaften, das seit dem Entstehen der abendländischen („okzidentalen") Stadt im späten Mittelalter deren sozialen Wandel bis heute begleitet. Solche lokalen Sozialbeziehungen wirken zwar gemeinschaftsstiftend, bilden jedoch stets auch unterschiedliche *Interessenlagen* ab. Sie sind daher immer auch *Machtbeziehungen*. Damit ist gemeint, dass die Chancen, das eigene Interesse gegen konkurrierende andere erfolgreich durchzusetzen, ungleich verteilt sind (vgl. Weber 1976; König 1956, S. 46). Infolge der beschriebenen vergleichsweise hohen sozialen Verdichtung treten in Gemeinden Interessenkonflikte in persönlicher Form auf, und da gleichzeitig die soziale Distanz gering ist, schlagen solche Konflikte wie auch das damit einhergehende Machtgefälle auf die zwischenmenschlichen Beziehungen zwangsläufig stärker durch.

1.4   Von der sozialen zur politischen Gemeinde

Ein Ausweg, um lokale Spannungen zu handhaben, führt über die Institutionalisierung, d. h. die verbindliche Setzung von Normen. Deren Zweck ist es, dauerhaft Richtwerte zu verankern, die Ordnung zu sichern und Frieden stiften zu können. Sozialphilosophen wie der US-Amerikaner Robert McIvers sehen den Übergang von bloßem lokalem Zusammenleben („locality") zur örtlichen Gemeinschaft („community") darin vollzogen, dass die betreffende soziale Gruppe sich nicht mehr nur als eine Ansammlung individueller Privatinteressen begreift, sondern sich auf die Geltung bestimmter gemeinsamer Interessen („common interests") und Gemeinschaftsgüter („common goods") verständigt (vgl. Plant 1987, S. 88 f.). Die politische Gemeinde bietet in Deutschland ein verfassungsrechtlich verankertes Forum, um private Interessen und Gemeinwohl miteinander auszubalancieren.

Im Ergebnis einer solchen Institutionenbildung nimmt eine soziale Gemeinschaft *politische Gestalt* an. In urwüchsiger Form traf dies bereits auf das mittelalterliche Dorf zu, als sich dieses auf eine schonende Nutzung der Gemeinschaftsweide, der sogenannten Allmende, verständigte. Während diese Form des allgemein verträglichen Ausgleichens individueller Interessen noch einem ungeschriebenen Gesetz folgte, also auf „traditionaler", d. h. durch Herkommen begründeter Geltung beruhte, wurde späteres Stadtrecht in die Form formaler rechtlicher „Satzungen" gebracht, d. h. das Regelwerk, das bürgerschaftliches Leben regelt, wurde verschriftlicht. Damit entstand die Gemeinde historisch als eine rechtliche Einheit. Dadurch, dass sie hinfort an formale rechtliche Vorschriften gebunden und nicht mehr nur auf den guten Willen von beteiligten und betroffenen Personen angewiesen war, wurde städtische Herrschaft *rationalisiert*.

1.5   Eigenständige und übertragene Aufgaben

Vor dem Hintergrund dieser geschichtlichen Entwicklung werden die Bedeutung der modernen Gemeinde und ihr in Artikel 28 des Grundgesetzes herausgehobener Verfassungsstatus als politische Institution nachvollziehbar. Als ein eigener Zweig des Staatsrechts hat sich im modernen Staat das Kommunalrecht entfaltet. Es regelt jene Angelegenheiten, die auf das Gemeindegebiet bezogen sind bzw. kommunaler Erledigung bedürfen, so unter anderem auch die Wahl und die Zuständigkeiten der örtlichen bürgerschaftlichen Repräsentation in Gestalt der Ratsversammlung sowie der (inzwischen direkt gewählten) Bürgermeister. Die kommunale Ebene, welche die Landkreise einschließt, stellt heute eine Sphäre ortsbürgerschaftlicher Selbstverwaltung dar, der kraft Gesetz zusätzlich staatliche Aufgaben übertragen sind. Mit solchen gemischten Zuständigkeiten ausgestattet, hat sie sich als eine eigenständige Ebene im staatlichen Gefüge rechtlich wie faktisch eingerichtet. Auch die Bürgerinnen und Bürger nehmen das in ihrer großen Mehrheit so wahr: Befragt nach den Gründen für ihre Wahlentscheidung, nannten beispielsweise bei der Kommunalwahl in Bayern am 16. März 2014 insgesamt 79 Prozent die Kommunalpolitik und lediglich 11 bzw. neun Prozent die Landes- bzw. Bundespolitik (Infratest Dimap/ BY 2014, S. 14). Auch in Ostdeutschland stehen lokale Belange als Motive der Wahlentscheidung eindeutig im Vordergrund: In Mecklenburg-Vorpommern, wo am 25. Mai 2014 die Kommunalwahlen am gleichen Tag mit den Europawahlen abgehalten wurden, nannten 67 Prozent die kommunale Politik als ausschlaggebendes Wahlmotiv (Infratest Dimap/MV 2014).

Die politische Gemeinde ist historisch und gegenwärtig zum einen ein institutionell gefestigtes Modell, das den Zweck hat, die überschießende Dynamik und die tendenziell selbstzerstörerischen Kräfte, die innerhalb von auf kleinem Raum verdichteten gesellschaftlichen Gebilden aufbrechen, rational, d. h. in den Formen des – früher ungeschriebenen und später durch Ratsbeschlüsse „gesatzten" – Rechts zu bändigen. Zum anderen gewährleistet die Rechtsstellung als politische Gemeinde deren Qualität als ein eigenständiger Entscheidungsträger, die ihr der Staat seit Beginn des 19. Jahrhunderts schrittweise übertragen hat. Dieser ihrer Rechtsstellung zufolge, ist die Gemeinde ein Organ der Selbstverwaltung und zugleich der Auftragsverwaltung (Näheres hierzu in Kapitel 2). Sie ist eingepasst in das Gefüge jener mit dem modernen Staat der Neuzeit entstandenen Staatsgewalt, die im heutigen föderalistischen System über mehrere Ebenen hinweg gewaltenteilig angeordnet ist.

1.6 Nähe als Schlüsselgröße von Kommunalpolitik

Wenig überraschend ist, dass die kommunale Politik und Verwaltung im Fortgang der kommunalpolitischen Praxis Handlungsmuster entwickelt hat, welche die oben beschriebenen besonderen Kennzeichen örtlicher Sozialgemeinden erkennen lassen. An dem lokalen Alleinstellungsmerkmal der räumlichen und sozialen „Nähe" lässt sich die enge Austauschbeziehung, die zwischen Sozialgemeinde und politischer Gemeinde besteht, veranschaulichen: „Räumlich sind sich die Bürger und ihre Repräsentanten auf kommunaler Ebene am nächsten. Sachlich wird eine größere Problemnähe sowohl der kommunalen Entscheidungsträger als auch der Bürger (aufgrund guter Ortskenntnisse) vermutet. Sozial kann in Gemeinden eher ein Kleinklima des Vertrauens entstehen, und emotional besteht eine größere Identifikationsbereitschaft der Bürger auf kommunaler Ebene" (Holtkamp 2007, S. 367). Aufgrund der Nähe der kommunalen Fragen werde Politik weniger über Parteien und Verbände und stärker über Personen vermittelt. Grundsätzliche Konflikte würden wegen eben dieser Nähe eher ausgeklammert. Andererseits sei „der direkte Einbezug vieler Bürger in politische Willensbildungs- und Planungsprozesse … fast nur auf der kommunalen Ebene möglich" (ebd.).

Lokale Nähe erweist sich folglich als eine wichtige Vermittlungshilfe für Kommunalpolitik: Alltägliche Vertrautheit mit Personen und Problemen wird in den lokalen politischen Sektor übersetzt und hat dort einen doppelten vertrauensbildenden Effekt. Zum einen fällt die für eine funktionierende Demokratie wichtige Rückkopplung („Responsivität") zwischen Ortsbevölkerung und gewählten Vertretern leichter. „Stadträte und Bezirksvertreter leben in der Nähe, „um die Ecke", sind ansprechbar und werden angesprochen wegen all der Probleme, die das Leben in einer Gemeinschaft ausmachen – von den Öffnungszeiten der Kindertagesstätte über die Betreuung in der Grundschule bis hin zum Service im Einwohnermeldeamt" (Slawig 2011, S. 4). Zum anderen ist, wie eine neuere Studie ausführt, „das Gefühl der Bürger, politischen Einfluss ausüben zu können, vor Ort wesentlich stärker entwickelt als bezüglich der nationalen oder europäischen Politik" (Vetter 2011, S. 29). Deshalb, und weil zudem auch die Leistungskraft („Performanz") der kommunalen Politik vergleichsweise gute Noten erhält, messen Umfragen regelmäßig ein höheres generelles Vertrauen in kommunale Akteure und Institutionen als für die übergeordneten staatlichen bzw. europäischen Ebenen (ebd., auch Eurobarometer 307).

Jüngste Daten erhärten einmal mehr empirisch, dass zwischen örtlicher Bürgerschaft und kommunaler Politik eine besondere Beziehung herrscht. Der bereits zitierten Umfrage zufolge, die im Vorfeld der bayerischen Kommunalwahl 2014 erhoben wurde, äußerten sich 92 Prozent der Befragten mit den Lebensbedingungen in der Stadt bzw. Gemeinde und 73 Prozent mit der Arbeit ihres Stadt- oder Gemeinderates sehr zufrieden bzw. zufrieden. Gegenüber 2008 hatten sich diese hohen Zustimmungswerte kaum verändert. Auch in anderen Bundesländern, des Westens wie des Ostens, werden die örtlichen Lebensbedingungen ähnlich hoch bewertet, so etwa von 87 Prozent in Rheinland-Pfalz und von 81 Prozent in Mecklenburg-Vorpommern (Infratest Dimap/RhP 2014 und /MV 2014). Ebenso fiel die Zufriedenheit mit der lokalen Arbeit der Parteien im Vergleich zur Landesebene durchwegs höher aus.

Abermals bestätigte sich ferner, dass kommunale Wahlen in erster Linie Persönlichkeitswahlen sind: 87 Prozent der bayerischen Befragten gaben an, dass die *Kandidaten* ein (sehr) wichtiger Grund für ihre Wahlentscheidung seien. Und 79 Prozent stimmten der Aussage zu: „Bei den Kommunalwahlen wähle ich Leute, die ich kenne, und nicht nur eine Partei oder Liste". Immerhin 76 Prozent gaben an, dass auch die Aussagen der Parteien bzw. Listen zu politischen Sachfragen eine wesentliche Rolle spielten (Infratest Dimap/BY 2014, S. 6, 14 f.). Kaum anders stellt sich das Meinungsbild der Baden-Württemberger dar: Für 85 Prozent stehen die Kandidaten und für 73 Prozent ebenso Sachfragen im Mittelpunkt (Infratest Dimap/BW 2014). Deutlich andere Präferenzen gibt es jedoch in Nordrhein-Westfalen: Dort dominieren klar lokale Sachfragen (69 %) vor Kandidaten (14 %) (Infratest Dimap/NRW 2014). Dies deutet auf langfristig prägende Wirkungen regionaler politischer Kulturen hin: Während im Südwesten Deutschlands der Persönlichkeitsfaktor im Wahlrecht seit Gründung der Bundesrepublik eine wichtige Rolle spielt, hat in NRW das jahrzehntelang geltende Wahlsystem starrer Listen den Parteienfaktor traditionell bevorzugt.

1.7   Die Gemeinde als „Grundschule der Demokratie"

Das Ausmaß an Anerkennung, das der kommunalen Ebene von Seiten der Bürger konkret zuteilwird, belegt, dass die Schlüsselrolle, die der Gemeinde als eine „Grundschule der Demokratie" in der klassischen wie in der modernen Demokratietheorie normativ zugewiesen

wird, im tatsächlichen Erfahrungshorizont der Bevölkerung durchaus verankert ist. Dies ist umso bemerkens-
werter, als die demokratietheoretische Legitimation der
kommunalen Sphäre, also die Herleitung ihrer Daseins-
berechtigung aus dem Prinzip bürgerschaftlicher Selbst-
regierung, in Deutschland erst verspätet, nämlich 1919 in
die Verfassung Eingang gefunden hat. Auch danach er-
wies sich die in der juristisch geprägten Kommunalwissenschaft fortgeschriebene Vorstellung, kommunale Politik sei im Kern *unpolitische Verwaltung,* als ausgesprochen
zählebig. Erst mit der demokratischen Neuordnung von
1945/49 setzte sich das angelsächsische Modell der „Gras-
wurzeldemokratie" stärker im deutschen Denken durch.
Diesem Denkansatz zufolge werden politische Aktivitä-
ten, die sich im Lokalen entfalten, als ein Lernfeld für
die Selbsterziehung zum guten Bürger („good citizen")
begriffen (vgl. Holtmann 1995, S. 236 ff.).

Indes erschöpft sich eine örtlich gelebte Demokratie
nicht in einem ausschließlich auf lokale Fragen bezoge-
nen Gemeinschaftsleben, sondern sie ist nach unserem
modernen Demokratieverständnis auch die Keimzel-
le für demokratisches Regieren im gesamten Staat. Nur
dann, wenn demokratische Teilhabe „von unten auf"
wächst und die übergeordneten politischen Ebenen beeinflusst und kontrolliert, besteht die Chance, dass politische Aktivität, die sich lokal entfaltet, ihre Integrations-
aufgabe für die gesamtstaatliche Demokratie erfüllen
kann. Folgerichtig wird daher im bundesdeutschen Par-
teiengesetz *„den einzelnen Mitgliedern* [Hervorhebung v.
Verf.] eine angemessene Mitwirkung an der Willensbildung der Partei" garantiert (§ 7, Absatz 1 PartG). Über

diese Aufwertung der lokalen Basisarbeit wird die Orts-
bzw. Kreisebene der Parteiorganisation als Fundament
der demokratischen innerparteilichen Willensbildung
gesetzlich verankert (Holtmann 2013, S. 791 f.).

1.8 Die Kluft zwischen demokratischem Ideal und der Wirklichkeit

Nun klaffen Ideal und Realität stets auseinander. Die
Frage ist natürlich, inwieweit die politische Wirklichkeit
das demokratietheoretische Modell widerspiegelt. Skepsis erscheint schon deshalb angebracht, weil die politischen Parteien hierzulande nur eine Minderheit der Bürgerinnen und Bürger organisatorisch erfassen. Seit den
1990er Jahren gehen die Mitgliederzahlen zudem stetig
zurück. Die Rekrutierungsfähigkeit der Parteien, die als
prozentualer Anteil der Parteimitglieder an der beitritts-
berechtigten Bevölkerung gemessen wird, hat sich von
3,65 im Jahr 1990 auf 1,76 im Jahr 2014 halbiert (Niedermayer 2016, S. 417). Andererseits bietet das lokale
Geschehen offenbar besondere Anreize für parteipoli-
tisches Engagement. Wie eine neuere Parteimitglieder-
studie belegt, scheint kommunale Betätigung häufig immerhin den Anstoß zu geben, einer Partei beizutreten
(Laux 2011, S. 74).

Halten wir fest: Der verfassungsrechtlichen Einrich-
tungsgarantie für die sich selbst verwaltende Gemeinde
liegt die normative Überlegung zugrunde, dass eine *dezentrale Erledigung öffentlicher Aufgaben* die Demokratie stärkt. Dezentral ‚zerlegte' Politik fördert demzufol-

ge „eine bessere Berücksichtigung von Bürgerinteressen, mehr Partizipation der Bürger, im Idealfall die Selbstbestimmung in kleinen Gemeinschaften, deren Identität und Besonderheit bewahrt" werden (Benz 2003, S. 6). Im Leitziel der Dezentralisierung von Politik geht der demokratische Wunsch einer möglichst breiten politischen Beteiligung im Übrigen eine programmatische Verbindung mit der technokratischen Erwartung *besserer Problemlösungen* ein. Dass eine Politik, die sich der Vorteile der örtlichen Nähe bedient, indem sie lokales Wissen abschöpft, ihren sachlichen Ertrag steigern kann, gilt seit den 1970er Jahren in der lokalen Politikforschung als ausgemacht.

1.9 Kommunen als dezentraler Teil des Gesamtstaates

Seither ist die Bestimmung des Standorts der Kommunalpolitik im Staat unter Aspekten innenpolitischer Aufgabenteilung um eine dritte Überlegung erweitert worden: Lokale Politik wird nicht mehr vorrangig aus dem Blickwinkel einer demokratietheoretisch und funktional begründeten kommunalen Autonomie, sondern auch stärker als ein *dezentraler Teil des gesamtstaatlichen Systems* verstanden. Im föderalistischen Staat verblieben der kommunalen Ebene, so beschreibt Joachim Jens Hesse diese funktionale Sicht auf die Beziehung zwischen Stadt und Staat, ungeachtet finanzieller Beschränkungen weiterhin eigene Handlungsspielräume, weil sie als eine nachgelagerte „Umsetzungs-, Bündelungs- und

Integrationsinstanz" für den Staat zunehmend wichtiger werde. Während staatliche Politik eher Führungsaufgaben übernehme, die auf die Erkennung und Lösung von Problemen ziele, „gehen die Leistungsfunktionen der Politik verstärkt auf die kommunale Ebene über" (1986, S. 25). Dass diese Einschätzung zutreffend ist, lässt sich an zwei Sachverhalten beispielhaft veranschaulichen: Da die staatliche Verwaltung kaum noch auf einen eigenen lokalen Behördenunterbau zurückgreifen kann, ist sie auf Implementationshilfen der kommunalen Organe, d.h. deren Beistand bei der Ausführung von Gesetzen angewiesen. Im kommunalen Vollzug staatlicher Gesetze werden die standardisierten Vorgaben der Gesetzestexte an konkrete örtliche Problemlagen angepasst (Bogumil 2001, S. 17). Und: Einer Faustformel zufolge, tätigen die Kommunen ungefähr zwei Drittel aller öffentlichen Ausgaben.

Scheint demnach die *funktionale* Bedeutung der kommunalen Ebene für den Staat insgesamt unstrittig, so bliebe noch zu klären, inwieweit die Gemeindedemokratie die Identifikation mit dem demokratischen System insgesamt stärkt. Einer Untersuchung Angelika Vetters zufolge, ist das Bild nicht eindeutig: Einesteils würden mit wachsender Aufgabenfülle „die Kommunen stärker als eigenständige Akteure gesehen, die mit der nationalen Politik immer weniger gemein haben". Diese „Entkopplung" der Ebenen, die in der Wahrnehmung der Bürger stattfinde, schmälere die Chancen der lokalen Politik, die Zustimmung für die übergeordneten Ebenen zu erhöhen. Andererseits: Dort, wo es gelinge, die Bürger von der Qualität des demokratischen Prozesses auf der lokalen Ebene zu überzeugen, wirke sich dies auch positiv auf die nationale Zufriedenheit mit der Demokratie aus (2002, S. 188, 194 f.).

1.10 Keine zeitlose Idylle: Umwälzungen in lokalen Lebenswelten

Eben dies gestaltet sich schwierig. Denn lokales Leben ist keine heile Welt. Wir haben bereits erwähnt, dass das Zusammenleben in überschaubaren Räumen außer Vertrautheit, Nachbarschaftshilfe und Gemeinsinn auch Beengtheit, soziale Kontrolle, Gleichverhaltensdruck und interessengeleitete Machtkonflikte erzeugt. Hinzu kommt, dass Gemeinden keine Insellage haben, die sie gegen gesellschaftliche Umbrüche und Schwankungen des Wirtschaftszyklus abschottet. Der soziale Wandel, die wiederholten Schübe ökonomischer Innovationen und Anpassungskrisen, die Veränderung kultureller Werte und Normen sowie die Folgen des demografischen Wandels hinterlassen lokal tiefe Spuren, die in städtischen Ballungsgebieten und in Gemeinden des ländlichen Raums allerdings unterschiedlich ausfallen.

Die Umwälzung lokaler Lebenswelten hat viele Gesichter. Der Stadt-Land-Gegensatz, der frühere Zeiten prägte, ist weitgehend eingeebnet worden. Dazu trägt eine der Mobilität verpflichtete Arbeitsgesellschaft ebenso bei wie die globale Vernetzung mit Information sowie der flächendeckende (inzwischen freilich im ländlichen Raum rückgebaute) Ausbau der Infrastruktur. Überlokale Leitbilder und Lebenssichten gewinnen un-

abhängig von Ortsgröße und Lage im Raum an Bedeutung. Hierfür ein Beispiel: Lokale Ansässigkeit wird als
örtliche Bindung dort weniger eindeutig, wo sie mit
– insgesamt zunehmenden – Formen einer sogenannten
multilokalen Lebensführung einhergeht; dabei pendeln
Menschen zwischen mehreren, zum Teil weit voneinan-
der entfernten Wohnstandorten. Raumplaner sehen die
Folgen eher kritisch: Es komme zu steigender Verkehrs-
dichte, zu Engpässen auf dem Wohnungsmarkt und in
den Fortzugsgebieten zur Ausdünnung des „Humanver-
mögens" an qualifizierten Arbeitskräften (ARL 2014).
Positiver betrachtet, führt diese erweiterte Mobilität
dazu, dass die Grenzen zwischen zurückgebliebenen und
fortgeschrittenen lokalen Räumen durchlässiger werden.
Dass diese Entwicklung, die in der Wissenschaft als Ur-
banisierung beschrieben wird, jedoch Auswirkungen auf
das örtliche Zusammenleben und auf die kommunale
Politik hat, liegt auf der Hand.

In großen Städten wird das anders spürbar als in kleinen Gemeinden. Schon Ende der 1980er Jahre mehrten
sich Anzeichen dafür, dass „urbane" Lebensformen, die
sich in der Großstadt verbreiten und sich dort in bestimmten Stadtvierteln verdichten, auch die Art der örtlichen Bindung und Identifikation ändern. Anders als
zuvor, würden, so die Beobachtung, lokale „Identifika-
tionsräume" nicht mehr über gefühlsmäßige Bindungen
an „den" Ort bestimmt, sondern „aus Zielen gebildet",
die sich auf den Stadtteil als selbstbestimmten Lebens-
raum richten. Dabei ginge es den beispielsweise an
Spielplatz- oder Kindergarten-Initiativen beteiligten El-
tern nicht darum, die Benachteiligung und Unterversor-

gung ihres Stadtteils mit öffentlichen Einrichtungen zu kritisieren. Ausschlaggebend sei vielmehr der Wunsch, „bestimmte Erziehungs- und Kooperationsformen, an denen sie gerade auch selbst beteiligt sein wollen, zu realisieren" (Göschel 1987, S. 102).

Dadurch erhielt die alte Idee bürgerschaftlicher Selbsttätigkeit neuen Auftrieb. Getragen wurden diese Initiativen von den neuen sozialen Bewegungen, die Ende der 1970er Jahre aufkamen und die Organisationsformen, Themen und den Stil auch kommunaler Politik nachhaltig veränderten. Ob im Gefolge dieses neuen bürgerschaftlichen Engagements das Bedürfnis, eigene Lebensweisen und Lebensstile zu verwirklichen, die bis dahin vorherrschende „Auseinandersetzung um Verteilungsentscheidungen" als Motiv für das Interesse am lokalen Geschehen tatsächlich abgelöst hat (ebd.), ist fraglich. Denn mit Blick auf die ersten beiden Jahrzehnte des 21. Jahrhunderts ist unübersehbar, dass Verteilungsfragen die kommunale Tagesordnung durchaus bestimmen. Ausschlaggebend dafür sind zwei Entwicklungen: zum einen die fortschreitende ungleiche *soziale Verteilung* der Bevölkerung innerhalb der Städte, und zum anderen die vielerorts dramatische Schieflage der kommunalen Finanzen. Beides trägt zur Verschärfung von *materiellen Verteilungskämpfen* bei.

1.11 „Gespaltene Stadt" und kommunale Finanznöte

Dass vor allem große Städte sich in der Richtung „gespaltener Gesellschaften" entwickeln, ist für die Stadtforschung und die Stadtpolitik längst zu einen zentralen Thema geworden. Zwar hat es, wie eine Studie anmerkt, „immer schon vom sozialen Status geprägte Wohngegenden oder nach Beruf zugewiesene Straßenabschnitte" gegeben. Neu sind hingegen das Ausmaß und die nach Einkommensunterschieden messbare Spreizung dieser innerstädtischen Entmischung (*„Segregation"*), die mit *sozialen Polarisierung* einhergeht: Haushalte mit geringen Einkommen konzentrieren sich zunehmend in bestimmten, als benachteiligt geltenden Stadtvierteln (BBSR-Berichte Kompakt 03/2012, S. 3). Eine Häufung von Armut betroffener Haushalte mit Kindern in Großwohnsiedlungen und Stadtrandsiedlungen des früheren sozialen Wohnungsbaus ist demzufolge offenkundig (ebd., S. 6).

Seit den 1990er Jahren ist die „Finanznot der Städte" eine dauerhafte politische Klage der kommunalen Spitzenverbände. Tatsächlich ist die Gesamtverschuldung der Kommunen im Verhältnis zum Bruttoinlandsprodukt (BIP) von unter zehn Prozent anfangs der 1950er Jahre auf rund 40 Prozent im Jahr 2010 gestiegen (Infoport 5/2013). Zwar wuchs im gleichen Zeitraum auch die Schuldenlast von Bund und Ländern. Anders als diese aber haben die Kommunen nur sehr eingeschränkte Spielräume, durch Steuererhöhungen ihre Einnahmen zu verbessern. Zudem sind den Gemeinden durch Leistungsgesetze des Bundes immer wieder finanzielle Lasten aufgebürdet worden. In der Folge kann eine wachsende Zahl von Gemeinden keinen ausgeglichenen Haushalt mehr vorlegen und unterliegt daher einer strengen staatlichen Haushaltsaufsicht. Damit wurde das sogenannte Nothaushaltsrecht beispielsweise „in den nordrhein-westfälischen Mittel- und Großstädten zum Normalfall" (Holtkamp 2011, S. 15).

Klamme Kassen führen dazu, dass zahlreiche Kommunen ihre sogenannten freiwilligen Leistungen, z. B. im Kultur-, Sozial- und Sportbereich, zurückfahren müssen. Dies verschärft wiederum die nachteiligen Folgen der sozialen Polarisierung, da vom Spardiktat die ärmeren Bevölkerungsschichten überdurchschnittlich stärker betroffen sind – auch deshalb, weil Angehörige der besser verdienenden und höher gebildeten Mittelschichten auf die Herausforderung, welche die geschrumpfte finanzielle Verteilungsmasse darstellt, mit verstärktem lokalem politischen Engagement antworten, während andere, „die dem unteren Drittel der Gesellschaft angehören, sich von der Politik im Stich gelassen wähnen und zunehmend mit Wahlenthaltung reagieren" (Holtmann 2012, S. 223).

1.12 Krise der kommunalen Selbstverwaltung?

Damit sind die politisch prekären Folgen der kommunalen Finanzkrise und des innerstädtischen sozialen Wandels markiert. Nach 1990 ist die Wahlbeteiligung bei Kommunalwahlen in allen Bundesländern deutlich,

nämlich um annähernd 20 Prozentpunkte gesunken
(Vetter 2013, S. 239 f.). Man darf vermuten, dass darin
auch wachsende Unzufriedenheit mit dem Angebot an
kommunalen Leistungen zum Ausdruck kommt. Denn
im kooperativen Föderalismus der Bundesrepublik sind
die Ebenen von Bund, Ländern und Gemeinden – sowie in zunehmendem Maße überdies der EU – eng miteinander verzahnt, sodass Kommunalpolitiker nicht nur
für Kürzungen im Gemeindehaushalt, sondern auch
für die Sparzwänge des Wohlfahrts- und Leistungsstaa-
tes, die ja von lokalen Stellen ausgeführt werden müssen, in politische Mithaftung genommen werden. Auf
einen solchen Zusammenhang weisen auch die rückläu-
figen Wähleranteile der großen Parteien bei Gemeinde-
rats- und Kreistagswahlen hin.

Gleichwohl kann von einer wirklichen *Krise* der kommunalen Selbstverwaltung nicht die Rede sein. Das verhindern zum einen die korrigierenden Kräfte, die im
System des kooperativen Föderalismus der Bundesrepublik freigesetzt werden, und zum anderen die Stärken
der kommunalen Verfassungsinstitution als solche. Dass
sich seit 2010 die finanzielle Lage der Gemeinden etwas entspannt, ist nicht allein der günstigen Konjunktur
und dem entsprechenden Aufwuchs von Steuereinnahmen geschuldet. Auch Konsolidierungshilfen der Bundesländer wirken sich auf die kommunalen Haushalte
mittlerweile entlastend aus. Zum anderen wird im internationalen Vergleich nicht ohne Grund gerade „den
deutschen Städten und Gemeinden traditionell ein hoher Grad an Autonomie und Handlungsspielräumen zugeschrieben" (Vetter 2011, S. 27).

1.13 Pfadabhängige Kommunalpolitik und ihre Anpassungsfähigkeit

Die Fähigkeit, das hohe Niveau an Selbststeuerung und Handlungsspielräumen über längere Zeiträume hinweg zu halten bzw. zu bewahren, ist Ausdruck einer ausgeprägten *Pfadabhängigkeit* der Kommunalpolitik. Dies ist so zu verstehen, dass die institutionelle ‚Architektur' des deutschen Modells demokratischer kommunaler Selbstverwaltung, wie es 1949 im Grundgesetz verankert und nach der Wiedervereinigung 1990 auf Ostdeutschland übertragen worden ist, Entwicklungspfade vorgezeichnet hat, die sich im Fortgang der kommunalen Praxis verstetigt haben. Wohlgemerkt: Pfadabhängigkeit heißt nicht, dass der Weg von vornherein genauestens festgelegt ist. Vielmehr verbleiben den handelnden Akteuren genügend Freiräume, um den konkreten Pfadverlauf an gesellschaftliche Veränderungen oder unvorhergesehene Herausforderungen anzupassen. In der Tat hat die kommunale Ordnung auf auftretenden Modernisierungsdruck wiederholt mit Reformen der Institution reagiert: so Ende der 1960er/Anfang der 1970er Jahre mit der ersten Welle von Gebietsreformen, so im Laufe der 1990er Jahre mit der Umstellung der Verwaltung gemäß dem Neuen Steuerungsmodell (NSM) und ebenso durch die Stärkung direktdemokratischer Elemente bei lokalen Wahlen und im kommunalen Entscheidungssystem (siehe Bogumil 2001; Naßmacher 2013). Diese Reformen sind zwar hinter dem erwarteten Reformertrag regelmäßig zurückgeblieben. Sie sind aber ein Beleg dafür, dass – um es im Sprachgebrauch der Pfadabhängigkeit zu sagen – die kommunale Selbstverwaltung nicht ‚aus der Bahn geworfen' worden ist.

Die folgenden Kapitel des Buches nehmen den Leitgedanken, dass Kommunalpolitik hierzulande sich pfadabhängig und zugleich wandlungsfähig darstellt, jeweils auf. In Kapitel 2 werden die Aufgaben und die Haushaltslage der Kommunen dargestellt. Kapitel 3 geht auf die Herausforderungen ein, welche infolge der sozialen Spaltung der Städte für Stadtpolitik und Stadtentwicklung entstehen. Kapitel 4 behandelt das kommunale Wählerverhalten. In Kapitel 5 geht es um das Grundverständnis von Kommunalpolitik sowie die sozialen Merkmale und Handlungsmuster der kommunalen Akteure. Kapitel 6 thematisiert die geteilte Macht zwischen den kommunalen Organen, also Rat, Bürgermeister, Verwaltung und ausgelagerten Dienstleistungseinheiten. Das schließende Kapitel 7 ordnet die kommunale Politik in das Mehrebenensystem der Europäischen Union ein.

Zusammenfassung

Kommunale Politik vollzieht sich in Deutschland traditionell in den rechtlichen Formen der kommunalen Selbstverwaltung. Gemeinden und Kreise nehmen im Rahmen des Gesamtstaates Aufgaben der örtlichen Gemeinschaft eigenständig wahr. Außerdem erfüllen die lokalen Gebietskörperschaften ihnen übertragene staatliche Aufgaben. Die politische Bedeutung der Kommunen erklärt sich jedoch nicht nur funktional, d. h. aus ihrer Bedeutung als leistende Verwaltungseinheit, sondern auch durch die demokratiebildende Rolle, die ihnen zugeschrieben wird: Demokratie, die den Namen verdient, muss „von unten auf" erfolgen. Da soziale und ökonomische Veränderungen nicht vor Stadttoren halt machen, werden die Gemeinden immer wieder vor Herausforderungen gestellt. Diese machen es notwendig, die Bedingungen kommunaler Politik an den Wandel der lokalen Gesellschaft fortwährend anzupassen.

2

Die Allzuständigkeit der Gemeinde – ein Danaergeschenk mit Verfassungsrang?

2.1 Problembeschreibung

Die Kapitelüberschrift aufnehmend, stellen sich drei Fragen: Was ist ein Danaergeschenk? Was ist kommunale Allzuständigkeit? Und was hat das alles mit dem Grundgesetz zu tun?

Ein Danaergeschenk ist eine poetische Umschreibung für das Trojanische Pferd. Dieses „schenkten" die vermeintlich abziehenden Griechen (Danaer) der Stadt Troja bekanntlich, um sie zu erobern. Im übertragenen Sinne wird damit eine Gabe zweifelhaften Wertes bezeichnet.

Das *Allzuständigkeits*prinzip gehört zur verfassungsrechtlichen Garantie der kommunalen Selbstverwaltung (Art. 28 II GG). Doch wenn die Allzuständigkeit ein

Verfassungsprinzip ist, wie kann sie dann von „zweifelhaftem Wert" sein? Dann, wenn sie entweder mit anderen Verfassungsgrundsätzen kollidiert oder durch diese in ihrer Umsetzung eingeschränkt wird. Die Forschung ist sich einig, dass eine Vielzahl kommunaler Aufgaben finanziell nicht ausreichend gedeckt ist. Daher diskutiert das folgende Kapitel mögliche Ursachen und Lösungsvorschläge kommunaler Verschuldung. Kommunale Schulden gab es bereits in der Wirtschaftswunderära (vgl. Püttner 1985b). Aber erst seit den 1980er Jahren werden dafür immer wieder drei Ursachen angeführt: sozioökonomische, die in der Ökonomie benannt werden; institutionelle Ursachen, die Thema der Rechtswissenschaft sind, und akteursbezogene Faktoren, die zur Domäne der Sozialwissenschaften zählen (Bogumil und Holtkamp 2013).

Zahlen zeigen, dass die Entwicklung kommunaler Einnahmen bis in die Gegenwart regional unterschiedlich verläuft. Ostdeutsche Kommunen weisen insgesamt immer noch eine geringere eigene Steuerkraft auf als westdeutsche und sind folglich stärker auf Zuweisungen von Ländern und Bund angewiesen. Was die bundesweit ermittelten Durchschnittswerte verdecken: Die Ausgaben für konjunkturunabhängige soziale Leistungen werden nur teilweise vom Bund getragen, und das belastet insbesondere die Haushalte finanzschwacher Städte (vgl. Deutscher Städtetag 2015).

Die Verschuldung der kommunalen Haushalte ist das sichtbare Zeichen für die viel diskutierte „Finanznot" der deutschen Städte. Nachfolgend geht es um die Beantwortung von drei Fragen:

1. Worin sehen die wissenschaftlichen Teildisziplinen mögliche Ursachen für kommunale Haushaltsdefizite?
2. Welche Lösungsvorschläge werden unterbreitet?
3. Was bedeutet das für die gemeindliche Allzuständigkeit?

2.2 Ursachen kommunaler Haushaltdefizite

Bei der Suche nach den Ursachen der kommunalen „Finanznot" zu geben, werden vier Diskurskreise unterschieden: (1) der juristische, (2) der (volks-)wirtschaftliche und (3) der verwaltungswissenschaftliche. Innerhalb der lokalen Politikforschung (4) werden diese drei fachlichen Diskurse zusammengeführt.

2.2.1 Der juristische Diskurs

In juristischer Sicht werden lokale Aufgabenerfüllung und kommunale Wirtschaft durch drei Bestände von Rechtsnormen gesteuert: durch das Europäische Gemeinschaftsrecht, das Verfassungsrecht und das einfache Gesetzesrecht (Nierhaus 2011, S. 35). Ansatzpunkte hierfür sind insbesondere die Selbstverwaltungsgarantie des Grundgesetzes und ihre Schwesternormen in den Landesverfassungen (Übersicht bei Nierhaus 2013).

Entsprechend diesen Mindestgarantien muss Gemeinden und Gemeindeverbänden „das Recht gewährleistet sein, alle Angelegenheiten der örtlichen Gemeinschaft im Rahmen der Gesetze in eigener Verantwortung zu regeln" (Art. 28 II, 1 GG). Darin ist auch die „Gewährleistung" der „Grundlagen der finanziellen Eigenverantwortung" eingeschlossen (Art. 28 II, 3 GG). Rein verfassungsrechtlich dürfte es deshalb gar keine kommunalen Haushaltsdefizite geben, weil das Grundgesetz Bund und Länder dazu verpflichtet, Kommunen finanziell hinreichend auszustatten.

Tatsächlich wurde aber schon in der alten Bundesrepublik und dann vor allem seit der deutschen Einheit über immer neue Rekordschulden berichtet (Püttner 1985b; Mäding 1998). Dieser Widerspruch zwischen Verfassungsnorm und Verfassungswirklichkeit wird kommunal- und verwaltungsrechtlich anhand zweier anderer Verfassungsgrundsätze aufgelöst, dem *Subsidiaritätsprinzip* und dem *Konnexitätsprinzip.*

Gemäß dem Subsidiaritätsprinzip sollen öffentliche Aufgaben nur dann von einer höheren Ebene (Bund oder Länder) wahrgenommen werden, wenn dafür eine sachliche Notwendigkeit besteht und das Ergebnis für die Bürger insgesamt vorteilhaft ist (Scherf 2010, S. 368).

Abgesehen vom „Europa-Artikel" (Art. 23 GG in der Neufassung von 1992; BGBl. I 92, 2086), ist die Subsidiarität nicht im Grundgesetz verankert. Faktisch erhielt das Subsidiaritätsprinzip auf lokaler Ebene 1988 mit dem Rastede-Urteil des Zweiten Senats des Bundesverfassungsgerichts (BVerfGE 79, 127) und der nachfolgenden Rechtsprechung jedoch Verfassungsrang (Möller 2009, S. 141–156).

Das Subsidiaritätsprinzip rechtfertigt es, mehr und

mehr Aufgaben an die lokale Ebene zu übertragen. Diese gilt zwar staatsrechtlich als Teil der Bundesländer, bildet faktisch aber eine dritte, eigenständige, dezentrale Ebene des politischen Systems (vgl. Kuhlmann und Wollmann 2013, S. 77). Die Ausweitung kommunaler Aufgaben hatte zur Folge, dass heute 70 bis 90 Prozent der ausführungsbedürftigen Bundes- und Landesgesetze sowie ein Großteil des EU-Rechts von Kommunen vollzogen werden. Ferner werden zwei Drittel aller öffentlichen Investitionen über kommunale Behörden getätigt (vgl. Bogumil und Holtkamp 2013, S. 8 f.; Kuhlmann und Wollmann 2013, S. 76 f.). Darin erkennt die vergleichende Verwaltungswissenschaft Anzeichen für eine „unechte' Kommunalisierung unter Ressourcenentzug" (ebd., S. 136–138). In der Praxis steuern Bund und Länder über Finanzzuweisungen den Umfang und die Finanzierung kommunaler Angelegenheiten.

Diese Entwicklung ist mit dem Konnexitätsprinzip verknüpft (Lohse 2006; Pielke 2010). Es besagt, dass Bund und Länder die Ausgaben, die sich aus der Wahrnehmung ihrer Aufgaben ergeben, jeweils selbst tragen (Art. 104a GG). Mit anderen Worten: „Derjenige, der die Kosten einer staatlichen Aufgabe verursacht, soll [nach dem Verursacherprinzip] die Finanzmittel dafür aufbringen" (Pielke 2010, S. 5). Ein kommunales Konnexitätsprinzip kann unmittelbar aus der Garantie der kommunalen Selbstverwaltung (Art. 28 II GG) abgeleitet werden (Lohse 2006: 143).

Praktisch sind nur vier Landesverfassungen (Schleswig-Holstein, Mecklenburg-Vorpommern, Brandenburg und Nordrhein-Westfalen) mit einem aus Art. 28 II GG

abgeleiteten „kommunalen Konnexitätsprinzip" vereinbar. Die übrigen Bundesländer versuchen, es zu unterlaufen. „Sie verzichten auf eine Kostenerstattung für
einzelne Aufgaben, wie sie das Konnexitätsprinzip eigentlich nahe legt" (Scherf 2010: 385).

Der juristische Diskurs zu gemeindlichen Aufgaben
und zu den Ursachen kommunaler Verschuldung lässt
sich in fünf Aussagen zusammenfassen:

1. Die kommunale *Allzuständigkeit,* „alle Angelegenheiten der örtlichen Gemeinschaft im Rahmen der Gesetze in eigener Verantwortung zu regeln" (Art. 28 II,1
   GG) und die „Gewährleistung (…) der finanziellen
   Eigenverantwortung" (Art. 28 II,3 GG) sind grund-
   gesetzlich garantiert.
2. Verfassungsrechtlich dürfte es daher keine nennens-
   werte kommunale Verschuldung geben.
3. Trotzdem bestehen seit langem de facto kommunale
   Haushaltsdefizite.
4. Der Grund dafür ist, dass die Verteilung staatlicher
   Aufgaben nach unten überdehnt wird (Verstoß gegen
   Subsidiarität), wobei die Verknüpfung von Aufgaben
   und Ausgaben verletzt wird (Verstoß gegen das Konnexitätsprinzip).
5. Dies widerspricht sowohl dem Geist als auch den entsprechenden materiellen Regelungen des Grundgesetzes und beeinträchtigt die Garantie der kommunalen
   Selbstverwaltung (Art. 28 II GG).

2.2.2 Der volkswirtschaftliche Diskurs

Die volkswirtschaftliche Bewertung der kommunalen Verschuldung ist nicht einmütig und auch sie selbst folgt ökonomischen, politischen und wissenschaftlichen Konjunkturen. Das zeigt der Blick in die Geschichte der Bundesrepublik. Die Währungsreform von 1948 hob kommunale Schulden weitgehend auf (Püttner 1985, S. 616 f.). Allerdings entwickelten sich kommunale Defizite schon „in den 50er Jahren und verstärkt in den 60er Jahren erheblich " (Niclauss 2015, S. 19–63). Vergleichsweise früh wurden ordnungspolitische Dimensionen der Kommunalfinanzen sowie deren Optimierungsmöglichkeiten und Standortwirkungen diskutiert (vgl. die Beiträge in Timm und Jecht 1964). Doch einige Kommunen hatten schon ihre Verschuldungsgrenze erreicht und waren deshalb zu finanzieller Zurückhaltung gezwungen, obwohl der Investitionsbedarf weiterhin hoch war (Püttner 1985b: 617).

Unter der ersten Großen Koalition im Bund (1966–69) wurde ein „Stabilitätsgesetz" auf den Weg gebracht, das bis heute Bestand hat (BGBl. I 67, 582; Hartwich 2001, S. 92; Niclauss 2015, S. 108–115). Die keynesianisch inspirierte Globalsteuerung beruhte auf einer antizyklischen Konjunkturpolitik, dem *deficit spending* (Wohltmann und Horn 2015; Schubert und Klein 2011). Dieses Konzept wurde aber seinerzeit nicht vollständig auf die lokale Ebene übertragen. Eine mit dem „Stabilitätsgesetz" verbundene „Schuldendeckelverordnung" von 1973 erzwang zudem rechtlich die Begrenzung der kom-

munalen Kreditneuaufnahme auf den Durchschnittsbe-
trag der letzten fünf Jahre (Püttner 1985b, S. 617).

Im Zuge der Nachfragepolitik, vor allem während
der Kanzlerschaft Helmut Schmidts (1974–1982), wuchs
die Staatsverschuldung enorm an (Niclauss 2015, S. 163–
168). Infolge der bereits bestehenden Begrenzungsvor-
schriften konnten Kommunen jedoch ihre „Kreditaufnahme durchweg nicht weiter ausdehnen" (Püttner
1985b, S. 617). Deshalb wuchs der kommunale Schuldenstand im Vergleich zu Bund und Ländern nur mäßig (ebd.).

„Ab 1980 trafen sich Ausgaben- und Einnahmepolitik
wieder beim Ziel der Konsolidierung der Staatsfinanzen"
(Zohlnhöfer 2006, S. 296). Die These, dass kommunale Defizit habe sich bis Mitte der 1980er Jahre in einen
Überschuss verwandelt,[1] was in den 1990er Jahren dann
nicht mehr gelungen sei (Mäding 1998 S. 105 f.), lässt
sich jedoch anhand der Zahlen nicht bestätigen. In den
1990er Jahren dauerte es nur etwas länger (rund 4 Jahre),
bis 1998 der Ausgleich erzielt wurde.

In den 1990er Jahren blieb Haushaltskonsolidierung
ein Leitthema bundesdeutscher Verwaltungen (Holtkamp 2012, S. 11). Seither gelten die Kosten der deutschen Einheit als eine der Hauptursachen kommunaler
Verschuldung (Mäding 1998, S 107; Bogumil und Holtkamp 2013, S. 60–66). Holtkamp (2012, S. 148) schätzt,
dass westdeutsche Kommunen jährlich ca. 3,5 Mrd. € für
die deutsche Einheit „zahlen". Allerdings lässt sich das

---

1 So Mäding (1998, S. 103–106), gemessen am kommunalen Finanzierungssaldo.

so genau nicht bestimmen. „Genaue Aufschlüsselungen über die jeweiligen Anteile gibt es bisher nicht" (Bogumil und Holtkamp 2013, S. 64). Dies wäre aber nötig, um den „Netto-Effekt" der Vereinigungskosten zu ermitteln.

Die rot-grüne Bundesregierung (1998–2005) vollzog einen Richtungswechsel. Das Modell des „aktivierenden Staates" (Lamping und Koschützke 2002) und die Agenda 2010 markierten eine partielle Abkehr von gewohnten Praxen sozialer Marktwirtschaft und Globalsteuerung. Die Verwaltungswissenschaft deutet die Agenda-Politik daher auch als „Reaktion auf die sich als Folge der Vereinigungskosten verschärfenden Probleme der Staatsverschuldung und Haushaltskonsolidierung" (Kuhlmann und Wollmann 2013, S. 115). Eine „Gemeindefinanzreform, von der man einen indirekten Beitrag zur Finanzierung der Hartz-Reformen erwartete, kam nicht zustande" (Niclauss 2015, S. 312).

Wenig überraschend identifiziert die vom Wirtschaftsminister einberufene Expertenkommission (2015, S. 30–32) die kommunale Infrastruktur als eines der vordringlichsten Probleme. Die mangelhafte Ressourcenausstattung (steigende Sozialausgaben, sinkende Einnahmen und demographische Veränderungen) führe zu „niedrigeren Sachinvestitionen und höherer kommunaler Verschuldung" (ebd., S. 30). Gerade in strukturschwachen Regionen gingen die Investitionen zurück, weil viele Kommunen sich diese aufgrund ihrer Haushaltslage nicht mehr leisten könnten (Diemert 2013, S. 86; Expertenkommission 2015).

Anders als der juristische (Kap. 2.1.1) beruht der volkswirtschaftliche Diskurs besonders stark auf Finanzstatistiken. Dabei sind drei Indikatoren bedeutsam: einmal der Schuldenstand, dessen Aussagekraft jedoch seit langem in der Kritik steht (Mäding 2013, S. 69). Deshalb sind mittlerweile der Finanzierungssaldo (Abbildung 3.1) und die Entwicklung der Kassenkredite (Abbildung 3.2) gewichtiger geworden (Bogumil und Holtkamp 2013, S. 60 f.; Diemert 2013, S. 85; Mäding 2013, S. 69).

Eine Längsschnittbetrachtung 1969–2014 des Finanzierungssaldos – das ist eine aggregierte Haushaltskennziffer, die über die Differenz zwischen bereinigten Ausgaben und Einnahmen einschließlich haushaltstechnischer Verrechnungen gebildet wird (Burth und Gnädinger 2015) – zeigt, dass die kommunalen Ausgaben üblicherweise die Einnahmen übersteigen (Abbildung 3.1). Dies gilt in der Finanzökonomie seit langem als strukturelle Hauptursache kommunaler Defizite (Wittmann 1976, S. 155 f.).

Kommunale Defizite sind nur schwer vorhersagbar. Tatsächlich profitierten die Kommunen offenbar von den „Rekordsteuereinnahmen" der Jahre 2012/13 (Abbildung 3.1). Deshalb gilt ihre durchschnittliche Finanzlage neuerdings sogar „als erfreulich" (Brand 2015, S. 51), obwohl der Finanzierungssaldo 2014 schlechter ausfiel als 2012/13 (s. o. Abbildung 3.1). Alles in allem bleibt die Kreditaufnahme eine wichtige Finanzierungsquelle für Städte und Gemeinden.

Weist ein kommunaler Verwaltungshaushalt, der nur laufende Ausgaben und Einnahmen berücksichtigt, einen Fehlbetrag auf, wird er kurzfristig über Kassenkredite (Abbildung 3.2) ausgeglichen. Dies war bereits vor

Abb. 2.1 Kommunale Finanzierungssalden (nominell)

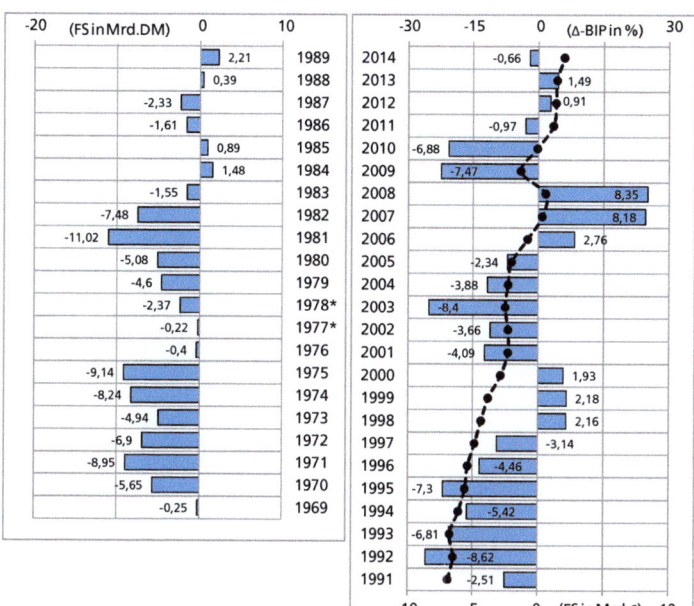

Legende:
Alte Bundesrepublik: bis 1989 in Mrd. DM. Die Werte ab 1977/78 sind mit den vorigen nicht voll vergleichbar (Statistisches Jahrbuch 1980: 405, FN 2). Gesamtdeutschland: ab 1991 in Mrd., zusätzlich mit der Veränderung des BIP-Index in % (preis-, saison- und kalenderbereinigt; Basisjahr 2010 = 100; © Statista 2015)

Quelle: eigene Darstellung, Zahlen laut Statistisches Bundesamt 1953 ff. (1973 ff.).

Abb. 2.2 Entwicklung kommunaler Kassenkredite (1971–2013) in Mrd. (nominell)

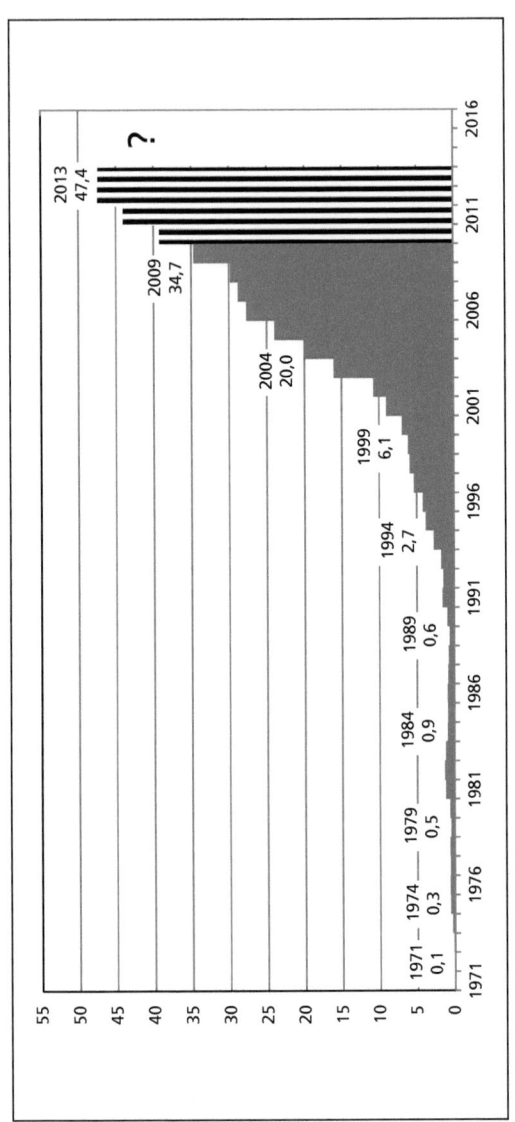

Legende:
In der Schuldenstatistik (ab 2010) des Statistischen Bundesamtes wird zwischen Kassenkrediten beim nicht-öffentlichen Bereich und Kassenkrediten beim öffentlichen Bereich unterschieden (Burth und Gnädinger 2015). Insofern sind die Werte bis 2009 nicht mehr direkt mit denen für 2010 ff. vergleichbar.

Quelle: eigene Darstellung, Zahlen nach Destatis (2014).

der internationalen Finanzkrise ein „Massenphänomen"
(Holtkamp 2012, S. 151; Bogumil und Holtkamp 2013,
S. 60).

An sich dürfen konsumtive Kommunalausgaben nicht
über Kredite finanziert werden. Auch aus diesem Grund
können Kredite zur Liquiditätssicherung (bzw. Kassenkredite) nur kurzfristig Engpässe überbrücken (Diemert
2013, S. 85). Die klassische Kreditaufnahme beschränkt
sich hingegen auf Investitionen (Brand 2015). Mit In-
vestitionskrediten werden im Idealfall künftig nutzbare,
materielle Gegenwerte geschaffen (Kindergärten, Schulen, Straßen, Kanalisation, etc.), die es rechtfertigen, Til-
gung und Zinslasten auf kommende Generationen zu
verschieben (Diemert 2013, S. 85 f.). Bei Kassenkrediten
ist das nicht der Fall.

Die vier Kernbotschaften des volkswirtschaftlichen
Diskurses lauten:

1. Eine einheitliche ökonomische oder wirtschaftspoliti-
   sche Bewertung kommunaler Schulden gibt es nicht.
   Sie variiert vielmehr im Zeitverlauf mit Wirtschafts-
   struktur, Kapitalmarktentwicklung und den ökonomischen Leitideen von Volkswirtschaft und Politik.
   Verschuldungsgrenzen bewirkten aber, dass sich die
   lokale Ebene weniger verschuldete als Bund oder Länder. Seit den 1980er Jahren wurden die Kommunen
   indes mit immer höheren Sozialausgaben belastet.
   Eine Haushaltskonsolidierung war daher nicht um-
   setzbar.

2. Der Schuldenstand zeigt, dass die kommunalen Schulden seit den 1950er/60er Jahren hinter denen von

Bund und Ländern zurückblieben, was als Fortwirken kommunaler Verschuldungsgrenzen gedeutet wird.

3. Die Entwicklung der Finanzierungssalden (Abbildung 3.1) belegt das strukturelle Kernproblem kommunaler Haushalte: In der Regel übersteigen die Ausgaben die Einnahmen.

4. Eine Unterfinanzierung von Kommunen ist auch aus dem permanenten, exponentiellen Wachstum der kurzfristigen Kassenkredite seit Mitte der 1990er Jahre ablesbar (Abbildung 3.2). Zahlreiche Kommunen müssen heute Kassenkredite aufnehmen, um ihre Aufgaben erfüllen zu können, was Praktiker, Gerichte und Fachleute für verfassungswidrig halten.

2.2.3 Der verwaltungswissenschaftliche Diskurs

Sozial- und Verwaltungswissenschaften beschäftigen sich ebenfalls mit kommunaler Haushaltskonsolidierung. Sie orientieren sich dabei vor allem an rechtlichen Vorgaben (Kap. 2.1.1) und erstrebenswerten Haushaltszielen (Holtkamp 2012, S. 14).

Ausgangspunkt ist ein widersprüchlicher Befund: Einerseits werden zwei Drittel aller öffentlichen Investitionen über kommunale Behörden getätigt (Bogumil und Holtkamp 2013, S. 8; Kuhlmann und Wollmann 2013, S. 76f.). Andererseits wird ein öffentlicher Investitionsstau derzeit in erster Linie auf der lokalen Ebene verortet (Expertenkommission 2015, S. 30).

Fraglich ist, ob und wie bei verminderten Einnahmen

(Gewerbesteuerumlage) und steigenden (Sozial-)Ausgaben eine Konsolidierung der kommunalen Haushalte bei gleichzeitiger Steigerung der Investitionstätigkeit erreicht werden kann. Die Forschung stimmt zumindest darin überein, dass im Kontext des derzeitigen Austeritätsdenkens, das auf staatliche Einsparungen setzt, Reformen gefragt sind, die höhere Effizienz und Haushaltskonsolidierungseffekte versprechen (Holtkamp 2012, S. 14 f.).

Dabei kreist die Debatte bevorzugt um Fragen der Finanzverfassung und des Finanzausgleichs, des wichtigsten Instruments „im deutschen Föderalismus, um die Verteilung der Steuereinnahmen auf die Gebietskörperschaften zu regeln" (Margedant 2003, S. 7). Mit der Finanzreform von 1956 erhielten westdeutsche Kommunen einen Anspruch auf die Grund- und Gewerbesteuereinnahmen (Art. 106 VI GG). Zudem mussten sie nach Maßgabe der jeweiligen Landesgesetzgebung Anteile der Ländereinnahmen aus Einkommen- und Körperschaftsteuer erhalten und wurden ferner fakultativ an den übrigen Landessteuern beteiligt. Doch erst die Finanzreform von 1969 verankerte im Austausch gegen die Gewerbesteuerumlage eine unmittelbare Beteiligung der Kommunen an der Einkommensteuer (einschließlich Lohnsteuer; nach Art. 106 V und VII GG; Naßmacher und Naßmacher 2007, S. 59) in Höhe von 14 Prozent (BMF 2015, S. 1).

Diese Reform verschaffte den Gemeinden eine regelmäßige Einnahmequelle (Naßmacher und Naßmacher 2007, S. 148, 160–163) und verbesserte vorübergehend die finanzielle Situation bereits stark verschuldeter lo-

kaler Gemeinwesen (vgl. dazu Püttner 1985a, S. 617). Ab
1980 wurde die Lohnsummensteuer abgeschafft und der
kommunale Einkommensteueranteil auf 15 Prozent erhöht. Seit 1993 waren Gemeinden direkt am Aufkommen des Zinsabschlags zu 12 Prozent beteiligt (BMF 2015,
S. 2). Diese Entwicklung eines Steuerverbundes wurde
1998 mit dem Austausch der Gewerbekapitalsteuer gegen einen Umsatzsteueranteil (2,2 %) fortgesetzt (ebd.;
Naßmacher und Naßmacher 2007, S. 59). Seit 2009
werden Kommunen außerdem noch zu 12 Prozent am
Aufkommen der Teile der Abgeltungssteuer beteiligt, die
bislang dem Zinsabschlag unterlagen (BMF 2015, S. 2).

Die genannten Änderungen des Gemeindefinanzsys-
tems haben bis heute Bestand. Daneben besitzt die lokale Ebene seit 1969/70 die Ertragshoheit über die sogenannten „kleinen Gemeindesteuern" (Naßmacher
und Naßmacher 2007, S. 149–151; BMF 2015). Hierzu
gehören Verbrauchsteuern (z. B. Getränke- oder Speise-
eissteuer), Vergnügungssteuer (z. B. auf Spielautomaten),
Aufwandsteuern (z. B. für Jagd, Fischerei oder Hundehal-
tung) sowie Verkehrssteuern (z. B. Schankerlaubnissteu-
er und gemeindliche Zuschläge zur Grunderwerbsteuer).
Die geringe Bedeutung dieser „kleinen Gemeindesteuern" für die kommunalen Einnahmen in Relation zum
beträchtlichen (v. a. personellen) Aufwand, der bei ihrer Erhebung anfällt, schlagen sich in der abwertenden
Bezeichnung „Bagatellsteuern" und in regelmäßigen
Vorstößen nieder, diese abzuschaffen (Naßmacher und
Naßmacher 2007, S. 150).

Alles in allem bezogen sämtliche Gemeindefinanzreformen von 1958 bis 2009 die Kommunen immer stär-

ker in einen Finanzverbund ein (Mischfinanzierung). Dies ging mit einem zunehmenden Verlust an Steuerautonomie, kommunaler Entscheidungsfreiheit und lokalen Handlungsmöglichkeiten einher (Naßmacher und Naßmacher 2007, S. 59).

Zuweisungen von Bund und Ländern machen noch vor den Steuereinnahmen den größten Anteil kommunaler Einnahmen aus (Walter-Rogg et al. 2005, S. 419–428; Rehm und Matern-Rehm 2010, S. 72–74; vgl. Tabelle 3.2). Im letzten Jahrzehnt hat sich die Struktur kommunaler Ausgaben und Einnahmen zwar nicht vollständig, aber doch erheblich angeglichen. Die relative Verteilung der Ausgaben zwischen ost- und westdeutschen Bundesländern, die kurz nach der Wiedervereinigung sehr ungleichgewichtig war (höhere Personalkosten und Sachinvestitionen bei niedrigerer Zinsbelastung in den neuen Ländern), ist mittlerweile nahezu deckungsgleich (Vetter und Holtkamp 2008, S. 24–26).

Die Einnahmestruktur hingegen zeigt zwar immer noch niedrigere Steuereinnahmen und dafür einen höheren Anteil von Zuweisungen für ostdeutsche Kommunen an (vgl. Rademacher 2015, S. 270; Tabelle 3.2). Noch jüngst berichtete Disparitäten[2] haben sich nach den letzten Daten des Statistischen Bundesamtes (Destatis 2015) jedoch angeglichen. Mittlerweile überstei-

---

2 Landeszuweisungen (1990–2005) belaufen sich auf 29 % der Gesamteinnahmen in westdeutschen und auf 56 % in ostdeutschen Kommunen (Holtkamp 2012, S. 153; vgl. auch Bogumil und Holtkamp 2013, S. 65).

gen auch die Landeszuweisungen an westdeutsche Kommunen die Hälfte der Gesamteinnahmen (Tabelle 3.2).

Unbestreitbar haben die im Vergleich mit West-deutschland bislang höheren Zuweisungen ostdeutschen Kommunen eine verlässlichere Finanzgrundlage gewährleistet, gleichzeitig aber auch zu erheblichen „Fehlanreizen" geführt (vgl. Holtkamp 2012, S. 153 f.). Eine Folge davon ist, dass ostdeutsche Gemeinden personell besser ausgestattet sind als westdeutsche Kommunen (ebd., S. 154). Doch hat sich der Personalbestand inzwischen weiter angeglichen: 2012 waren in westdeutschen Kommunen durchschnittlich 11,64 Vollzeitäquivalente (VZÄ) je Tsd. Einwohner beschäftigt, in ostdeutschen Gemeinden waren es 12,97 VZÄ je Tsd. Einwohner (Zahlen nach SRH 2014, S. 68).

Ein reiner Effizienzvergleich übersieht, dass mit den verschiedenen Beschäftigungsquoten auch den regionalen Arbeitsmarktunterschieden Rechnung getragen wurde. Trotz der Verbesserung der Wirtschaftskonjunktur liegt die Arbeitslosenquote in Ostdeutschland auch noch 2015 im Schnitt höher als in Westdeutschland. Grundsätzlich können ökonomische Ost-West-Disparitäten (Arbeitsmarkt, Einkommen, Kaufkraft, Vermögensverteilung, etc.) die lokalen Unterschiede in der kommunalen Steuerkraft nach wie vor am besten erklären (Rademacher 2013, 249 f., 270 f.; Rademacher 2015, S. 270).

Der aktuelle verwaltungswissenschaftliche Diskurs über die Ursachen kommunaler Haushaltsdefizite verteilt sich auf zwei Lager. Strittig ist, ob kommunale Haushaltsdefizite eher auf äußere (exogene) oder mehr auf hausgemachte (endogene) Ursachen zurückzuführen

Tab. 2.1 Strukturen kommunaler Einnahmen und Ausgaben (in %)

Gebiet	Jahr	Einnahmen			Ausgaben				
		Steuern	L. Zu-weis.	Inv.-Zuw.	Perso-nal	Sach-aufw.	soz.-Leist.	Zinsen	Sachinv.
West-deutsch-land	1992	38,4	22,7	5,9	26,1	18,1	17,5	4,3	21,1
	1996	34,9	22,7	5,1	26,1	17,9	21,0	4,2	16,1
	2002	38,3	23,7	4,0	26,5	19,7	19,9	3,7	14,5
	2008	40,6	48,0	3,7	21,7	16,6	12,8	2,8	10,4
	2013	41,1	56,6	3,5	23,3	19,9	11,4	1,9	9,9
Ost-deutsch Land	1992	7,8	43,0	19,0	34,5	18,8	7,0	1,0	32,5
	1996	11,5	42,2	14,3	29,5	17,9	13,8	3,0	25,1
	2002	16,9	43,5	12,7	29,0	19,4	15,6	3,6	19
	2008	23,2	58,9	10,1	22,8	27,5	12,2	2,2	11,8
	2013	25,5	63,6	7,2	26,7	20,5	13,3	1,2	9,7

Quelle: eigene Darstellung, Zahlen (bis 2002) nach Walter-Rogg, Kunz und Gabriel (2005, S. 424); (für 2008) eigene Berechnungen nach Statistisches Bundesamt (Destatis) (2010) (für 2013) nach Statistisches Bundesamt (Destatis) (2015).

sind (Vetter und Holtkamp 2008, S. 29). Im Lager der „Opferthese" wird eine exogene Ursachenanalyse vorgenommen. Demnach geraten Kommunen unverschuldet durch Aufgabenüberwälzung höherer Ebenen und sozioökonomische Probleme in eine Schuldenkrise.

Demgegenüber geht die „Verschwendungsthese" von endogenen Einsparungs- und Konsolidierungspotenzialen der Kommunen aus. „Mit effizienteren Verwaltungsreformen, mit eisernem Sparwillen oder mit Sparkommissaren sollen diese kommunalen Konsolidierungspotenziale ausgeschöpft werden" (Bogumil und Holtkamp 2013, S. 171).

Indes: Häufig entstehen kommunale Schulden aus einer Verkettung endogener **und** exogener Ursachen. In der lokalen Politikforschung wurde daher eine komplexere Ursachenforschung (Heuristik) entwickelt (Kap. 2.2.4).

Die fünf Kernthesen des verwaltungswissenschaftlichen Diskurses lauten:

1. Ursprünglich sah das Grundgesetz keine direkten Gemeindesteuern vor; das änderte sich jedoch mit der Zeit schrittweise.
2. Keine der bisherigen Gemeindefinanzreformen konnte das Fortschreiten der kommunalen Verschuldung verhindern, obwohl das zu den erklärten Reformzielen gehörte.
3. Die Reformen banden die Kommunen zunehmend in den föderalen Finanzverbund ein.
4. Diese Verflechtung ging mit einem Verlust an lokaler Autonomie einher.

5. Im verwaltungswissenschaftlichen Diskurs über kommunale Haushaltsdefizite stehen sich „Verschwendungsthese" und „Opferthese" gegenüber. Erstere betont die inneren, letztere die äußeren Ursachen kommunaler Verschuldung. Die tatsächlich komplexen Wirkungsketten kann jedoch keine der beiden Positionen für sich allein aufdecken.

2.2.4 Der Diskurs der lokalen Politikforschung

Lange suchte die lokale Politikforschung die Ursachen kommunaler Haushaltsdefizite vorwiegend in exogenen Faktoren (Bogumil und Holtkamp 2013, S. 64). Das änderte sich erst im Zuge der „Aufgabenkritik", einem systematischen Kontroll- und Steuerungsverfahren, das die Kommunale Gemeinschaftsstelle für Verwaltungsvereinfachung (KGSt) in den 1970er Jahren entwickelt hatte (Holtkamp 2012, S. 91 f.). Dabei wird der gesellschaftliche Ertrag (Outcome) kommunaler Aufgaben anhand von Kosten-Nutzen-Analysen geprüft (Holtkamp 2012, S. 91). In der Folge richtete sich das Erkenntnisinteresse auf die *inneren* Wirkungszusammenhänge *(politics)* lokalpolitischen Handelns (Naßmacher und Naßmacher 2007, S. 12–14). Seither wird die finanzielle Situation von Gemeinden als das Resultat komplexer Ursachengeflechte eingeschätzt (Vetter und Holtkamp 2008, S. 29–41; Bogumil und Holtkamp 2013, S. 60–67, 170 f.; Mäding 2013, S. 69–74).

Es gibt einige Anläufe, einen systematischen Zugang zu den Ursachen kommunaler Haushaltsdefizite innerhalb der lokalen Politikforschung zu finden (Vetter und Holtkamp 2008, S. 29; Bogumil und Holtkamp 2013, S. 65).

Der dabei mitklingende Nachhall von wissenschaftlichen Themenkonjunkturen und „Modezyklen" lässt sich an einem begrifflichen Beispiel verdeutlichen: Vetter und Holtkamp (2008, S. 29) nennen die vielbeschriebenen „Goldenen Zügel"[3] als eine institutionelle Ursache kommunaler Schulden. „Goldene Zügel" sind Zweckzuweisungen höherer politischer Ebenen, die nur einen Teil der bezweckten Investitionen abdecken und deshalb eine Mitfinanzierung der Kommunen anregen oder gar erzwingen (sollen). Allerdings wurde ihre Wirksamkeit bereits in den 1980er und 90er Jahren bezweifelt (Naßmacher und Naßmacher 2007, S. 187, mit weiteren Angaben in Anm. 242 f.) Denn auch die Gemeinden verstünden es, „an einem Zügelende zu ziehen" (ebd.; nach Faber 1982, S. 34). Vier Jahre später schließt Holtkamp (2012, S. 247) die Zügelmetapher jedoch kategorisch aus seiner Ursachenheuristik aus: „Die Zunahme der Bürgerforen in Bezug auf die gesamtstädtische Entwicklung, die in der Regel nicht von der Landesregierung gefördert werden, zeigt allerdings, dass die Kommunen nicht zwingend auf die ‚goldenen Zügel' des Landes angewiesen sind".

Ersichtlich wird: Die lokale Politikforschung ist durch eine Pluralität wissenschaftlicher Ansätze gekennzeich-

---

3 Zur Genese des Begriffes vgl. Naßmacher und Naßmacher (2007, S. 186, Anm. 231).

net, und sie unterliegt gleichzeitig dem Einfluss von Themenkonjunkturen bzw. Modezyklen (Benz 2003; Heinelt und Vetter 2008, S. 7 f.). Die Kernthesen der lokalen Politikforschung zu den Verschuldungsursachen lauten:

1. Kommunale Verschuldung darf nicht monokausal erklärt werden, sondern als eine Folge komplexer Wirkungsketten, in denen endogene und exogene Ursachen gleichzeitig wirken.
2. Diese Kausalketten sind miteinander verwoben: „Erblastenproblem" (Vetter und Holtkamp 2008) und manche Lösungsansätze (z. B. Haushaltsnotlagenregime) leisten eigene Beiträge zum Grundproblem.
3. Insofern bietet die lokale Politikforschung keine gegenstandsbezogenen Theorien, Ansätze oder Methoden, sondern allenfalls Heuristiken, die jedoch, Themenkonjunkturen folgend, variieren.
4. Im „pluri-disziplinären" Diskurs der lokalen Politikforschung verschwimmen die Grenzen zwischen Ursachen und Lösungen sowie Gründen und Folgen kommunaler Schulden.

2.3 Handlungsempfehlungen und Lösungsstrategien

Im Anschluss an Mäding (2013) ist davon auszugehen, dass Ursachenfindung und Lösungsvorschläge sowohl thematisch als auch über die Diskurse der Nachbardisziplinen miteinander verknüpft sind. Im Folgenden werden die drei dargestellten fachwissenschaftlichen Verschuldungsdiskurse auf ihre Lösungsdichte hin geprüft.

2.3.1 Juristische Lösungsvorschläge

Die Annahme, in der Rechtswissenschaft dominiere die „Verschwendungsthese" (so z. B. Bogumil und Holtkamp 2013, S. 171; Mäding 2013, S. 72), lässt sich empirisch nicht halten. Auch Holtkamp (2012, S. 16) stellt fest, die juristisch geleitete kommunalwissenschaftliche Literatur referiere das Haushaltsrecht und rüge die nicht rechtskonforme Verschuldungspraxis sowie Verletzungen des Grundsatzes des Haushaltsausgleichs. Damit werden vor allem exogene, institutionelle Ursachen kommunaler Verschuldung kritisiert, und das ist eher ein Kennzeichen der „Opferthese" (Vetter und Holtkamp 2008, S. 29; Holtkamp 2012, S. 158).

Gerichtsurteile folgen diesem Ansatz überwiegend. Bis zum Beschluss der Schuldenbremse (Art. 109 III,4 und Art. 115 II,2 GG) im Jahr 2009, aber auch noch darüber hinaus, wurden landesspezifische Finanzausgleichsgesetze (FAG) fast durchgehend für *nicht* verfassungskonform erklärt (vgl. Schmitt 2013).[4] Diese Rechtsauffas-

---

4   Z. B. vom NdsStGH, Urt. v. 15.08.1995 – STGH 2/93, DVBl. 1995, 1175; ThürVerfGH, Urt. v. 21.06.2005 – VerfGH 28/03; BayVerfGH, Urt. v. 28.11.2007 – VerfGH 60, 184; VfGBbg, Urt. v. 15.12.2008 – VfGBbg 66/07; RhPFVerfGH, Urt. v. 14.02.2012 – VGH N 3/11; StGH Hessen, Urt. v. 21.05.2013 – Az.: P.St. 2361.

sung teilt auch das Bundesverwaltungsgericht (zuletzt z. B. BVerwG, Urt. v. 31. 01. 2013 – 8 C 1.12). Der Tenor all dieser Urteile geht dahin, die Grundsätze der Subsidiarität und Konnexität aufzuwerten.

Jüngst wies jedoch ein Urteil des Verfassungsgerichtshofs von Nordrhein-Westfalen Verfassungsbeschwerden von ca. 60 überwiegend ländlichen Gemeinden gegen das Gemeindefinanzierungsgesetz (GFG) von 2011 zurück. Das Bundesland NRW ist seit langem besonders stark von kommunaler Verschuldung betroffen. Die von der bisherigen Rechtsprechung (Schmitt 2013) abweichende Auffassung kommt im dritten Leitsatz des Urteils zur Geltung: „Weder aus Art. 79 Satz 2 LV NRW *noch aus Art. 28 Abs. 2 und 3 GG* ergibt sich die Pflicht zur Gewährung einer Mindestfinanzausstattung im Sinne einer ‚absoluten‘ Untergrenze, die selbst bei einer extremen finanziellen Notlage des Landes nicht unterschritten werden dürfte" (VerfGH NRW, Urt. v. 6. 05. 2014 – VerfGH 14/11).

Zudem urteilte das Bundesverfassungsgericht: „Ein Land mit Kommunen von geringer eigener Finanzkraft muss seine Finanzkraft stärker für deren Finanzausstattung einsetzen als ein Land mit Kommunen, die ihrerseits über eine große Finanzkraft verfügen" (BVerfGE 86, 148 [219]). In diesem Sinne führte der Thüringer Verfassungsgerichtshof 2005 aus: Ein Land, das für seine Kommunen nicht ausreichende Mittel bereitstellen kann, müsse jene entweder von übertragenen Aufgaben entlasten oder die landesgesetzlichen Standards senken. Überdies wäre auf die Übertragung weiterer Aufgaben zu verzichten. Andernfalls sollte dieses Bundesland seinen

Einfluss im Bundesrat nutzen, um seinen Kommunen neue Einnahmequellen zu erschließen (ThürVerfGH, Urt. v. 21. 06. 2005 – VerfGH 28/03). Die finanzielle Leistungsfähigkeit eines Bundeslandes sei kein hinreichendes Kriterium, das zum Unterlaufen von Art. 28 II GG berechtige (vgl. dazu auch Holtmann und Rademacher 2015).

Bis 2013 fielen verfassungs- und verwaltungsrechtliche Entscheidungen recht einheitlich zugunsten kommunaler Kläger aus (Schmitt 2013). Das hat an der kommunalen Verschuldung jedoch wenig geändert. Gemäß der Einschätzung Holtkamps (2012, S. 16) liegt das daran, dass die Urteile politisch kaum umgesetzt wurden.

Alles in allem lässt sich die Stoßrichtung juristisch angeleiteter Handlungsempfehlungen zur Überwindung kommunaler Haushaltsdefizite wie folgt zusammenfassen:

1. Die Annahme, in der Rechtswissenschaft dominiere die „Verschwendungsthese", lässt sich nicht stichhaltig belegen.
2. Stattdessen überwiegen (bis 2014) Vorschläge zur Reformierung der institutionellen Rahmenbedingungen kommunaler Aufgaben- und Finanzstrukturen (Grundgesetz, Finanz- und Kommunalverfassung) und damit die „Opferthese".
3. Auch juristische Entscheidungen sind nicht völlig frei von wissenschaftlichen Moden bzw. von aktuellen Themenkonjunkturen (Schuldenbremse, Euro- und Finanzkrise, etc.). Es dauert nur etwas länger, bis sich diese auch in der Rechtsprechung niederschlagen.

4. Offenbar werden Lösungsvorschläge des juristischen Bereiches nur selten politisch umgesetzt.

2.3.2 Ökonomische Lösungsansätze

Die Volkswirtschaftslehre (VWL) beschäftigt sich mit gesamtwirtschaftlichen Zusammenhängen. Darum erklärt sie kommunale Schulden über externe Ursachen (z. B. Wirtschafts- und Arbeitsmarktentwicklung, demographischer Wandel, Steuerpolitik oder Finanzausgleich), die sich dem Zugriff der Kommunen entziehen ("Opferthese"). Die herrschende volkswirtschaftliche Meinung betont vorwiegend Einnahmeprobleme. Dies gipfelt in der Erkenntnis, dass "Schuldenabbau, Haushaltsausgleich und schleichende Expansion kommunaler Aufgaben ohne angemessene Einnahmeentwicklung" nicht funktionieren können (Junkernheinrich 2011, S. 138).

Die Betriebswirtschaftslehre (BWL) widmet sich unternehmensinternen Prozessen. Kritisiert wird seitens der lokalen Politikforschung eine "betriebswirtschaftliche Verwaltungswissenschaft" (insbesondere Holtkamp 2012, S. 14, 205 f.). Durch die Betonung von Binnenprozessen und -entscheidungen dominiere die "Verschwendungsthese". Als Maximen kommunalen Handelns gelten dabei "die Pflicht zum Haushaltsausgleich und die stetige Aufgabenerfüllung" (Holtkamp 2010, S. 8; Bogumil und Holtkamp 2013, S. 171). Die Verschuldung sei, so die kritisierte Position, in vielen Kommunen "hausgemacht" und kausal auf die Verschwendung lokaler Ressourcen zurückzuführen (Holtkamp 2012, S. 143 f.). Im Folgenden werden Einsparmöglichkeiten sowie ihre staatliche Sanktionierung durch Sparkommissare diskutiert.

Einzelne Kommunen nehmen bereits seit den 1960er Jahren Einsparungen vor (Püttner 1985b, S. 617). Auch führte die ordoliberale Tabuisierung von Schuldenaufnahme dazu, dass sich Kommunen erheblich weniger verschuldeten als Bund oder Länder (ebd.; Holtkamp 2012, S. 146, 148). In den 1980er und 1990er Jahren sind „Sparlisten", die der Deutsche Städtetag unter seinen Mitgliedsstädten erhoben hat (1983: 80 Fälle; 1995: 97 Fälle), von besonderem empirischen Interesse (Mäding 1998, S. 102–105). Am häufigsten wurden schon damals Konsolidierungsmaßnahmen genannt, die entweder personalbezogen waren (Nichtbesetzung bzw. Wegfall von Stellen) oder die lokale Infrastruktur und ihre Erhaltung betrafen. Ebenso wurden auch schon aufgabenspezifische Kürzungen in Betracht gezogen (für Schulen, Bibliotheken, Sportvereine oder Straßenunterhaltung). Noch heute planen Kommunen Kürzungen vor allem beim Sachaufwand und bei den Personalausgaben. „Betroffen sind vor allem die soziale Infrastruktur [...], Schwimmbäder, Bibliotheken und andere Kultureinrichtungen, der ÖPNV und immer häufiger sogar die Straßenbeleuchtung" (Mäding 2013, S. 79).

Die Entwicklung der Schuldenstände, der Finanzierungssalden (Abbildung 3.1) und der Kassenkredite (Abbildung 3.2) vermitteln im Zeitverlauf nicht den Eindruck, als wären endogene Einsparungen bisher sehr ergiebig gewesen. Tatsächlich haben immer mehr Gemeinden Haushaltsprobleme (Junkernheinrich 2011, S. 118). Im Bundesländervergleich standen im Jahr 2010 das Saarland, Rheinland-Pfalz und Nordrhein-Westfalen an der Spitze der Verschuldungspyramide, sowohl bei den Finanzierungssalden als auch bei der Liquiditätskreditaufnahme (Junkernheinrich 2011, S. 116).

Das klassische Instrumentarium kommunaler Aufsichtsbehörden sind Haushaltssicherungskonzepte und „Haushaltsnotlagenregime zur Umsetzung von Schuldenbremsen" (Holtkamp 2012, S. 159–182; Tabelle 3.4). Kommunale Finanzen unterstehen seit langem einer vergleichsweise strengen Haushaltsaufsicht. Im Rahmen kommunaler Finanzausgleichsgesetze (FAG) gibt es in allen Flächenländern derartige Vorkehrungen für Finanznotfälle. Speziell in Nordrhein-Westfalen wird dieses Haushaltsnotrecht bereits als „Normalfall" betrachtet (Junkernheinrich 2011, S. 117 f.; Holtkamp 2012, S. 162).

Die Gemeindeordnung NRW sieht Sparberater nicht vor. Falls die Befugnisse der Kommunalaufsicht (Unterrichtungs-, Beanstandungs- und Anordnungsrecht; §§ 121–123 GO NRW) nicht ausreichen, kann das Innenministerium einen Beauftragten bestellen, der alle oder einzelne Aufgaben einer Gemeinde auf deren Kosten wahrnimmt und die Stellung eines Gemeindeorgans hat (§ 124 GO NRW). Dies ist ein „echter" Staatskommissar, weil er alle gemeindlichen Aufgaben übernehmen kann. Staatskommissare sind „keine Erfindung der heutigen Zeit, sondern haben viele historische Vorbilder und Ausprägungen" (Duve 2008, S. 86). Auch die Gemeindeordnung Nordrhein-Westfalens kennt ihre Beauftragung von Beginn an (vgl. §§ 107–110 GO NRW vom 28.10.1952; WWU Münster 2013).

Neu ist der Sparberater bzw. beratende Sparkommissar, der eine hybride Stellung innehat. Er ist kein gewöhnlicher Berater mehr, aber auch noch kein Staatskommissar (Holtkamp 2012, S. 171). Obwohl ihre Bestellung als rechtswidrig gilt (Holtkamp 2010, S. 70 mit weiterführenden Angaben), wurden Sparberater in Ruhrgebietsstädten eingesetzt (Hagen und Marl). In Hagen wurde das Modell vom Oberverwaltungsgerichts Münster kassiert (OVG NRW – vom 17.12.2008 – Az. 15 B 1755/08).

Der von Landespolitik und Kommunalaufsicht festgestellte Erfolg von Sparberatern wird von Kritikern als „Konsolidierungsfassade" eingestuft (Holtkamp 2012, S. 181 f.). Nach ihrem Rücktritt bzw. Abzug mussten alle drei nordrhein-westfälischen Städte wieder unter strenge Haushaltsaufsicht gestellt werden (ebd., S. 135). Derzeit nehmen Hagen, Marl und Waltrop mit 31 weiteren nordrhein-westfälischen Kommunen (darunter Großstädte wie z. B. Duisburg, Oberhausen und Wuppertal; vgl. MIK NRW 2015), verpflichtend an der Konsolidierungshilfe des Landes NRW teil. Weitere 27 Kommunen (darunter Bottrop, Essen, Gelsenkirchen und Solingen) partizipieren freiwillig an dieser Konsolidierungshilfe, weil zwischen 2014 bis 2016 mit dem Eintritt ihrer Überschuldung zu rechnen ist.

Der Stärkungspakt (StPG) vom 9.12.2011 veränderte in NRW die Spielregeln für alle Beteiligten, d. h. die Kommunen, die Kommunalaufsicht, das Ministerium für Inneres sowie die Verwaltungs- und Verfassungsgerichtsbarkeit. Das Gesetz enthält weitergehende Sanktionsmöglichkeiten für den Fall, dass eine teilnehmende Gemeinde ihre Auflagen nicht erfüllt, d. h. keinen

Haushaltssanierungsplan aufstellt bzw. davon abweicht sowie keine fristgemäßen Änderungen vornimmt. Damit ist eine Rechtsgrundlage dafür geschaffen worden, die bereits in § 110 GO NRW (vom 28. 10. 1952) vorgesehenen Beauftragten (Staatskommissare) auch zur Haushaltskonsolidierung einzusetzen.

Am 7. Mai 2013 wurde in der Kleinstadt Nideggen (Landkreis Düren) der erste Staatskommissar durch den Innenminister berufen (DPA 2013; Burth 2013). Am 25. März 2014 erfolgte eine zweite Beauftragung im sauerländischen Altena (MIK NRW 2014; Gnädinger 2014). In Nideggen wurde – rückwirkend zum 1. Januar 2013 – der Hebesatz für die Grundsteuer B von 450 auf 600 Prozent angehoben, der bis 2017 noch auf 970 Prozent steigen soll (Hebesatzspirale). Der Hebesatz der Grundsteuer A steigt von 300 auf 500 Prozent und die Gewerbesteuer von 420 auf 450 Prozent. Zudem werden Parkgebühren angehoben, Personal abgebaut (Bauhof), Zuschüsse für die Musikschule gestrichen und die öffentlichen Toiletten privatisiert (Burth 2013). Auch die Bürger Altenas müssen mit einer Anhebung der Realsteuern rechnen (Gnädinger 2014). Obwohl die Berufung von Staatskommissaren (gemäß § 124 GO NRW, geltende Fassung) den stärksten Eingriff in die Selbstverwaltungsgarantie darstellt, wird an Maßnahmen festgehalten, die bisher wenig erfolgreich waren (Einsparungen, Hebesatzspirale, Nothaushaltsrecht, etc.). Ob sich dadurch die Finanzsituation tatsächlich bessert, bleibt abzuwarten und wird von externen Beobachtern bislang eher bezweifelt (Burth 2013; Gnädinger 2014). Die Befunde zu den ökonomischen Handlungsoptio-

nen bzw. ökonomisch geleiteten Handlungsvorgaben für
verschuldete Kommunen lassen sich so zusammenfassen:

1. Es gibt volkswirtschaftliche („Opferthese") und betriebswirtschaftliche („Verschwendungsthese") Vorschläge zur Reduktion kommunaler Defizite.
2. Die herrschende volkswirtschaftliche Meinung stimmt
   überwiegend mit der verfassungs- und verwaltungs-
   rechtlichen Rechtsprechung überein.
3. Betriebswirtschaftlich inspirierte Lösungsansätze der
   Landesregierungen und Kommunalaufsichten (Haushaltskonsolidierung und Nothaushaltsrecht) waren
   lange erfolglos und blieben ohne Sanktionen (Holtkamp 2012, S. 162).
4. Neuere Sanktionsmöglichkeiten, wie Sparbeauftragte
   (2006–2009) oder Staatskommissare (eingesetzt seit
   2013), schränken die Selbstverwaltungsgarantie ein.
   Echte Konsolidierungsbeiträge leisten sie nicht, weil
   die Beauftragten keine anderen Instrumente haben als
   diejenigen, welche auch ohne sie bisher erfolglos blieben (Hebesatzspirale, endogene Einsparungen, etc.).

2.3.3 Verwaltungsreformen

Neuerdings geben Bund und Länder bei der Übertragung neuer Aufgaben an die Kommunen immerhin Finanzierungszusagen ab.[5] Allerdings handelt es sich da-

---

5   Seit 2011 gibt es z. B. Finanzierungszusagen einzelner Bundeslän-
     der zur Inklusion behinderter Schüler (gemäß Art 24 der UN-

bei nicht um Zugeständnisse. Vielmehr entspricht diese
Maßnahme vor dem Hintergrund der diskutierten Ver-
fassungsprinzipien (Allzuständigkeit, Subsidiarität und
Konnexität) den verfassungsrechtlichen Mindestanfor-
derungen des Grundgesetzes. Und auch das trifft nur zu,
wenn die vorab getroffenen Finanzierungsvereinbarun-
gen auch eingehalten werden (Holtmann und Rademacher 2015).

Im Rahmen der kommunalen Finanzkrise gelten *Bürgerhaushalte* und *Sparbürgerhaushalte* als die neuesten
demokratischen Innovationen. Bis 2011 hatten 55 Kommunen Bürgerhaushalte eingeführt (Holtkamp 2012,
S. 265). Derzeit führt ein Serviceangebot der Bundeszentrale für politische Bildung in Deutschland (ohne
Stadtstaaten) 461 Kommunen mit Bürgerhaushalten auf
(buergerhaushalt.org 2015).[6] Diese Form der Bürgerbeteiligung soll die Akzeptanz für Konsolidierungsmaßnahmen erhöhen: „Wenn die Menschen selbst die Spar-
vorschläge machen, dann akzeptieren sie sie auch eher"
(Holtkamp 2012, S. 261).

Behindertenrechtskonvention). Aktuell betreffen solche Zu-
sagen vor allem die Aufnahme von Bürgerkriegsflüchtlingen
vornehmlich aus Syrien.

6 Weitere 181 Bürgerhaushalte befinden sich noch in der Imple-
mentation, das heißt sie werden noch diskutiert (130) Fälle, existieren erst in einer Vorform (45 Fälle) oder wurden gerade erst
beschlossen (6 Fälle). In den übrigen 201 Kommunen sind die
Bürgerhaushalte entweder schon wieder auf dem „Abstellgleis"
(53) oder es liegen über sie keine Informationen vor (148 Fälle;
Zahlen nachbuergerhaushalt.org 2015).

Indes sind Bürgerhaushalte mit Umsetzungsproblemen konfrontiert. Bürgerforen, in denen Bürgerhaushalte entwickelt werden, weisen hohe Transaktionskosten (v. a. Zeitaufwand) für die Beteiligten auf. Dadurch sind sie sozial hoch selektiv und werden durch Vereine und Interessengruppen dominiert. Das führt wiederum dazu, dass Mehrausgaben, finanziert über Abgabenerhöhungen (z. B. der Gewerbesteuer) zu Lasten unbeteiligter Dritter, bevorzugt werden (ebd., S. 261 ff.).

Die Weiterentwicklung zum *Sparbürgerhaushalt* funktioniert den Bürgerhaushalt von einem „Wunschkonzert" zum Konsolidierungsinstrument um (ebd., S. 267). Dabei werden „die Bürger an der [konkreten] Auswahl von Sparmaßnahmen im Zuge der mehrjährigen Haushaltssicherung beteiligt" (ebd., S. 266). Von den 261 Bürgerhaushalten, über die Informationen vorliegen, sind nur 44 in diesem Sinne rein „sparorientiert" (buergerhaushalt.org 2015).

Zusammenfassung

Die Verfassungsgarantie der „Allzuständigkeit" der kommunalen Selbstverwaltung für die örtlichen Angelegenheiten findet in der Praxis ihre Grenzen in der seit langem unzureichenden finanziellen Ausstattung der Kommunen. Eine wesentliche Ursache für die „Finanznot" der Gemeinden ist, dass Bund und Länder ihnen fortwährend mittels Gesetz zusätzliche Aufgaben zur Erledigung übertragen, ohne für eine ausreichende Gegenfinanzierung zu sorgen. Ob hauptsächlich *externe* Faktoren wie dieser oder aber *hausgemachte* Umstände wie ein mangelnder lokaler Sparwille für die klammen Kassen der Kommunen verantwort-

lich sind, ist in Politik- und Kommunalwissenschaft umstritten. Je nach fachspezifischer Tradition und Methodik
werden unterschiedliche Untersuchungsansätze verfolgt
und Lösungsmodelle vorgeschlagen. Diese haben in ver-
schiedener Auswahl und Kombination Eingang in aufein-
ander folgende Konzepte kommunaler Reformen gefunden, ohne die Strukturprobleme der kommunalen Finanzen
sowie die damit verknüpfte Herausforderung, zwischen fi-
nanzierbaren kommunalen Leistungen und den Leistungs-
erwartungen der Bürger eine Balance zu finden, bislang lö-
sen zu können.

3

Gespaltene Städte, schwindender sozialer Zusammenhalt – eine Herausforderung für Kommunalpolitik

3.1 Reichtum und Armut als innerstädtische Trennlinie

Dass Reichtum und Armut innerhalb von Städten in verdichteter Form auftreten und sich räumlich jeweils auf bestimmte Viertel verteilen, ist nichts grundsätzlich Neues. Schon ferne Vergangenheiten kannten die Scheidung in ärmere und besser gestellte städtische Quartiere. Athen zum Beispiel, die historische Wiege der stadtstaatlichen Demokratie, „war immer in Arm und Reich gespalten. Es galt stets: Sag mir, wo du wohnst, und ich weiß, wer du bist. Wer in Athen jenseits des Flusses Kifissos lebt, auf den blicken die Bessergestellten gern herab" (Süddeutsche Zeitung vom 23. Mai 2014). Den hochfahrenden Dünkel gegenüber Habenichtsen, die

an der Schattenseite der Stadt wohnen, hat der Lieder-
macher Franz-Josef Degenhardt aufgegriffen und in einem bekannten Song ironisierend in die bängliche Mah-
nung einer auf soziale Abgrenzung bedachten Mutter
übersetzt: „Spiel nicht mit den Schmuddelkindern, sing
nicht ihre Lieder, geh doch in die Oberstadt, mach's wie
deine Brüder …"

Die in den Zitaten angesprochene soziale Distanzie-
rung ist der kulturelle Ausdruck einer stadtgesellschaftli-
chen Spannungslage, die in der Literatur als *Polarisierung*
bzw. *soziale Segregation* der Stadtgesellschaften, d. h. als
eine neue räumliche Verteilung von innerstädtischen Ar-
muts- und Wohlstandsinseln beschrieben wird. Die Entwicklung zu sichtbarer „gespalten Städten" hat sich in
den vergangenen Jahrzehnten beschleunigt. Dies hat zur
Folge, dass das Verfassungsgebot, das den öffentlichen
Händen auferlegt, für gleichwertige Lebensbedingungen
zu sorgen, im Einzugsbereich urbaner Wohnstandorte
zunehmend leerläuft. So wurden von Fachleuten „in
den vergangenen drei Jahrzehnten Prozesse der Margi-
nalisierung und räumlichen Konzentration von solchen
Haushalten beobachtet, die aus der Erwerbstätigkeit ver-
drängt und von zusätzlichen sozialen Problemen belastet
sind" (BBR 137/2009, S. 1).

Im Begriff der „sozialen Segregation" werden solche gesellschaftlichen und kulturellen Ungleichheiten
in ihrem Raumbezug fassbar. Benannt wird damit „die
räumliche Distanz zwischen sozialen Teilgruppen in einer Stadt oder Region". Nicht die Tatsache als solche,
dass es eine stadtgesellschaftliche Spannbreite von be-
dürftigen und gut situierten, von ressourcenstarken

und schwachen Stadtbewohnern sowie solchen mit und ohne Migrationshintergrund gibt, beschreibt das Problem, sondern die *räumliche Entmischung* von Personen und Haushalten, die starke oder schwache soziale Merkmale aufweisen. Als bedenklich anzusehen ist die „Zunahme innerstädtischer Disparitäten" in der Form einer räumlichen Ausprägung von neuen Armuts- und Reichtumsinseln (ebd.). Wo sich Haushalte mit geringer Finanzkraft, ohne Eingliederung in das Erwerbsleben, mit niedrigem sozialen Status und schwachem Sozialkapital räumlich konzentrieren, verschlechtern sich die individuellen Lebenschancen Betroffener und wird der soziale Zusammenhalt des städtischen Gemeinwesens brüchig (ebd., S. 2).

3.2 Merkmale und Erscheinungsformen von „Entmischung"

Raumforscher bezeichnen diesen Vorgang als „Residualisierung". Entmischte Stadtviertel werden zu „Residuen der Unterprivilegierten und Diskriminierten". Diese Quartiere „werden zu Orten sozialer Ausgrenzung, da es für die Bewohner kaum noch Möglichkeiten gibt, ihrer von Armut und Ausgrenzung geprägten Situation zu entgehen" (ebd., S. 3). Soweit eine solche gruppenförmige räumliche Absonderung nicht Ausdruck einer freien Wahl des Wohnstandorts ist, sondern aufgrund niedrigen Einkommens und/oder stiller ethnisch-kultureller Diskriminierung faktisch erzwungen wird, kommen auch jene gemeinschaftsfördernden Vorteile weniger oder gar nicht zum Tragen, die ein sozial einheitliches Lebensumfeld *auch* bieten kann.

Kennzeichnend für die gegenwärtige Situation ist nicht nur, dass sich die Entmischungstendenzen fortsetzen, sondern auch, dass, wie Jens Bogumil und Lars Holtkamp mit Blick speziell auf die Ruhrgebietsstädte feststellen, „die drei Dimensionen der Segregation zusammenhängen: Wo die meisten Kinder in der Stadt leben, leben die meisten Einwanderer und dort ist auch die Armut am größten" (Bogumil und Holtkamp 2013, S. 72 f.). Eine neuere Untersuchung Armin Schäfers, der ein verfeinertes analytisches Raster zugrunde liegt, veranschaulicht am Beispiel Kölns, dass sich die Lebensverhältnisse in urbanen Wähler- und Nichtwählerhochburgen noch in weiteren Punkten unterscheiden: In Kölner Quartieren mit niedriger Wahlbeteiligung leben die Menschen auf weniger Wohnfläche, häufiger in Bedarfsgemeinschaften, wohnen weitaus mehr Migranten und sehr viel weniger Gymnasiasten und sind erstgebärende Mütter im Schnitt um mehr als fünf Jahre jünger (Schäfer 2013).

Als ursächlich für die Residualisierung werden nicht vorrangig Kulturkonflikte angesehen, die sich aus Unterschieden in Lebensstil und ethnischer Herkunft speisen könnten, sondern die sich öffnende Schere der Einkommen. Nachgewiesen werden kann, dass sich Haushalte mit hohen, mittleren und geringen Einkommen über das Stadtgebiet ungleich verteilen. „Das deutlichste Anzeichen für eine sozialräumliche Polarisierung ist die Zunahme der niedrigen Einkommen in den als prekär eingestuften Gebieten." Statistische Auswertungen legen

„den Befund nahe, dass Entmischungs- und damit Residualisierungstendenzen in Städten mit einer abnehmenden Einwohner- und Arbeitsplatzzahl (schrumpfende Städte) deutlicher ausgeprägt sind als in Städten mit einer anhaltend hohen und zahlungskräftigen Nachfrage". Wo – wie üblicherweise in schrumpfenden Städten – der Wohnungsmarkt entspannt ist, wird der Entmischungsprozess angefacht. „Die Entspannung der Wohnungsmärkte lässt dort eine erhöhte Fluktuation zu, bei der relativ wohlhabende Haushalte offenbar eher die Chance ergreifen, in „milieugleiche" Umgebungen umzuziehen, als dies in angespannten Märkten möglich ist" (ebd., S. 3 f.).

Ob sich Armutsinseln typischerweise in inneren oder äußeren Stadtquartieren ausbilden, ist nicht eindeutig. Hier kommt es augenscheinlich auf die gewählte statistische Messgröße an. Legt man den Anteil der Leistungsempfänger nach dem Sozialgesetzbuch (SGB II) an der Stadtteilbevölkerung zugrunde, so fällt die Quote in Stadtrandlagen deutlich geringer aus. Nimmt man jedoch die Kinderarmut als Indikator, so zeigt sich bei einer vergleichenden Untersuchung von 19 deutschen Städten, dass zwei von drei Stadtteilen mit zunehmender Kinderarmut in der äußeren Stadt liegen. „Eine Konzentration der von Armut betroffenen Haushalte mit Kindern in den Großwohnsiedlungen und den 1950er/1960er-Jahre Siedlungen am Stadtrand ist offenkundig" (BBSR-Berichte 03/2012).

Von den geschilderten Prozessen einer teilräumlichen sozialen Segregation sind Städte, die in ökonomisch prosperierenden Regionen mit einem Wanderungsüber-

schuss liegen, weniger bzw. gar nicht betroffen. Anders
sieht es in Städten in schrumpfenden und wirtschaftlich
stagnierenden Regionen aus. Für die betroffenen – in
der Regel größeren und großen – Städte erwach-
sen daraus Folgeprobleme, die an die Kommunalpolitik spezielle Herausforderungen herantragen: Die gesamtstädtische soziale Integrationsfähigkeit schwindet.
Stadtentwicklung wird zum Reparaturbetrieb für ‚ab-
gehängte' Quartiere. Die Wettbewerbsfähigkeit in der
Standortkonkurrenz mit sozial stabilen Städten um Betriebe und qualifizierte Arbeitskräfte verschlechtert sich
(BBR 137/2009, S. 80).

3.3 Wahlenthaltung in prekären Quartieren: ein Demokratieproblem

Wo die genannten prekären Erscheinungsformen von sozialer Entmischung und Residualisierung auftreten, stellen diese nicht nur eine erhöhte Anforderung an die pro-
fessionelle Planungs- und Verwaltungskraft der lokalen
Selbstverwaltungsorgane, sondern auch ein schwerwie-
gendes *gesamtstaatliches und kommunales Demokratie-*
problem dar. Nicht nur vergrößert sich statistisch die
innerstädtische Kluft zwischen Vierteln mit hoher und
niedriger Wahlbeteiligung: In Dresden betrug bei der
Bundestagswahl 2009 die Differenz 27 Prozentpunkte,
in Dortmund 35 und in Hamburg mehr als 45 (Schäfer 2012, S. 241). Neue Wahlanalysen können zudem zeigen, dass bei der Bundestagswahl 2013, wie schon bei
der vorausgegangenen Wahl 2009, die Wahlbeteiligung

in solchen großstädtischen Stimmbezirken besonders niedrig ausfiel, wo sich in der Bewohnerschaft Merkmale benachteiligter soziale Lagen verdichten: „Je prekärer die Lebensverhältnisse, desto weniger Menschen gehen wählen. Die soziale Lage eines Stadtviertels oder Stimmbezirks bestimmt die Höhe der Wahlbeteiligung. Je prekärer die soziale Situation, d. h. je höher der Anteil von Haushalten aus den sozial prekären Milieus, je höher die Arbeitslosigkeit, je schlechter die Wohnverhältnisse und je geringer der formale Bildungsstand und die durchschnittliche Kaufkraft der Haushalte in einem Stadtviertel oder Stimmbezirk, umso geringer ist die Wahlbeteiligung" (Schäfer u. a. 2013, S. 10).

Dem „prekären Milieu" zugeordnet werden Angehörige der „Unterschicht mit starken Zukunftsängsten und Ressentiments, in der soziale Benachteiligungen und geringe Aufstiegsperspektiven eine reaktive Grundhaltung geschaffen haben" (ebd., S. 15). Höher fällt die Wahlbeteiligung dort aus, wo mehr Haushalte der bürgerlichen Mittel- und Oberschicht wohnen, die traditionelle Werthaltungen pflegen oder dem „liberal-intellektuellen Milieu" der aufgeklärten Bildungseliten angehören (ebd., S. 19 f.). In Stadtteilen mit der niedrigsten Wahlbeteiligung gehören fast zehnmal so viele Menschen einem prekären Milieu an wie in Stadtteilen mit der höchsten Beteiligungsrate. Die Arbeitslosenquote liegt fast fünfmal so hoch, mehr als doppelt so viele Bewohner haben die Schule nicht abgeschlossen, und die durchschnittliche Kaufkraft der Haushalte liegt um ein Drittel niedriger (ebd., S. 12).

Eine 2014 veröffentliche Studie des Nürnberger Instituts für Arbeitsmarkt- und Berufsforschung (IAB) untersucht, wie sich Niedriglohnbezieher in Großstädten verteilen, und fügt dem Bild räumlicher Segregation sozial schwacher Bevölkerungsgruppen einen weiteren Mosaikstein hinzu. Gering Entlohnte konzentrieren sich in Großstädten ebenfalls auf einzelne Viertel. Am stärksten ausgeprägt ist die „Lohnsegregation" demzufolge in Berlin, Hamburg und Frankfurt/Main, vergleichsweise wenig in München, Stuttgart und Essen (vom Berge u. a. 2014).

Die der Demokratie abträglichen Folgen liegen auf der Hand: Wenn überdurchschnittlich viele sozial schwache Bürgerinnen und Bürger auf die Ausübung ihres Wahlrechts verzichten, setzt sich soziale Benachteiligung in eine Schieflage bei politischen Berücksichtigungschancen um. Dadurch wird die Chancengleichheit als ein zentrales Versprechen der Demokratie untergraben. Deutschland sei, urteilen Wahlforscher, die diese Zusammenhänge untersucht haben, „längst zu einer sozial gespaltenen Demokratie der oberen zwei Drittel unserer Gesellschaft geworden". Die soziale Repräsentativität der Wahlergebnisse werde so ausgehöhlt. Die Demokratie werde zu einer „immer exklusiveren Veranstaltung für Menschen aus den mittleren und oberen Sozialmilieus der Gesellschaft, während die sozial prekären Milieus deutlich unterrepräsentiert bleiben" (ebd., S. 13).

Auch bei Kommunalwahlen zeigt sich als ein wiederkehrender Effekt, dass in großstädtischen Stadtvierteln mit hohen Anteilen an Arbeitslosigkeit, formal geringer Gebildeten und Haushalten mit bescheidener Wirtschaftskraft die Wahlbeteiligung niedriger liegt. In der Stadt Halle (Saale) zum Beispiel lag bei den Kommunalwahlen im Mai 2014 im Wahlbereich Silberhöhe, einem von Hochbauten geprägten Quartier mit hohen Anteilen an Menschen ohne Erwerbstätigkeit, ohne Schulabschluss und mit niedriger Kaufkraft, mit rund 18 Prozent um mehr als 20 Prozent unter dem gesamtstädtischen Durchschnitt und um gut 40 Prozent niedriger als der gutbürgerliche Wahlbereich Heide-Süd mit der höchsten Wahlbeteiligung (Stadt Halle 2014, S. 12 f.). Diese Daten deuten auf dieselben Wirkungszusammenhänge zwischen prekärer sozialer Lage und Neigung zum Nichtwählen hin, die für die Bundesebene aufgezeigt worden sind.

Nachgewiesen ist so weit allerdings lediglich eine Verbindungslinie zwischen individuellen Merkmalen des sozialen Status und dem Wahlverhalten. Über *Kontexteffekte*, also über verhaltenssteuernde Einflüsse der sozialräumlichen Umwelt, sagen Analysen, die sich allein auf „harte" sozioökonomische Merkmale stützen, streng genommen nichts aus. Dennoch ist davon auszugehen, dass ein Lebensumfeld verhaltensprägend wirkt, wenn die dort lebenden Bewohner soziale Merkmale und Einstellungen, die sie selbst haben, als Normalausstattung ihrer näheren Umgebung erfahren. Arbeitsmarktforscher bestätigen jedenfalls einen solchen Zusammenhang: „Negative Nachbarschaftseffekte können die Arbeitsmarktchancen der Bewohner von sozial benachteiligten Stadtvierteln verschlechtern" – schon deshalb, weil ein nachbarlicher Informationsaustausch über Arbeitsplatzangebote spärlicher ausfällt (vom Berge u. a. 2014, S. 3). Ähnlich dürfte das örtliche Lebensumfeld auch auf politische Beteiligung abstrahlen. Wer von Desinteresse an Politik und politischer Resignation umgeben ist, wird der Wahl häufiger fernbleiben. Wer umgekehrt in einem Quartier mit vielen selbstbewussten, interessierten und aktiven Nachbarn lebt, dürfte eher zur Wahlteilnahme motiviert sein. Die Annahme eines solchen Kontexteffekts auf das Wahlverhalten wird durch Daten einer Befragung zur Kommunalwahl 2004 in Duisburg tendenziell bestätigt: Die Wahrscheinlichkeit, dass jemand, der in einem Stadtviertel mit vermutet „sehr vielen" Wählern wohnt, zur Wahl geht, fällt höher aus als bei jenen, die meinen, in einer Gegend mit „relativ wenigen" Wählern zu leben (Schäfer 2012, S. 253).

3.4 Die „anwaltliche" Rolle kommunaler Organe

Vor dem Hintergrund dieser Befunde zeichnet sich zumindest in großen Städten der Bundesrepublik für die Ebene der kommunalen Politik ein doppeltes Repräsentationsdefizit ab: einmal individuell zu Lasten von Bewohnern mit sozial schwachem Status und zum anderen kollektiv für jene durch Residualisierung geprägten Stadtteile, in welchen sich eben jene sozial Benachteiligten konzentrieren. In diesen Vierteln wird die Repräsentationslücke mindestens personell erkennbar: Beispielsweise hatten in Halle (Saale) bei den Kommunalwahlen 2014 gut 25 Prozent sämtlicher Kandidaten ihre Wohnanschrift in zwei Stadtvierteln mit gutsituierter Bewohnerstruktur und relativ hoher Wahlbeteiligung, während im sozial prekären Wahlbereich Silberhöhe ganze zwei Bewerber residierten (Stadt Halle 2014, S. 10 f.). Zumindest *kann* es für Viertel mit hoher Bewerberdichte von Vorteil sein, wenn eine überproportional große Zahl von Kommunalpolitikern mit den dortigen Interessen- und Problemlagen vertraut ist. Umgekehrt sind in Fällen von sozial benachteiligten Stadtteilen die personellen Drähte, die „Responsivität", also eine Rückkopplung zwischen Bürgern und ihren gewählten Vertretern ermöglichen, vergleichsweise ausgedünnt.

Gleichwohl ist bei der Deutung der Daten Vorsicht geboten. Weder kann aus der überdurchschnittlich hohen Wahlenthaltung sozial benachteiligter Bürger generell auf Politikverdrossenheit als vorherrschendes oder gar ausschließliches Motiv geschlossen werden noch ist ein Repräsentationsdefizit, das sich in unterlassener aktiver politischer Beteiligung äußert, mit krasser Nichtbeachtung der kommunalpolitischen Anliegen und Bedürfnisse bestimmter sozialer Gruppen und Quartiere umstandslos gleichzusetzen. Zwar liegen belastbare Daten, welche die politischen Einstellungen von Bewohnern segregierter Stadtviertel abbilden, bislang nicht vor. Die sehr hohe Zufriedenheit mit örtlichen Lebensbedingungen, die bei Befragungen regelmäßig gemessen wird (vgl. Kapitel 4 dieses Buches), dürfte jedoch prekäre Stadtviertel nicht gänzlich auslassen. Sporadischen lokalen Umfragen zufolge, halten sich politisches Desinteresse und Unzufriedenheit mit Kommunalpolitik in etwa die Waage: Als Gründe für die geringe Wahlbeteiligung tippten in Niedersachsen im August 2011 43 Prozent auf „kein Interesse, keine Zeit, keine Lust"; 33 Prozent mutmaßten „Enttäuschung über Politik" (Infratest Dimap/ Ns 2011). Vor den Kommunalwahlen 2014 kam bei einer Befragung für Baden-Württemberg heraus: „Von den Wählern, die sich nicht an den Kommunalwahlen beteiligen wollen, sind jeweils etwa ein Viertel vom politischen Angebot vor Ort nicht überzeugt (27 Prozent) bzw. interessieren sich nicht für Kommunalpolitik (24 Prozent). Vier von zehn bekennenden Nichtwählern (41 Prozent) bleiben der Wahl fern, weil sie insgesamt mit der Situation in ihrer Kommune zufrieden sind" (Infratest Dimap/Bw 2014).

Dass sich zufriedene Nichtwähler vor allem in sozial prekären Stadtvierteln sammeln, ist schwerlich der Fall. Andererseits erfordert die für die Legitimation der kommunalen Demokratie grundlegende Frage, ob sozial Schwache und von ihnen bewohnte Quartiere in der kommunalen Arena bezüglich des Geltendmachens ihrer Interessen *klar benachteiligt* oder gar *chancenlos* sind, eine differenzierende Antwort. Hierfür erweist sich ein Demokratiemodell als hilfreich, das zwischen dem Input-Sektor und dem Output-Sektor unterscheidet: Der Input des demokratischen Systems äußert sich als Teil*nahme,* der Output in der Form von Teil*habe.* Beide Bereiche sind für Einschätzung der Demokratiequalität eines politischen Systems bedeutsam.

Wenn wir diesen Gedanken mit der hier behandelten Problematik der politischen Folgen von sozialer Segregation verknüpfen, ergibt sich folgendes: Einerseits ist es für die Tragkraft der Idee und für das Funktionieren der Demokratie gleichermaßen abträglich, wenn sozial schwache bzw. benachteiligte Gruppen der Stadtbevöl-

kerung darauf verzichten, sich an politischer Willensbildung und der Beeinflussung politischer Entscheidungen aktiv zu beteiligen. Wenn von der Möglichkeit zur
Teil*nahme* nicht Gebrauch gemacht wird, verschlechtert sich die Chance, bei Interessenkonflikten eigene Belange durchzusetzen oder zumindest vorzubringen. Solche Leerräume von Beteiligung werden dann gemäß der
Funktionslogik der repräsentativen Demokratie von Anderen besetzt, und diese sind unter gegebenen Bedingungen sozial besser gestellt und schätzen auch ihre Einflusschancen selbstbewusster ein. Die kommunalpolitische
Repräsentationslücke, die aufgrund sozial selektiver
Wahlbeteiligung aufbricht, erweitert sich im Übrigen
in die politischen Parteien hinein: In diesen dominieren inzwischen ressourcenstarke Mitglieder, während die
Anteile einfach Gebildeter und aus unteren Schichten
rückläufig sind (vgl. Biehl 2005). Hinzu kommt, dass
sozial schwächeren Bewohnern in entmischten Stadtteilen „qualitativ schlechtere lokale öffentliche Ressourcen", wie etwa Vereine und soziale Netzwerke, zur Ver-
fügung stehen (vom Berge u. a. 2014, S. 3). Geringere
Möglichkeiten, Sozialkapital zu bilden, und ‚verschenk-
te' Beteiligungschancen verstärken sich im Lokalen folglich gegenseitig.

Andererseits wird die sozial schiefe politische Repräsentation, die im Input-Sektor der Teilnahme auftritt,
durch Vorkehrungen und Leistungsangebote der Teilhabe im Output-Sektor zumindest teilweise korrigiert.
Dies hat vor allem institutionelle Gründe: Bei der Erfüllung der Aufgabe, die öffentlichen Güter *gerecht zu verteilen,* ergänzen sich die Institutionen des Sozialstaates

und der kommunalen Selbstverwaltung, die, wie schon
ausgeführt, in Deutschland beide auf eine lange Tradition zurückblicken. Das Sozialstaatsgebot des Grundgesetzes stellt die verfassungsrechtliche Grundlage bereit,
um die parastaatlichen Systeme sozialer Sicherung sowie das umfängliche Gesetzeswerk der Sozialpolitik fortwährend weiterzuentwickeln. Die Ausführung sozialer
Leistungsgesetze ist großenteils den Kommunen übertragen. Auf diesem Wege werden soziale Bedürftigkei-
ten und Härten individuell wenn nicht ausgeglichen, so
doch wenigstens abgefedert.

Die Gemeinden nehmen im Rahmen ihrer Selbstver-
waltungsbefugnis überdies die Möglichkeiten wahr, Förderprogramme, die von Bund und Ländern aufgelegt
werden, in eigene Strategien und Maßnahmen der Stadtentwicklung umzusetzen. Hierbei füllen die Kommunen
eine Doppelrolle aus: Sie sind sowohl Empfänger staatlicher Finanzhilfen als auch Fördersubjekte. In letzterer
Rolle sind sie längst dazu übergegangen, mit den Mit-
teln und Instrumenten der Städtebauförderung, wie beispielsweise den Förderlinien Aktive Stadt- und Ortsteil-
zentren, Soziale Stadt und Stadtumbau Ost, ferner mit
der Schul- und Wohnungspolitik sowie speziellen quar-
tiersbezogenen Erhaltungssatzungen den negativen Folgen der sozialräumlichen Segregation entgegenzuwirken.
Das Instrument der Milieuschutzsatzung, mit welcher
preiswerter Wohnraum in von Aufwertung bedrohten
Vierteln gesichert werden soll, wurde von süddeutschen
Großstädten wie München und Nürnberg schon vor
gut 20 Jahren angewandt (Killisch et al. 1993). In die-
selbe Richtung, nämlich die Aufwertung von gewach-

senen Quartieren, die regelmäßig die Verdrängung von Haushalten mit allenfalls durchschnittlichen Einkommen nach sich zieht, soll auch die in Hamburg erlassene soziale Erhaltungsverordnung wirken, die einen Abriss von Gebäuden sowie wohnwertsteigernde Modernisierungen genehmigungspflichtig macht.

An solchen Initiativen einer sozial verantwortlichen Kommunalpolitik sind die gewählten Räte und die kommunale Verwaltung gleichermaßen aktiv beteiligt. Soweit die sozial benachteiligten Betroffenen selbst politisch inaktiv bleiben, werden ihre Bedürfnisse wenigstens „anwaltlich" von gewählten Repräsentanten und hauptamtlichen Behörden wahrgenommen. So wie überall, sind auch kommunale Delegationseliten kein genaues soziales Abbild der Bevölkerung. Dennoch wird man den Ratsmitgliedern zugutehalten, dass diese ganz überwiegend ein bürgernahes und gemeinwohlorientiertes Verständnis ihres Mandats hegen (Pähle 2011, S. 231 ff.) und dabei auch sozial schwache Mitbürger und prekäre Stadtteile im Blick haben. Vielerorts lässt sich beobachten, dass die eingeleiteten kommunalen Bemühungen, Quartiere, die von Leerstand, Abwanderung und sozialer Entmischung betroffen sind, wieder aufzuwerten, durchaus Erfolge zeigen.

Deutlich wird: Wo es an Teil*nahme* krankt, wird immerhin für Anteil*habe* mit sozial ausgleichenden Effekten gesorgt. Dafür übernimmt die kommunale Ebene eine wichtige Gewährleistungsfunktion. Man kann den Gemeinden nicht vorwerfen, dass sie die sozial prekären, durch Abwanderung, Schrumpfung und Entmischung betroffenen innerstädtischen Gebiete bewusst vernachlässigen. Im Gegenteil werden allerorten Bemühungen unternommen, dort die Infrastruktur zu verbessern (beispielsweise auch durch den kontrollierten Rückbau von Großwohnanlagen) und das soziale Leben im Stadtviertel durch Sozialarbeit und Quartiersmanagement zu stärken. Die kommunale Erfüllung dieser Ausgleichsfunktion ist ein wesentlicher Grund dafür, dass, anders als in vielen Städten des europäischen Auslandes, in verstädterten Zonen Deutschlands soziale Segregation bisher nicht jene explosive Stimmung erzeugt hat, die in offenen und stellenweise gewaltsamen Protest umschlägt. Dies lehrt: Aktive bürgerschaftliche Beteiligung ist für eine lebendige Demokratie notwendig. Doch stabil bleibt die Demokratie auf Dauer nur, wenn sie auch öffentliche Wohlfahrt garantiert.

3.5   Wachsende Zersplitterung der Stadtparlamente

Während soziale Segregation ein Strukturmerkmal heutiger Stadtgesellschaften beschreibt, das sich auf der kommunalen Ebene politischer Interessenvertretung nur mittelbar bemerkbar macht, nämlich durch *Deaktivierung* bzw. *Demobilisierung* bestimmter Bevölkerungsgruppen bei kommunalen Wahlen (und Abstimmungen), werden in den letzten Jahren gegenläufige Tendenzen einer *Aktivierung* bzw. *Mobilisierung* anderer Interessenlagen innerhalb der Gemeindebevölkerung erkennbar, die sich direkt in eine stärkere Zergliederung der kommunalpolitischen Kräfteverhältnisse in den gewählten Vertretungskörperschaften übersetzen. Solche Veränderungen im kommunalen Parteiensystem, die in der Parteienforschung als „Fragmentierung" bezeichnet werden, gehen auf die Bündelung mehrerer Effekte zurück: Einerseits sind die gegenwärtig erkennbaren Verzweigungen im Parteiensystem vieler Städte eine Wirkung der jüngsten Reformen des kommunalen Wahlrechts, andererseits vermutlich eine Folge gesteigerter Verteilungskonflikte um knappe lokale Finanzmittel. Ob möglicherweise auch eine Protestreaktion von abstiegsgefährdeten Teilen der Mittelschichten ursächlich ist, muss hier offen bleiben. Zum einen fehlen dafür empirische Belege, und zum anderen ist die These der schrumpfenden bzw. ökonomisch bedrohten Mittelschicht als solche wissenschaftlich umstritten (vgl. DIW 2008 und 2010 sowie ISI 2011).

Dass die Fragmentierung, also der Grad der Zersplitterung der gewählten Gemeinderäte, im letzten Jahrzehnt zugenommen hat, lässt sich wahlstatistisch zumindest für größere und große Städte der Bundesrepublik belegen. Eine Auswertung der Kommunalwahlergebnisse von 77 kreisfreien Städten oberhalb der 50 000 Einwohner-Grenze ergibt, dass zwischen 1996 und 2007 der Grad der Fragmentierung im Schnitt von 2,9 auf 3,7 ansteigt (Plassa und Holtmann 2010). Dabei fällt der Anstieg für Ostdeutschland höher aus (Abbildung 3.1). Der statistische Wert drückt aus, dass die Zahl der lokalen Parteien und Gruppierungen, die in die Stadträte einrücken, in den oberen Ortsgrößenklassen von Wahl zu Wahl insgesamt steigt. Auch neuere Wahlergebnisse bestätigen diese Tendenz: Bei den Stadtratswahlen in Bay-

Abb. 3.1 Fragmentierung im Zeitverlauf (Mittelwerte)

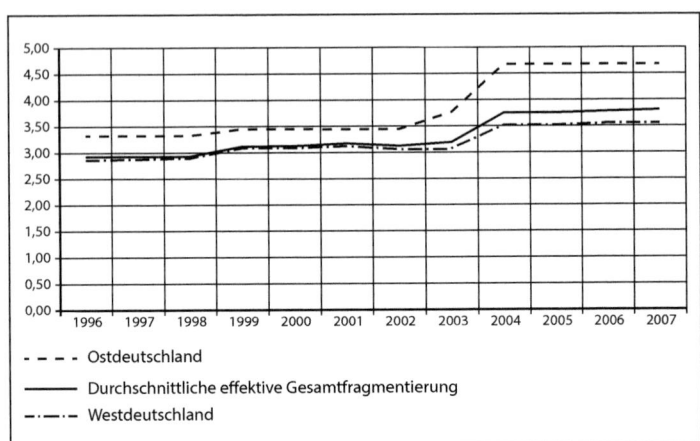

- - - - Ostdeutschland

——— Durchschnittliche effektive Gesamtfragmentierung

—·—·— Westdeutschland

Quelle: Plassa und Holtmann 2010 (N = 77 Großstädte)

ern im März 2014 etwa hat sich die Anzahl der Fraktionen und Gruppen in 18 von 25 kreisfreien Städten erhöht, in sieben blieb sie gleich.[7]

Je zerklüfteter die gewählten Ratsvertretungen aus dem Ergebnis von Wahlen hervorgehen, desto breiter ist die Vielfalt der Gruppierungen und Interessen, die sie im Gemeindeparlament abbilden. Von der Idee demokratischer Repräsentation her ist dies zu begrüßen. Jedoch kann das zur Folge haben, dass die Entscheidungsfähigkeit der Ratskollegien abnimmt. Denn je „bunter" das Spektrum der Ratsmitglieder sich zusammensetzt,

7 Siehe www.kommunalwahl2014bayern.de/ Aufruf 07. 04. 2014.

desto aufwendiger und zeitraubender gestalten sich die
Bemühungen, für Beschlüsse Mehrheiten zusammen zu
bekommen.

Dass in stärker zersplitterten Ratsversammlungen die
gruppenübergreifende Bündnisfähigkeit sinkt, wird in
ersten empirischen Untersuchungen erhärtet (Bogumil
et al. 2010). Die Risiken einer eingeschränkten „Regier-
barkeit" der Kommunen dürften sich noch erhöhen,
wenn unter den Ratsneulingen in größerem Ausmaß
Protestgruppen oder Anti-Parteien-Parteien auftauchen
würden. Hierfür ist der Erfolg der rechtspopulistischen
Alternative für Deutschland (AfD) bei den hessischen
Kommunalwahlen 2016 ein erstes Signal. Das Gros der
neu in Stadt- und Gemeinderäte sowie Kreistage einzie-
henden gewählten Vertreter stellen jedoch nach wie vor
parteifreie kommunale Wählergemeinschaften (KWG)
unterschiedlichster lokaler Couleur. Und diese favorisie-
ren ganz überwiegend ein zwar parteienkritisches, aber
„rein sachlich" und auf Kompromisse hin ausgelegtes
Leitbild kommunaler Politik (Holtmann 2013, S. 807 ff.).

Was sind nun die Ursachen der wachsenden Fragmentierung in den gewählten Ratsvertretungen? Eindeutig
hierzu beigetragen hat der Wegfall der Fünf-Prozent-
Sperrklausel bei Kommunalwahlen in allen Bundesländern nach 2008. Nachweisbar ziehen dort mehr Gruppierungen in die Gemeinderäte ein, wo die Barriere
nicht (mehr) vorhanden ist. Von den gelockerten Wahlrechtsbestimmungen profitieren bisher größtenteils parteifreie Gruppierungen sowie hier und dort verein-
zelt auch rechtspopulistische bzw. rechtsextreme Listen
(Krappidel 2016).

3.6   Neuer lokaler Lobbyismus
der Mittelschichten

Daneben dürften noch andere Gründe eine Rolle spielen. Dass Kommunale Wählergemeinschaften (KWG) nicht mehr nur auf ihre traditionelle Domäne, das heißt kleine und kleinste Gemeinden beschränkt sind, sondern inzwischen auch in den Ratsvertretungen größerer und großer Städte Fuß gefasst haben, wobei in Großstädten oftmals mehr als eine KWG Mandate erringt, weist auf tiefer liegende gesellschaftliche Ursachen hin. Unsere These ist, dass der Aufstieg parteifreier Wählergruppen gerade in Großstädten Ausdruck einer *Politisierung der bürgerlichen Mitte* ist, die zugleich anzeigt, dass sich die Interessenkonflikte innerhalb der Stadtbevölkerungen zunehmend polarisieren. Mit Polarisierung ist hier gemeint, dass innerhalb der Städte schichtspezifische Interessen auf dem Forum der Stadtpolitik auseinanderdriften. Dieser Vorgang weist jedoch eine soziale Schlagseite auf. Während sozial schwache Stadtbewohner, wie oben ausgeführt, sich in öffentliche Angelegenheiten ihrer Kommune nurmehr wenig einbringen und auf die anwaltliche Wahrnehmung ihrer Interessen durch Gemeinderat und Gemeindeverwaltung angewiesen sind, beobachten wir Anhaltspunkte für einen neu auflebenden *lokalen Lobbyismus der Mittelschichten,* der insbesondere getragen wird von Bürgern, die ressourcenstark sind, also recht gut verdienen und höher gebildet sind.

Den Anstoß für diese Politisierung der Mitte gab die viel zitierte Finanznot der Städte (vgl. Kapitel 3). In den letzten Jahren haben die Gemeinden ihre freiwilligen Leistungen bei den Angeboten von Schule, Sport, Kunst und Kultur zum Teil drastisch zurückfahren müssen. Das aber sind jene Bereiche, welche vor allem Lebenserwartungen der bürgerlichen Mitte berühren. Der – immer und überall vorhandene – innerstädtische Wettbewerb um die Verteilung knapper öffentlicher Mittel tritt folglich in ein neues Stadium, das sich auf der Ebene des lokalen Parteiensystems größerer Städte in Neugründung und Aufstieg kommunaler Wählergemeinschaften äußert. Dass hierbei das Format *parteifreier* Organisation bevorzugt wird, erklärt sich aus dem im heutigen Bildungsbürgertum verbreiteten Politikverständnis, welches ein stärker themenbezogenes und individualistisches Engagement bevorzugt. Ob dieses Szenario die kommunalpolitische Wirklichkeit in den Städten der Bundesrepublik tatsächlich widerspiegelt, bedarf indes noch näherer Untersuchung.

Zusammenfassung

Größere und große Städte weisen zunehmend Merkmale sozialer Segregation auf. Dies bedeutet, dass sich einerseits sozial schwächere Bewohner in prekären Quartieren und andererseits gutsituierte Bewohner ebenfalls in bestimmten Vierteln konzentrieren. Für die Kommunalpolitik bringt diese Entwicklung eine besondere Herausforderung: Da in prekären Stadtteilen die Wahlbeteiligung deutlich niedriger ausfällt, ist eine asymmetrische Repräsentation gesellschaftlicher Interessen auf der Gemeindeebene die Folge. Diese Schieflage muss durch eine „anwaltliche" Berücksichtigung der Bedürfnisse politikferner Bürgerinnen und Bürger seitens der Organe der kommunalen Selbstverwaltung behoben werden. Ein weiteres Entwicklungsmoment ist die zunehmende Fragmentierung, d.h. wachsende Zersplitterung der gewählten Kommunalparlamente. Diese Effekte des Wahlverhaltens werden durch Reformen des Wahlrechts, hier des Wegfalls der Sperrklausel, begünstigt, sie verweisen aber auch auf innerstädtische Konfliktlagen: Vor dem Hintergrund der viel beschriebenen „Finanznot der Städte" wachsen kommunale Verteilungskämpfe, mit der Folge, dass Teile der städtischen Mittelschichten stärker politisiert werden und ihre schichtspezifischen Interessen mittels parteifreier Wählergemeinschaften in die Ratsversammlungen transportieren.

4

Folgen lokale Wahlen ihren eigenen Gesetzen?

4.1 Überblick: Kommunalwahlen im Mehrebenensystem der Bundesrepublik

Dieses Kapitel stellt Grundmuster kommunalen Wahlverhaltens im Zeitverlauf dar. Obwohl Kommunalwahlen ein zentrales Element lokaler Demokratie sind, werden sie von der Forschung bisher eher vernachlässigt. Während die nationale Wahlforschung zu den theoretisch und methodisch am weitesten entwickelten Teilgebieten der Politikwissenschaft gehört (Gabriel und Keil 2014), wird die Kommunalwahlforschung im Wesentlichen durch zwei Ansätze geprägt: Die *Konvergenzthese* geht von einer Gleichförmigkeit des Wahlverhaltens bei Bundestags- und Kommunalwahlen aus, während die *Differenzthese* die Eigenständigkeit von Kommunalwahlen betont (Forndran und Krause 2002).

Die Erforschung von Kommunalwahlen ist anspruchsvoller als die von Bundes- oder Landtagswahlen, denn ihre institutionelle Ausgestaltung variiert zwischen den Bundesländern (Kost und Wehling 2010). Obwohl sich in den 1990er Jahren die süddeutsche Ratsverfassung fast flächendeckend durchgesetzt hat, ist das Kommunalwahlrecht noch immer sehr unterschiedlich. Nachgewiesen ist, dass dies die Wahlbeteiligung und die Wahlergebnisse beeinflusst; deshalb geht der dritte Abschnitt auf die Entwicklung der Kommunalwahlsysteme seit 1945 ein.

Inzwischen werden neben den Kommunalvertretungen auch die Verwaltungschefs direkt gewählt (zum Teil mit der Möglichkeit der Abwahl). Die Abschnitte vier und fünf skizzieren dazu den Forschungsstand, und zwar zunächst zu den Ratswahlen und danach zu den Direktwahlen, jeweils gegliedert nach Wahlbeteiligung und Wahlergebnissen.

Die Vielschichtigkeit von Kommunalwahlen resultiert auch daraus, dass auf lokaler Ebene mehr Möglichkeiten bestehen, an sachpolitischen Entscheidungen teilzuhaben. Weil es sich im strengen Sinne nicht um Wahlen, sondern um sachpolitische Abstimmungen handelt, werden Bürgerbegehren und -entscheide hier nicht mit abgehandelt (einen Überblick bietet Kost 2013).

Dieses Kapitel verfolgt somit drei grundlegende Fragestellungen:

1. Welche Perspektiven nimmt die Kommunalwahlforschung ein?
2. Wie sind Kommunalwahlen rechtlich geregelt und welche Unterschiede gibt es?
3. Wie lassen sich Wahlbeteiligung und Wahlentscheidung bei verschiedenen Kommunalwahlen (Rats- bzw. Direktwahlen) erklären?

4.2 Theoretische Perspektiven kommunaler Wahlforschung

„Kommunalwahlen bilden einen weißen Fleck auf der Landkarte der Wahlforschung" (Gabriel und Keil 2014, S. 858). Sie sind aber auch kein völlig unerforschtes Gebiet. Trotzdem gelten Kommunalwahlen als Stiefkinder der Wahlforschung.

Bogumil und Holtkamp (2013, S. 159) erklären das mangelnde fachliche Interesse damit, dass ein eigenständiges Kommunalwahlverhalten lange bezweifelt wurde *(Konvergenzthese)*. Generell in Großstädten gelte die nationale Parteiorientierung als einflussstärkster Faktor. In kleinen Gemeinden seien dagegen lokale Besonderheiten wichtiger *(Differenzthese)*. Die Erklärungskraft beider Ansätze hängt demnach von der Einwohnerzahl ab: „Mit sinkender Gemeindegröße nimmt die Kandidatenorientierung (…) eindeutig zu." Und: „Mit steigender Gemeindegröße dürfte (…) parteiorientiertes Wahlverhalten zunehmen" (Holtkamp 2008, S. 172 f.). Um von solchen *empirischen Regelmäßigkeiten* zu einer *Theorie* des kommunalen Wahlverhaltens zu gelangen, müsste diese erklären können, warum und ab welcher Ortsgröße der Wechsel zwischen den Erklärungsgründen erfolgt. Es erscheint sinnvoll, beide Hypothesen nicht als gegensätzliche, sondern als einander ergänzende Erklärungsansätze kommunalen Wahlverhaltens anzusehen. Das ist möglich, weil beide Thesen auf unterschiedliche Handlungsebenen verweisen. Die *Konvergenzthese* bezieht sich auf kognitive Motive der Wahlentscheidung, und es ist plausibel anzunehmen, dass jeder Wähler auf allen politischen Ebenen ähnliche Orientierungen aufweist. Andernfalls würden sich Bundestags-, Landtags- oder Kommunalwahlergebnisse unterscheiden, weil die Wähler auf jeder Ebene anderen Denkmustern folgen. Gleichzeitig berücksichtigt die *Differenzthese,* dass die kulturellen, rechtlichen und strukturellen Rahmenbedingungen zwischen den verschiedenen Wahlen variieren. Für Faas (2009, S. 11) ist etwa die niedrige Wahlbeteiligung bei Kommunalwahlen „ein Element der Eigenständigkeit dieser Ebene." Bereits Schacht (1986, S. 26) meinte, die Kommunalwahlforschung erlaube es, „Veränderungen im Wahlverhalten auf den Wandel konkreter lokaler Gegebenheiten zu beziehen und damit sehr differenzierte Erklärungsmuster zu entwickeln."

4.3   Kommunalwahlrecht

Bis in die 1960er Jahre blieb die Betrachtung der rechtlichen Rahmenbedingungen des lokalen Wahlgeschehens der juristisch geprägten Kommunalwissenschaft vorbehalten (Holtkamp 2008). Zwei Fragen standen dabei im Vordergrund: Welche verfassungsrechtliche Stellung besitzt die kommunale Selbstverwaltung im modernen Staat? Wie lassen sich kommunale Aufgaben erfassen und darstellen? (Kleinfeld 1996, S. 22). Die erste Frage berührt die Wahlgrundsätze, die in allen Kommunen gleich sind; die zweite Frage bezieht sich auf ihre länderspezifische Ausgestaltung. Kommunalwahlsysteme unterscheiden sich aber auch danach, *was* (Stadt- oder Gemeinderat) oder *wer* (Bürgermeister oder Landrat) gewählt wird. Überdies verändern sich Kommunalwahlsysteme im Laufe der Zeit (Magin 2010).

4.3.1 Wahlgrundsätze und Entwicklung der Kommunalverfassungen

Alle Kommunalwahlgrundsätze leiten sich vom *Homogenitätsgebot* ab: „In den Ländern, Kreisen und Gemeinden muss das Volk eine Vertretung haben, die aus allgemeinen, unmittelbaren, freien, gleichen und geheimen Wahlen hervorgegangen ist" (Art. 28 (1, 2) GG). Gemeindeversammlungen sind zwar zulässig (Art. 28 (1, 4) GG),[8] spielen in der Praxis aber keine Rolle (Walter-Rogg et al. 2005, S. 433). Insofern gelten die verfassungsmäßigen Wahlgrundsätze zwingend auch für die Urwahlen der Verwaltungsspitzen sowie für sachunmittelbare Abstimmungen (Woyke 2013).

Nach dem Vertrag von Maastricht (1992) genießen

---

8 In Schleswig-Holstein beispielsweise in Gemeinden mit bis zu 70 Einwohnern (§ 54 GO SH).

Angehörige von EU-Mitgliedsstaaten aktives und passives Kommunalwahlrecht (Art. 28 (1, 3) GG). Weil ein erster Vorstoß in Schleswig-Holstein (1989), Dänen, Iren, Niederländern, Norwegern, Schweden und Schweizern ein aktives Wahlrecht einzuräumen, vom Bundesverfassungsgericht verworfen worden war (BVerfGE 83, 37), musste dafür eigens das Grundgesetz geändert werden (Meyer 2007a, S. 398 f.).

Zu den Kommunalwahlgrundlagen gehören auch Bestimmungen des Parteiengesetzes (Korte 2013, S. 95). Der Parteienbegriff dieses Gesetzes gilt nach § 2 nur für Vereinigungen, die auch an Bundes- oder Landtagswahlen mitwirken. Bei Kommunalwahlen konkurrieren politische Parteien aber mit parteifreien Wählergruppen (Kap. 5). Versuche einzelner Landesgesetzgeber (NRW und Saarland), letztere vom Wahlvorschlagsrecht auszuschließen, wurden 1960 für verfassungswidrig erklärt (BVerfGE 11, 266 und BVerfGE 11, 351).

Nach dem Zweiten Weltkrieg entwickelten sich unter dem Einfluss früherer Verwaltungstraditionen und der jeweiligen Besatzungsmacht vier Kommunalverfassungstypen, die bis in die 1990er Jahre Bestand hatten: (1) *Süddeutsche Ratsverfassung* (Baden-Württemberg, Bayern), (2) *Magistratsverfassung* (Hessen, Städte Schleswig-Holsteins), (3) *Norddeutsche Ratsverfassung* (Niedersachsen, Nordrhein-Westfalen), (4) *Bürgermeisterverfassung* (Rheinland-Pfalz, Saarland, Landgemeinden Schleswig-Holsteins; siehe Woyke 2013).

Die demokratisierte DDR-Kommunalverfassung entstand 1990 unter dem Eindruck westdeutscher Reformdiskurse, wobei „die ‚Schokoladenseiten' der verschiedenen Kommunalverfassungen" aufgegriffen wurden (Kleinfeld 1996, S. 115). Im Zuge der Kommunalverfassungsreformen der 1990er Jahre hat sich jedoch von Ostdeutschland ausgehend die *süddeutsche Ratsverfassung* gesamtdeutsch nahezu flächendeckend durchgesetzt. Lediglich in Bremerhaven und in Hessen besteht noch eine „unechte"[9] *Magistratsverfassung* (Woyke 2013, S. 213–216).

Üblicherweise finden deshalb nur noch diese beiden Formen Beachtung. Allerdings: „[A]uch die neuen Regelungen werden vor dem Hintergrund der bisher gültigen Rahmenbedingungen und der Erfahrungen mit ihnen angewandt" (Wehling 2007). In einem bundesweiten Vergleich wurde die Gültigkeit dieser Annahme empirisch nachgewiesen (Reiser et al. 2008). Abbildung 4.1 stellt deshalb auch die beiden nicht mehr existierenden Kommunalverfassungen schematisch dar. Um deutlich zu machen, dass beide nur noch im Hintergrund wirken, wurden sie grau unterlegt.

Die Typologie in Abbildung 4.1 wird im Wesentlichen durch das Verhältnis zwischen Rat und Verwaltung bestimmt (Kap. 6). Von der süddeutschen Ratsverfassung heißt es, sie hätte nach dem „Kriterium der Legitimation der ‚Regierungschefs' einen präsidentiellen Charakter" (Partmann und Strohmeier 2012, S. 39). In den anderen

---

9 „Bei der echten (…) Magistratsverfassung musste der Magistrat den Beschlüssen der Gemeindevertretung zustimmen. Heute beschränkt sich sein Aufgabengebiet auf die Umsetzung der Beschlüsse" (Woyke 2013, S. 215).

Abb. 4.1   Deutsche Kommunalverfassungen, gestern und heute

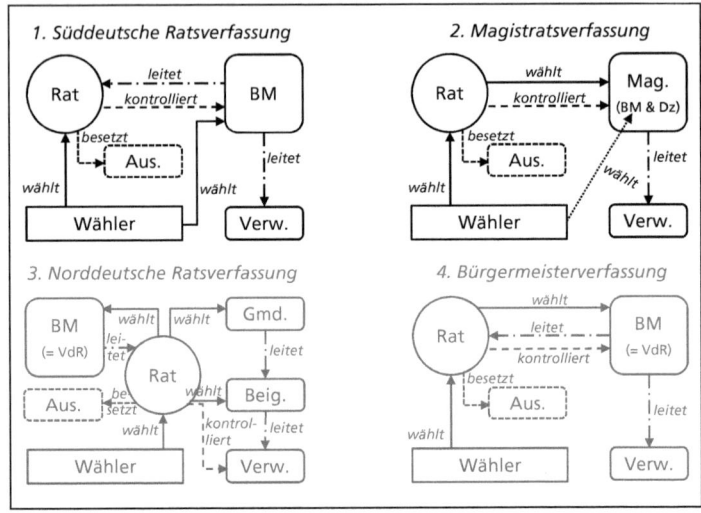

Legende:

Aus. – Ausschüsse, Beig. – Beigeordnete, BM – Bürgermeister, Dz – Dezernenten, Gmd. – Gemeindedirektor, Mag. – Magistrat, VdR – Vorsitzender des Rates, Verw. – Verwaltung

Quelle: eigene Darstellung.

Verfassungstypen wurde die Verwaltungsspitze von den Vertretungen gewählt, weshalb ihnen ein „parlamentarischer Charakter" zugeschrieben wird (ebd.).

4.3.2 Das Wahlrecht bei Stadt- und Gemeinderatswahlen

Wahlsysteme gelten lange schon als Erklärungsfaktoren für Ratswahlergebnisse. Sie variieren zwischen Bundesländern und über die Zeit. Im Längsschnitt werden drei Trends erkennbar: (1) *Vereinheitlichung,* (2) *sinkendes Wahlalter* und (3) eine *stimmengerechtere Sitzverteilung.*

Alle Flächenländer (außer Bayern) haben heute eine fünfjährige Ratswahlperiode, die oft mit den Europawahlen gekoppelt wird. Am 25. Mai 2014 fanden zusammen mit der Europawahl in neun Flächenländern Ratswahlen statt. In acht dieser Länder wird 2019 erneut gewählt (Tabelle 4.4). Überdies ist (außer in NRW, im Saarland und in Schleswig-Holstein) überall Kumulieren und Panaschieren[10] zulässig. In Bayern (seit 1946) und Baden-Württemberg (seit 1953) gab es diese Form der Stimmenverteilung von Anfang an. Zur flächendeckenden Verbreitung dieser Art der Stimmenabgabe trug das DDR-Kommunalwahlgesetz von 1990 (§ 28 (2);

---

10 Beim *Kumulieren* „haben Wähler die Möglichkeit, an einen Kandidaten (…) mehr als eine Stimme zu vergeben" und beim *Panaschieren* „dürfen sie Stimmen an Kandidaten auf verschiedenen (Partei-)Listen vergeben" (Falter und Schoen 2014, S. 873 und 875).

GBl. DDR I, 222) bei. Hessen übernahm Kumulieren und Panaschieren 2001 als vorerst letztes Bundesland. *Kommunale Sperrklauseln* wurden im Zuge verfassungsgerichtlicher Entscheidungen aufgehoben. Gelegentlich wird vermutet, sie würden parteifreie Wählergruppen behindern (z. B. Holtkamp und Eimer 2006; Holtkamp 2008; Magin 2010). Nachweisbar ist aber, dass bestehende Sperrklauseln weder parteifreie Kandidaturen noch deren Stimmenanteile signifikant verändert haben (Reiser et al. 2008). Jüngst wurde in entgegengesetzter Richtung argumentiert, die Abschaffung der Sperrklausel 2008 in NRW habe eine Zersplitterung der Räte verursacht, was sich negativ auf ratsinterne Entscheidungsprozesse auswirke (Bogumil et al. 2009).

Bei Bundestags- und Landtagswahlen wurde das *Wahlalter* in der Geschichte der Bundesrepublik mehrfach herabgesetzt. Dabei dient die Kommunalpolitik als vorwegnehmendes Experimentierfeld. 1995 senkte zuerst der niedersächsische Landtag das aktive Kommunalwahlalter auf 16 Jahre (Drs. 13/1489). Diesem Beispiel folgten bisher sechs weitere Flächenländer, zuletzt 2013 Baden-Württemberg (Drs. 15/3360).

Wahlrechtsfragen sind immer auch Machtfragen, denn Mandatsgewinne und -verluste werden vom Verrechnungsverfahren beeinflusst (Nohlen 2014, S. 119). Kommunalwahlen sind in der Regel Verhältniswahlen, wobei immer eine Umrechnung der Stimmanteile in Mandate nötig ist. Auf der lokalen Ebene sind dafür drei Wahlschlüssel gebräuchlich: d'Hondt, Hare/Niemeyer und Sainte-Laguë/Schepers (Zicht 2013). Die Methode nach d'Hondt begünstigt stimmenstarke und diejenige nach Hare/Niemeyer kleine Gruppierungen, während das Sainte-Laguë-Verfahren parteigrößenunabhängig wirkt (Nohlen 2014, S. 131).

Als „Machtregel" gilt: Länder, die von einer Partei allein oder von großen Koalitionen regiert wurden, hielten an d'Hondt fest oder führten es wie Sachsen ein (1990). Länder, in denen kleine Koalitionspartner mitbestimmten, bevorzugen dagegen verhältnisgerechtere Systeme (Meyer 2007a, S. 428). Fest steht, dass Reformen des Bundestagswahlschlüssels mit zeitlicher Verzögerung auch auf lokaler Ebene wirkten. Insofern wird sich im Zuge der Vereinheitlichung vermutlich auch die Sainte-Laguë-Methode allmählich durchsetzen.

Tabelle 4.1 präsentiert eine Synopse dieser Verfahrensregeln. Für den Zusammenhang zwischen Kommunalwahlrecht und Wahlergebnissen ist entscheidend, wann eine Regel angewendet und weniger, wann sie beschlossen wurde. Abweichungen der Jahresangaben vom Text oder den angegebenen Quellen ergeben sich, weil nicht das Datum der Gesetzesänderung berücksichtigt wurde, sondern das der Kommunalwahltermine, bei der sie erstmals in Kraft traten.

Kommunalwahlen folgen dem Verhältniswahlrecht, mit einer Ausnahme: Wenn weniger als zwei Listen kandidieren, finden in neun Bundesländern Mehrheitswahlen statt (Meyer 2007a, S. 432). In Rheinland-Pfalz ist dieser Sonderfall sogar die Regel, weil es in über der Hälfte der dortigen Gemeinden regelmäßig zu Mehrheitswahlen kommt.

Unter allen Wahlvorschlägen, die zwischen 1994 und 2010 eingereicht wurden, hielten politische Parteien den

Tab. 4.1 Entwicklung der Ratswahlsysteme (1945 ff.)

Land	Wahlperiode (in Jahren)				Wahlalter					kumulieren/ panaschieren		keine Sperrklausel	Sitzzuteilungsverfahren		
					Aktiv			passiv							
	3	4	5	6	21+	18	16	21+	18	seit	Stimmen	seit	d'H	H/N	S-L
BW	53	71	79	—	53	75	14	53	79	53	N-Sitze	1953	46	—	14
BY	—	46	—	60	46	72	—	46	78	46	N-Sitze	1956	49	14	—
BB	—	90	93	—	—	90	14	—	90	90	3	1993	—	90	—
HE	—	46	01	—	46	72	—	46	77	01	N-Sitze	1999	46	01	—
MV	—	90	94	—	—	90	99	—	90	90	3	2004	—	90	—
NI	—	48	76	—	46	72	96	46	81	81	3	1946	46	81	—
NRW	—	48	64	14*	46	75	99	46	75	—	1	2004	46	99	09
RP	—	48	64	—	46	74	—	46	79	89	N-Sitze	1989	74	89	14
SL	—	56	74	68*	56	74	—	56	79	—	1	2009	56	—	—
SN	—	90	94	—	—	90	—	—	90	90	3	1994	94	90	—

Land	Wahlperiode (in Jahren)				Wahlalter					kumulieren/ panaschieren		keine Sperr- klausel	Sitzzuteilungs- verfahren		
					Aktiv			passiv							
	3	4	5	6	21⁺	18	16	21⁺	18	seit	Stimmen	seit	d'H	H/N	S-L
ST	—	90	94	—	—	90	99	—	90	90	3	1994	—	90	—
SH	48	51	98	—	46	74	98	46	74	—	N-DMndt.	2008	48	—	13
TH	—	90	94	—	—	90	—	—	90	90	3	2009	—	90	—

Legende:
Zahlen: Jahre der jeweils ersten Kommunalwahl nach der Neuregelung (46–99 = 1946–1999, 00–14 = 2000 ff.); *Wahlperiode:* *– In NRW (2014) und im Saarland (1968) war die Wahlperiode einmalig jeweils sechs Jahre lang. *Wahlalter:* 21⁺ – 21 Jahre oder älter; *Stimmen:* N-Sitze – Zahl der zu vergebenden Sitze, N-DMndt – Zahl der zu vergebenden Direktmandate; *Sitzzuteilungsverfahren:* d'H – d'Hondt, H/N – Hare/ Niemeyer, S-L – Sainte-Laguë/Schepers.

Quelle: eigene Darstellung, Zahlen nach Ipsen 2007, Magin 2010, Zicht 2013.

Löwenanteil mit mehr als 56 Prozent. Parteifreie Wählergruppen erreichten über 29 Prozent. Einzelbewerbungen
bildeten mit fast 12 Prozent die drittgrößte Gruppe (ge-
listet: 6 %, ungelistet: 5,6 %; Angaben nach Rademacher
2011). Letztere sind heute in acht Bundesländern zulässig und werden dort wie „Einmann-Listen" behandelt
(Meyer 2007a, S. 440). Aufgrund geringer Mandats-
anteile gelten sie als unbedeutend (Magin 2010, S. 102).
Aber diese Bewertung geht fehl, denn die Bedeutung
von Einzelbewerbern drückt sich in ihren Stimmenanteilen aus. Wenn sie mit parteifreien Wählergruppen
konkurrieren, fällt deren Anteil an allen Wahlvorschlägen im Schnitt um 39,4 Prozent und der Stimmenanteil
parteifreier Gruppen sinkt um 29,3 Prozent (Reiser et al.
2008, S. 134 und 138).

Listenverbindungen stellen eine kleinere Gruppe unter den Wahlvorschlägen. Sie sind in neun Bundesländern erlaubt und setzen sich entweder aus parteifreien
Wählergruppen und Parteien (2,6 %) oder nur aus Parteien (0,1 %) zusammen. Obwohl Listenverbindungen
selten sind, beeinflussen auch sie die Nominierungs- und
die Wahlphase. Mit jeder Listenverbindung, die antritt,
sinkt die Präsenz parteifreier Wählergemeinschaften um
22,9 und ihr Stimmenanteil um 25,6 Prozent (Reiser et
al. 2008, S. 134 und 138).

4.3.3 Bürgermeister- und Landratswahlen

Die Einführung von *Direktwahlen* gilt als *die* Kommunalverfassungsreform der letzten Jahrzehnte (Ipsen 2007, S. 654; Meyer 2007b, S. 697). In der lokalen Politikforschung erfahren Direktwahlen denn auch verstärktes Interesse (zum aktuellen Forschungsstand Gehne 2008, S. 25–31, Klein 2014, S. 95–103). Dabei steht das Verhältnis zwischen Rat und Bürgermeistern im Vordergrund. Zu Landratswahlen existiert kein nennenswerter Forschungsstand (einzige Ausnahme: Fuchs 2012). Das ist bemerkenswert, weil weniger als ein Drittel der Bevölkerung in Großstädten lebt, welche wiederum am besten erforscht sind (Naßmacher und Naßmacher 2007, S. 18).

Die hohe Popularität direkter Demokratie und die Entstehung der ostdeutschen Kommunalverfassungen, die in Westdeutschland zusätzlichen Reformdruck auslösten, gelten als ursächlich für die Einführung der Direktwahlen (Partmann und Strohmeier 2012, S. 39). Überdies wurden diese mit politischen Wunschvorstellungen verknüpft, beispielsweise einer Brechung des Nominierungsmonopols von Parteien oder einer Verringerung der Politikmüdigkeit oder einer Verbesserung der Qualität, Steuerungsfähigkeit, Verantwortlichkeit und Transparenz der Kommunalpolitik (Wehling 2010b, S. 353 f.). Viele dieser erwarteten Effekte sind bisher allerdings ausgeblieben (Rademacher 2007).

In jüngster Zeit findet die Möglichkeit der *Abwahl* von Bürgermeistern verstärkt Aufmerksamkeit (Böhme 2008, Kern 2008, Klein 2014). Mittlerweile können Gemeindeoberhäupter in fast allen Flächenländern

Tab. 4.2 Wahlsysteme bei Bürgermeisterwahlen

Land	In Kraft seit	Passives Wahlalter		Wahlvor-schlags-recht	Wahlverfahren		Dauer	Abwahl als ...			
								... Rats-begehren		... Bürgervotum	
		UG	OG		1. WG	2. WG	AP	IR	BiR	EQ	ZQ
BW	1956	25	65	E	aMW	rMW	8	keine Abwahl möglich			
BY	1952	21	65	P/W (gV)	aMW	StW	6	keine Abwahl möglich			
BB	1993/98	25	62	E/P/W	aMW+	StW+	8		2/3	nGg	25 %
HE	1992	25	67	E/P/W	aMW	StW	6	1/2	2/3	—	30 %
MV	1999	18	60/64	E/P/W	aMW	StW	7/9	1 M	2/3	—	1/3 + 2/3
NI	1996	23	65	E/P/W	aMW	StW	8	3/4	3/4	—	25 %
NRW	1994	23	—	E/P/W (gV)	rMW	—	6	1/2	2/3	nGg	25 %
RP	1993	23	65	E/P/W (gV)	aMW	StW	8	1/2	2/3	—	30 %
SL	1994	25	65	E/P/W	aMW	StW	10	1/2	2/3	—	30 %
SN	1994	18	72	E/P/W	aMW	rMW	7	1 M	3/4	nGg	50 %

| Land | In Kraft seit | Passives Wahlalter | | Wahlvor-schlagsrecht | Wahlverfahren | | Dauer | Abwahl als ... | | | |
| | | | | | | | | ... Rats-begehren | | ... Bürgervotum | |
		UG	OG		1. WG	2. WG	AP	IR	BiR	EQ	ZQ
ST	1994	21	65	E/P/W	aMW	StW	7	2/3	3/4	—	30 %
SH	1996	27	60	E/RP (gF)	aMW	StW	6/8	1 M	2/3	20 %	20 %
TH	1994	21	65	E/P/W	aMW	StW	6	1 M	2/3	—	30 %

Legende:
Passives Wahlalter: UG – Untergrenze (ab), OG – Obergrenze (bis); *Wahlvorschlagsrecht:* E – Einzelbewerbung, (gF) – gemeinsamer Fraktionsvorschlag, (gV) – gemeinsame Vorschläge, P – Parteien, PR – im Rat vertretene Parteien, W – Wählergruppen; *Wahlverfahren:* 1./2. WG – 1./2. Wahlgang, aMW – absolute Mehrheitswahl, rMW – relative Mehrheitswahl, StW – Stichwahl der beiden besten Bewerber, aMW$^+$/StW$^+$ – In BB muss im 1. und ggf. auch im 2. Wahlgang zusätzlich ein 15 %-Quorum erreicht werden (Gehne 2012). *Dauer:* AP – Amtsperiode (Jahre), AW – Abwahl möglich? *Ratsbegehren:* BiR – Beschluss im Rat (mit angegebener Mehrheitsregel), IR – Initiativrecht liegt bei entweder einem Mitglied des Rates (1 M) oder der in Zahlenbruchteilen angegebenen Ratsmehrheit; *Bürgervotum:* kBB – kein Bürgerbegehren (nur Bürgerentscheid), nGg – nach Gemeindegröße (Zahlen nach Gehne 2012, S. 147), EQ – Einleitungsquorum, ZQ – Zustimmungsquorum (in % der Wahlberechtigten). 1/3 + 2/3 – In MV muss ein Drittel der Wahlberechtigten teilnehmen und zwei Drittel davon müssen der Abwahl zustimmen.

Quelle: eigene Darstellung, Zahlen nach Gehne 2012, S. 145–147.

aus politischen Gründen abgewählt werden. In Bayern und Baden-Württemberg ist eine Amtsenthebung nur infolge strafrechtlicher oder disziplinarischer Vergehen sowie bei Dienstunfähigkeit möglich. Wo jedoch eine Abwahl zulässig ist, kann sie entweder durch Bürgerbegehren mit unterschiedlichen Quoren oder durch einen Ratsbeschluss mit mindestens Zwei-Drittel-Mehrheit erfolgen – in Niedersachsen und Sachsen mit einer Drei-Viertel-Mehrheit *aller* und in Sachsen-Anhalt der *anwesenden* Ratsmitglieder (Partmann und Strohmeier 2012, S. 40 f.).

4.4   Kommunales Wahlverhalten und Ratswahlergebnisse

Das Wahlverhalten ist generell ein zweistufiger Prozess, der sich aus Partizipationsentscheidung und Wahlentscheidung zusammensetzt (Gabriel und Keil 2012, S. 43). Deshalb ist der folgende Abschnitt nach Wahlbeteiligung und Wahlergebnissen gegliedert. Zu den Direktwahlen (Kap. 4.4.3) erfolgt die Darstellung analog.

4.4.1 Wie lässt sich die Wahlbeteiligung an Ratswahlen erklären?

Bei Ratswahlen ist die Beteiligung seit längerem rückläufig. Generell geht die Wahlbeteiligung auf allen politischen Ebenen gleichzeitig zurück. Die kommunale Wahlbeteiligung liegt immer unter der von Bundestags-

oder Landtagswahlen, nur bei Europawahlen ist sie noch geringer. Bemerkenswert ist die zeitliche Entwicklung. Zwischen 1949 und 1989 hat sich die Kommunalwahlbeteiligung kaum verändert, nach der Wiedervereinigung ging sie jedoch stark zurück (Vetter 2013): in Westdeutschland um ca. 20 und in Ostdeutschland um fast 28 Prozentpunkte. Das Ausgangsniveau bei den DDR-Kommunalwahlen vom 6. Mai 1990 lag höher als in Westdeutschland, was sich mit der enormen Politisierung dieser Übergangszeit erklären lässt.[11]

Gemeinhin wird angenommen, dass die Kopplung von Rats- und Europawahlen die Wahlbeteiligung steigert (Bogumil et al. 2009, S. 5 und 38). Von den acht Kommunalwahlen des Jahres 2009 fand aber nur diejenige in Nordrhein-Westfalen *nicht* gemeinsam mit der Europawahl statt. Ähnlich die Konstellation fünf Jahre später: Am 25. Mai 2014 wurden in neun von 13 Flächenländern Europaparlament und kommunale Vertretungskörperschaften gleichzeitig gewählt. In Brandenburg wurde dafür eigens die fünfjährige Wahlperiode um acht Monate verlängert, weil die Landesregierung glaubte, die Zusammenlegung beider Wahlen sei ein probates Mittel gegen die Europawahlmüdigkeit.

In Westdeutschland wirkt die Kopplung kaum zugunsten der kommunalen Wahlbeteiligung. In Ostdeutschland sank diese zwischen 1998 und 2010 sogar bei gleichzeitig stattfindender Europawahl. Seit 2014 lässt

---

11 So war auch die Wahlbeteiligung bei der Volkskammerwahl vom 18. März 1990 historisch die höchste (93,4%), die jemals bei einer freien, nationalen Wahl erzielt wurde.

sich dieser Kopplungseffekt nicht mehr überprüfen, weil seither alle ostdeutschen Länder ihre Kommunalwahlen mit der Europawahl zusammenlegen.

Die hohe Differenz von 1998 resultiert im Übrigen aus der Gleichzeitigkeit der Kommunalwahlen in Brandenburg mit der Bundestagswahl. *Dieses* zeitliche Zusammenfallen erhöht kommunale Wahlbeteiligungen immer (1972 in Hessen: 81,4 %, Niedersachsen: 82,7 %; 1976 in Niedersachsen: 91,4 %; 1994 in NRW: 81,7 %; 1998 in Brandenburg: 77,9 %; Vetter 2013, S. 256). Überdies gilt: „Je näher eine Kommunalwahl an einer Bundestagswahl liegt, desto höher ist die kommunale Wahlbeteiligung" (Vetter 2009, S. 806). Doch nehmen alle Timing-Effekte im Zeitverlauf ab.

Die Bewertung dieses Kopplungseffektes ist eine Frage der Perspektive. Aus europäischer Sicht ist es erfreulich, dass die Europawahlbeteiligung durch Kopplung der Wahlen steigt, weil einige Kommunalwähler bei gemeinsamer Wahl ihre Europawahlstimme gleich mit abgeben. Umgekehrt ist es jedoch von Nachteil, wenn aufgrund von Europamüdigkeit eine ohnehin schon geringe Kommunalwahlbeteiligung noch mehr zurückgeht.

Zur Vereinheitlichung des Kommunalrechts gehört auch das Kumulieren und Panaschieren von Stimmen. Mittlerweile besteht diese Möglichkeit in zehn von 13 Flächenländern in unterschiedlichem Umfang (Tabelle 4.1). Welche Mobilisierungseffekte damit einhergehen, ist umstritten. Einerseits wird davon eine Belebung der Kommunalpolitik erwartet und dies mit einer höheren Attraktivität für die Wähler begründet. Andererseits handelt es sich um „Verfahren, die den Wahlakt komplizieren und bei bestimmten Gruppen die ohnehin vorhandene Neigung zu Stimmenthaltung verstärken" (Gabriel 1997, S. 167).

Entgegen optimistischen Erwartungen lässt sich zeigen, dass die Beteiligung bei offenen Listen (mit Kumulieren und Panaschieren) niedriger ausfiel als bei geschlossenem Listenverfahren (NRW und Saarland; Vetter 2013, S. 246–249). Die Beteiligung war „nicht grundsätzlich höher, wenn mit nur drei Stimmen kumuliert und panaschiert werden kann, als unter der Bedingung des Kumulierens und Panaschierens mit voller Stimmenzahl" (ebd., S. 249).

Sperrklauseln reduzieren in Verhältniswahlsystemen die Chancen kleiner Parteien, in ein Parlament einzuziehen, und sollen so dessen „politische Zersplitterung" verhindern (Nohlen 2014, S. 120–122). Das gilt auch für kommunale Vertretungskörperschaften (Bogumil und Holtkamp 2013, S. 108–112). Für Bundestagswahlen wird zudem vermutet, die Fünf-Prozent-Hürde halte Wähler ab, wenn diese der Partei, die sie eigentlich bevorzugen, nicht zutrauen, diese Hürde zu nehmen. Diese Annahme lässt sich auf lokaler Ebene jedoch nicht bestätigen. Tatsächlich stieg die Wahlbeteiligung nach der Abschaffung der kommunalen Sperrklauseln nur in Thüringen (2009) (leicht) an (Vetter 2013). Somit hat die flächendeckende Abschaffung von Sperrklauseln an dem wachsenden kommunalen Legitimationsdefizit nichts geändert.

„Jüngere Menschen wählen seltener als ältere" (Schäfer 2013, S. 43). Eine Studie über die Folgen der Absenkung des kommunalen Wahlalters kommt zu dem

Schluss, „jede Herabsetzung des Wahlalters [führe] fast *zwangsläufig* zu einer Verringerung der Wahlbeteiligung" (Hoffmann-Lange und de Rijke 2008, S. 108). Es sei deshalb eine Illusion, „die Tendenz zu sinkenden Wahlbeteiligungsraten ließe sich durch eine Herabsetzung des Wahlalters aufhalten" (ebd., S. 112).

In der Tat: Außer in Baden-Württemberg, wo die Absenkung wie in Brandenburg erst mit der Kommunalwahl von 2014 in Kraft trat, ging die Wahlbeteiligung durch Einschluss nichtvolljähriger Wähler zurück.

Die durchschnittliche Kommunalwahlbeteiligung nimmt mit zunehmender *Gemeindegröße* ab (Vetter 2013, S. 246–249). Allerdings verläuft dieser Zusammenhang nicht linear, sondern logarithmisch. Das bedeutet, dass der Effekt in kleinen Gemeinden besonders stark ist und mit zunehmender Einwohnerzahl zurückgeht.

Die bisher dargestellten Ergebnisse erlauben keine Aussagen über individuelle Motive der Wahlbeteiligung. Individualdatenanalysen zu kommunaler Wahlabstinenz basieren dagegen auf – wenigen – Einzelfallstudien, die entweder nur eine Stadt (z. B. Schmitt-Beck et al. 2008 sowie Faas 2009 für Duisburg oder Schäfer 2009 für Köln) oder wenige Kommunen eines Bundeslandes berücksichtigen (z. B. Faas 2013 für 28 hessische Kommunen).

In Verbindung mit den Aggregatdatenanalysen treten dabei demokratiepolitisch beunruhigende Ergebnisse zu Tage. Für die Stadtratswahl in Duisburg am 26. September 2004 ermittelten Schmitt-Beck et al. (2008, S. 566) eine Tradition der Wahlenthaltung: „Frühere Nichtwähler tendieren extrem stark dazu, auch diesmal wieder der

Urne fernzubleiben." Wenn zudem die Absenkung des Wahlalters zu geringerer Wahlbeteiligung führt, dann ist zu befürchten, dass viele jüngere Menschen auf diese Weise gerade nicht an demokratische Prozesse herangeführt werden.

Schäfer (2009) geht davon aus, dass die Wahlabstinenz sozial ungleich verteilt ist. Dadurch werde das verfassungsmäßige Prinzip der Gleichheit der Wahl gefährdet (so auch Schäfer 2013). Zum einen steigt Nichtwählen bei Kommunalwahlen mit dem Grad politischer Entfremdung (Politik- und Parteienverdrossenheit) an und sinkt mit zunehmender Verbundenheit mit der Gemeinde (Schmitt-Beck et al. 2008, S. 562–565). Zum anderen gehen überwiegend diejenigen zur Wahl, die viel von Kommunalpolitik verstehen und höher gebildet sind (ebd., S. 570 f.). Zu ähnlichen Ergebnissen kommt auch Faas (2009 und 2013). Personen mit besserer Ausbildung, höherem sozialem Status und starker lokaler Verwurzelung nehmen häufiger an Kommunalwahlen teil und werden zumindest in Baden-Württemberg auch häufiger gewählt (Wehling 2010a, S. 29). Besteht demnach ein „informelles" kommunales Klassenwahlrecht?

Das trifft nur bedingt zu, denn bei einem Vergleich von 28 Kommunen in Hessen stellte sich heraus, dass der Umkehrschluss, sozial Schwächere würden stärker zu kommunaler Wahlenthaltung tendieren, auf einem ökologischen Fehlschluss beruht. Faas (2013, S. 435) zeigt, dass sich Kommunen, in denen mehr sozial schwächere Personen leben (hohe ALG II-Rate), zwar durch niedrigere Wahlbeteiligungen auszeichnen, dass dabei der individuelle Erwerbsstatus jedoch keinen signifikan-

ten Einfluss auf die kommunale Wahlbeteiligung ausübt
(ebd., S. 431). Das deutet darauf hin, dass sich eine solche Kommune „als Ganzes" aus dem politischen Leben
zurückzieht.

4.4.2 Empirische Befunde
zu Ratswahlergebnissen

Im Vergleich zur Wahlbeteiligung ist der Forschungsstand zu Kommunalwahlergebnissen besser. Seit dem
Entstehen der lokalen Politikforschung in den 1960er
Jahren wird über eine *Parteipolitisierung* der Kommunalpolitik gestritten (Holtkamp 2008, S. 70–94, Holtmann 2012, S. 208–225).[12] Im lokalen Parteiensystem
Deutschlands sind Ortsparteien und parteifreie Wählergruppen gegensätzliche Akteure (Kap. 5). Parteifreie lokale Listen inszenieren sich als Gegenpol zu Parteipolitik, welche mit ‚Ideologie' gleichgesetzt wird (Holtmann
2013, S. 801f.). In der alten Bundesrepublik folgten die
Stimmenanteile parteifreier Wählergemeinschaften drei
Phasen: (1) relative Stärke bis Mitte der 1960er Jahre, (2) deutlicher Rückgang in den 1970er Jahren und
(3) moderater Aufschwung in den 1980er Jahren.

In den letzten zwei Jahrzehnten wurden freie Wählergemeinschaften (FWG) genauer erforscht (Holtmann et
al. 2012, Holtmann 2013). Lange Zeit genügte es, FWG
als Gruppen zu definieren, „die sich außerhalb der politischen Parteien um Mandate in den kommunalen

12 Zur Parteipolitisierung der Kommunalpolitik s. u. Kap. 6.

Vertretungskörperschaften bewerben" und keine Parteien im Sinne des Parteiengesetzes sind (Reiser 2006a, S. 278). Die „parteipolitische Verwandlung" der freien Wähler, vor allem – aber nicht nur – in Bayern, stellt diese Definition jedoch zunehmend in Frage (Weitzker 2008; Morlok et al. 2012). Spätestens durch ihren Einzug in den bayerischen Landtag 2008 und 2013 und ihre Bundestagskandidatur 2013 haben die freien Wähler „ihre parteipolitische ‚Unschuld'" verloren (Wehling und Stortz 2013, S. 284).

Die Nicht-Parteieigenschaft der freien Wähler ist jedenfalls umstritten. Weitzker (2008, S. 10) etwa schwankt: „Die Freien Wähler sind keine Partei", trotzdem „verfügen sie (…) über Strukturen, die jenen der Parteien ähneln". Für Wehling und Stortz (2013, S. 283) steht fest: „Freie Wähler sind eine *Nicht-Partei,* wenn nicht gar eine *Anti-Partei,* manchmal eine ‚*Anstatt-Partei*'." Von den Präfixen einmal abgesehen, *sind* sie demnach eine Partei.

Ungeachtet fortbestehender Klassifikationsprobleme haben sich parteifreie Wählergruppen nicht nur traditionell in süddeutschen Bundesländern, sondern seit 1990 auch im Osten Deutschlands als kommunal bedeutsame Größe etabliert. In Ostdeutschland erzielen sie Stimmenanteile, die Vergleiche mit Bayern oder Baden-Württemberg nicht zu scheuen brauchen.

In Westdeutschland setzen sich frühere Entwicklungen fort. In Niedersachsen und in NRW konnten sich die Wählergemeinschaften von ihrem einstigen Ausschluss vom Wahlvorschlagsrecht (1960 durch BVerfGE 11, 266 und BVerfGE 11, 351 aufgehoben) und von den

Folgen der Gebietsreformen bis heute nicht erholen, obwohl es zwischenzeitlich Wahlrechtsänderungen zu ihren Gunsten gab. Dieser Befund stützt Wehlings (2007) These einer Nachwirkung früherer Kommunalverfassungen. In Hessen sind die parteifreien Stimmenanteile nicht mehr über das Ende der achtziger Jahre erreichte Niveau gestiegen, was bemerkenswert ist, weil sie 1952 (35,8 %) und 1956 (32,6 %) höher waren als im gleichen Zeitraum in Baden-Württemberg oder Bayern. In diesen beiden Bundesländern hat sich das moderate Wachstum der achtziger Jahre stetig fortgesetzt, so dass heute fast bzw. mehr als die Hälfte aller Stimmen auf parteifreie Wählergruppen entfällt.

Ein Ausreißer ist allerdings der Einbruch parteifreier Stimmenanteile in Rheinland-Pfalz. Sie sanken dort 2009 (18,7 %) im Vergleich zu 2004 (35,1 %) um fast die Hälfte, was sich aber weder mit Gebietsreformen, noch mit Wahlrechtsänderungen (Tabelle 4.1) und schon gar nicht mit einem Wandel der politischen Kultur erklären lässt. Es muss folglich noch andere Gründe geben, und ein solcher erklärender Faktor sind die lokalen Parteiensysteme.

Diesen systemischen Aspekt ausblendend, hatte die Kommunalwahlforschung mit ihrem Bekenntnisstreit um die Parteipolitisierung der Kommunalpolitik den Anschluss zur internationalen Forschung verloren (Kuhn und Vetter 2013, S. 97–99; Vetter und Kuhn 2013, S. 29–31). Stein Rokkan (1966) sah in der Etablierung nationaler Parteien in Kommunalparlamenten ein Zeichen sozialer Modernisierung. Er nannte das „party politicisation", welche über den „Nationalisierungsgrad", d. h. die Übereinstimmung zwischen nationalem und lokalem Parteiensystem, bestimmt wird.

Überprüft man den Nationalisierungsgrad für Deutschland, dann zeigt ein Bundesländervergleich zunächst wenig Überraschendes. Wo Wählergemeinschaften stark sind (wie in Baden-Württemberg, Bayern und Thüringen), ist der Nationalisierungsgrad niedrig, und wo sie schwach sind (in Hessen, NRW oder Niedersachsen), fallen die Stimmenanteile der Bundestagsparteien relativ hoch aus (Kuhn und Vetter 2013, S. 110 f.). Insoweit spricht zunächst nichts gegen die Feststellung der Existenz eines Duopols von Ortsparteien und parteifreien Wählergruppen (Holtmann 2013, S. 800).

In Rheinland-Pfalz ist jedoch im selben Zeitraum, in dem der Stimmenanteil der Wählergemeinschaften einbrach, auch der Nationalisierungsgrad um 1,7 Prozentpunkte gefallen. Politische Parteien profitieren demnach nicht zwangsläufig von einer Schwäche parteifreier Wählergruppen (Reiser et al. 2008). Profitiert haben in diesem Fall die Einzelbewerber, die in Rheinland-Pfalz im Rahmen einer Sonderregelung zur Mehrheitswahl kandidieren (Kap. 4.3.2). Diese Mehrheitsregel wurde 2004 in 1 327, 2009 in 1 337 und 2014 in 1 421 Gemeinden angewendet.

Ein anderes Forschungsergebnis zeigt, dass das Kommunalwahlrecht (Kumulieren, Panaschieren und Sperrklauseln) weder auf die Kandidatur noch auf den Wahlerfolg parteifreier Listen Auswirkungen hat (Reiser et al. 2008). In größeren Städten treten oft mehrere parteifreie Gruppen gleichzeitig an, dafür gewinnen sie in kleineren Orten häufiger die Wahlen. Ausschlaggebend ist jedoch nicht die Gemeindegröße an sich, sondern die geringe Organisationsdichte politischer Parteien im ländlichen Raum. Insofern erzielen Wählergemeinschaften und Einzelbewerber ihre Wahlsiege im ländlichen Raum vorrangig durch das Nichterscheinen der parteipolitischen Konkurrenz.[13]

Die gegensätzlichen Argumente und Befunde zum individuellen Kommunalwahlverhalten lassen nur einen Schluss zu: Wir wissen nicht wirklich, nach welchen Kriterien die Wähler ihre kommunalen Wahlentscheidungen treffen. Einerseits ist der Bekanntheitsgrad von Ratswahlkandidaten gering (Holtkamp 2008, S. 172; Faas 2009), andererseits erlauben einige Wahlsysteme es in großem Umfang, Stimmen zu kumulieren oder zu panaschieren.

4.4.3 Wer wird Bürgermeister?

Mittlerweile werden in allen Flächenländern Bürgermeister direkt gewählt, und analog auch die Landräte (außer in Baden-Württemberg und Brandenburg; siehe Kost 2013, S. 54). Im Folgenden werden empirische Erkenntnisse zur Wahl der Verwaltungsspitzen vorgestellt.

Bei Direktwahlen von Bürgermeistern ist nur „wenig über die speziellen Motive der Wählerschaft" bekannt (Gehne 2012, S. 58). Hauptsächlich Beachtung finden Geschlecht, Alter und Herkunft der Amtsinhaber so-

---

13 Zu dieser „Parteiabsenzthese" siehe auch Holtmann et al. (2012, S. 158–162).

wie ihr Verhältnis zu politischen Parteien (Bogumil und Holtkamp 2013, S. 105–108).

Vor 30 Jahren formulierten Wehling und Siewert (1984, S. 62) ironisch: „Zum ‚gestandenen Mann‘, den man sich als Bürgermeister wünscht, gehört zunächst und vor allem einmal, dass er ein Mann ist." Ende der 1990er Jahre waren Bürgermeisterinnen sowohl in Baden-Württemberg (4,6 %) als auch in NRW (6,9 %) seltene Ausnahmen (Bogumil und Holtkamp 2013, S. 105). Anders anfangs in Ostdeutschland: 2001 lag der Bürgermeisterinnenanteil zum Beispiel in Sachsen-Anhalt noch bei 18,8 Prozent (Rademacher 2007, S. 96). Im Jahr 2007 lag der gesamt-ostdeutsche Anteil von Bürgermeisterinnen mit 7 Prozent nur noch geringfügig über dem westdeutschen von 5 Prozent (Gehne 2012, S. 70). Insofern sind Einschätzungen, an der geringen Repräsentation von Frauen an der Gemeindespitze habe sich in den letzten Jahren wenig geändert (Bogumil und Holtkamp 2013, S. 105), unzutreffend. Vielmehr ist der Anteil in den neuen Ländern drastisch zurückgegangen.

Die Unterrepräsentation von Frauen im Bürgermeisteramt wird bereits während der Nominierungsphase angelegt. In NRW, wo Kandidaten traditionell durch politische Parteien nominiert werden, ist der Anteil von Frauen im Kandidatenfeld (14,8 %) nur etwa halb so groß wie in Sachsen-Anhalt (25 %), wo nur Einzelbewerbungen zulässig sind, die von Parteien oder parteifreien Wählergruppen allenfalls unterstützt werden können. Bei Kontrolle der Geschlechteranteile im Kandidatenfeld zeigt sich, dass die Erfolgswahrscheinlichkeit von

Bewerberinnen in beiden Ländern ungefähr gleich groß ist (ca. 20%). Solange sich im Osten mehr Frauen bewarben, gab es dort auch mehr Bürgermeisterinnen. In einer bundesweiten Befragung von Amtsinhaberinnen und Amtsinhabern wurde die Vereinbarkeit von Amt und Familie im Übrigen als häufigster Grund (74%) für die Unterrepräsentation von Frauen im Bürgermeisteramt angegeben (Bertelsmann Stiftung et al. 2008, S. 28).

Ende der 1990er Jahre waren Bürgermeister in Baden-Württemberg im Durchschnitt 52 Jahre und in NRW etwa 55 Jahre alt (Bogumil und Holtkamp 2013, S. 105). Gegenwärtig ist die Gruppe der 50- bis unter 60-Jährigen am stärksten vertreten. Höchstens 6 Prozent sind jünger als 40 Jahre (Bertelsmann Stiftung et al. 2008, S. 20f.).

Die Herkunft von Bürgermeistern lässt sich nach drei Faktoren bestimmen: regionale Verwurzelung, sozialer Status (vor allem Bildung und Stellung im Beruf) sowie politische Einbettung (Amtserfahrung und lokale Ehrenämter).

In Baden-Württemberg gehört zum Profil von Bürgermeistern, „dass sie nach Vorstellung der Wähler nicht aus ihrem Amtsort stammen sollten, um Filz und Vetternwirtschaft zu vermeiden" (Wehling und Siewert 1984, S. 68). In Nordrhein-Westfalen ist der Anteil ortsverbundener Amtsinhaber mit 41 Prozent mehr als doppelt so hoch (Bogumil und Holtkamp 2013, S. 106). Noch vor zehn Jahren lag der Anteil ortsverbundener Bürgermeistern bundesweit bei 45 Prozent (Bogumil und Holtkamp 2013, S. 106), heute sind es ca. 51 Prozent (Gehne 2012, S. 73f.).

„Ein Bürgermeister muss studiert haben" (Gehne 2012, S. 71). Zumindest für die Mehrheit aller hauptamtlichen Bürgermeister trifft das zu (53 %). In größeren Städten erwarten die Wähler ein höheres Bildungsniveau. Zudem betonen mehrere Studien die größere Bedeutung von Juristen und Verwaltungsfachschulabsolventen in Baden-Württemberg für kommunale Wahlämter (Bogumil und Holtkamp 2013, S. 106 f.).

Vor der ersten Direktwahl in NRW waren viele der 1999 direkt gewählten Bürgermeister bereits Amtsinhaber in der alten Doppelspitze des norddeutschen Ratsmodells (Gehne 2008, S. 62). Bundesweit hat die Hälfte aller befragten Amtsinhaber eine Verwaltungsausbildung. Unter parteilosen Bürgermeistern finden sich häufiger ortsfremde Verwaltungsfachkräfte (Bogumil und Holtkamp 2013, S. 107). Nur ein Viertel aller Bürgermeister war vor dem Amtsantritt selbstständig oder in der Privatwirtschaft tätig. Dagegen arbeiteten 61 Prozent zuvor im öffentlichen Dienst, über die Hälfte davon auf lokaler Ebene. Weitere 12 Prozent waren vorher schon einmal Dezernenten oder Bürgermeister (Gehne 2012, S. 72). Kommunalpolitische Vorerfahrung hat somit einen starken Einfluss auf die Wahlchancen. Neben Erfahrungen in Kommunalpolitik und -verwaltung ist auch das ehrenamtliche Engagement von Bürgermeistern wahlbedeutsam. Heute sind bundesweit 80 Prozent aller haupt- und ehrenamtlichen Bürgermeister bürgerschaftlich engagiert, wobei lokale Organisationen wie die freiwillige Feuerwehr, aber auch Sport-, Musik- oder Kulturvereine (insgesamt 62 %) deutlich überwiegen (Bertelsmann Stiftung et al. 2008, S. 41).

In den 1980er Jahren war fast die Hälfte aller hauptamtlichen Bürgermeister in Baden-Württemberg partei-
los (Wehling und Siewert 1984; Wehling 1991, S. 154). In
den neunziger Jahren fiel dieser Anteil auf ein Fünftel,
während in NRW nur ca. 9 Prozent der ersten direkt gewählten Amtsinhaber keiner Partei angehörten (Bogumil und Holtkamp 2013, S. 108). Bundesweit stellt heute
anscheinend die Union die meisten Bürgermeister, allerdings sind Zahlenangaben dazu oft ungenau (CDU/
CSU: 40–45 %, SPD: 28–30 %, andere Parteien: ca. 8 %:
darunter FDP: 1,6 %, Bündnis 90/Die Grünen: 0,5 %
und Linkspartei 0,5 % sowie Parteilose: 23–24,8 %; unterschiedliche Angaben bei Gehne 2012, S. 74 f., Bogumil und Holtkamp 2013, S. 108).

Die Konrad-Adenauer-Stiftung veröffentlicht regelmäßig ein kommunales Wahllexikon mit Bürgermeis-
ter- und Ratswahlergebnissen für Städte mit mehr als
50 000 Einwohnern (Gehne 2008, S. 81). Tabelle 4.3
fasst die Angaben für 76 deutsche Großstädte[14] zusammen (> 100 000 Einwohner, KAS 2013, S. 12–30), die um
Wahlergebnisse des Jahres 2014 ergänzt wurden.

Die SPD hält demnach in Großstädten drei Fünftel
aller Spitzenämter, demgegenüber kommen die Unions-
parteien auf ein knappes Drittel.[15]

Direktwahlen begründen eine Art „lokalen Präsiden-
tialismus" (Partmann und Strohmeier 2012). Tatsächlich

14 Aus Vergleichbarkeitsgründen wurde auf die Angaben Bremer-
havens auch weiterhin verzichtet.
15 Bei jüngsten OB-Wahlen in NRW war indessen die CDU in Essen und Köln erfolgreich.

Tab. 4.3 Parteizugehörigkeit von Oberbürgermeistern deutscher Großstädte

Parteizuge-hörigkeit	Bürgermeister		mit größter Fraktion		Minderheitsfraktion		Ratsanteil gegen den Bürgermeister
	absolut	In %	absolut	In %	absolut	In %	
SPD	45	59,2	25	55,6	20	44,4	69,7
CDU/CSU	23	30,3	17	73,9	6	26,1	60,9
B'90/Grüne	3	3,9	2	66,7	1	33,3	72,9
Parteilos	5	6,6	—	—	5	100,0	—

Quelle: eigene Berechnungen nach Aktualisierung von KAS 2013, S. 12–30.

muss ein direkt gewählter Bürgermeister nicht zwingend eine Ratsmehrheit hinter sich haben (Kap. 6). Es fällt ihm aber umso leichter, wechselnde Mehrheiten zu finden, je stärker seine eigene Partei im Rat vertreten ist. Dies berücksichtigend, erweist sich der Überhang der SPD im großstädtischen Raum als „Pyrrhussieg". Zwar steht hinter mehr als der Hälfte der SPD-Oberbürgermeister eine starke SPD-Fraktion, jedoch sind die Anteile von Unionsbürgermeistern mit starker eigener Ratsfraktion deutlich größer.

Eine nicht vorhandene formale Parteimitgliedschaft kann täuschen. In einigen Bundesländern dürfen auch Parteilose *für* Parteien kandidieren, denen sie manchmal dann aus Opportunitätsgründen beitreten (Wehling 1991, S. 153 f.). Parteiendistanz war ursprünglich nur in Bayern und Baden-Württemberg, später aber auch in Ostdeutschland (Däumer 1997; Rademacher 2007) geradezu eine Erfolgsbedingung. Aus diesem Grunde gibt die Bestandsaufnahme der Bertelsmann Stiftung und der deutschen Kommunalverbände die Anteile nach Wahlvorschlägen an. Demnach wurden 55 Prozent der Amtsinhaber von politischen Parteien vorgeschlagen. 26 Prozent sind als unabhängige Einzelbewerber, weitere 15 Prozent für eine parteifreie Wählergemeinschaft und 3 Prozent für ein Wahlbündnis mehrerer Parteien angetreten (Bertelsmann Stiftung et al. 2008, S. 27).

Ein Großteil der Forschung konzentriert sich auf Amtsinhaber. Echte Wahlstudien, die nicht nur die Regierungs-, sondern auch die Nominierungs-, Wahlkampf- und Wahlphase analysieren und ebenso die Gegenkandidaten berücksichtigen, sind selten (Gehne

2008, S. 26). Dabei lässt sich die Kandidatenorientierung bei Direktwahlen nur überprüfen, wenn man nicht nur die erfolgreichen, sondern auch die gescheiterten Bewerber berücksichtigt. Ersatzweise werden Wähler befragt, wie sie sich einen idealen Bürgermeister vorstellen (Gehne 2012, S. 58).

Alternativ wurde bereits vor Jahren vorgeschlagen, die Kandidatenorientierung über „Verhaltensspuren" zu erheben, die sich aus den Wahlergebnissen ergeben. Sind Sozial- und Kandidatenprofil der Bewerber bekannt (entweder durch Kandidatenbefragungen und/oder Dokumentenanalysen ihres Wahlkampfes), können sie mit dem Wahlausgang (Sieg oder Niederlage) verknüpft werden. Anschließend kann berechnet werden, welche individuellen Merkmale die Wahlchance erhöhen und welche sie verringern. Eine Fallstudie mit 79 Kandidaten erreichte bereits eine gute Modellgüte, die durch eine breitere bundesländerübergreifende Datenbasis noch gesteigert werden könnte (Rademacher 2007, S. 92).

Zusammenfassung

Kommunalwahlen folgen eigenen Gesetzen. Es gibt zwar allgemeine Wahlgrundsätze (Homogenitätsgebot, EU-Ausländerwahlrecht, Zulässigkeit parteifreier Wählergruppen), die überall gelten. Darüber hinaus sind die verschiedenen Kommunalwahlsysteme sowohl bei Rats- und Direktwahlen als auch bei den kommunalen Sachplebisziten sehr unterschiedlich. Überdies sind Kommunalwahlen auch anders als Bundestags-, Landtags- oder Europawahlen verfasst. Sie sind viel stärker personalisiert, auch dadurch, dass die Wähler in den meisten Flächenländern mehr Stimmen vergeben und diese auf einen Kandidaten häufeln *(kumulieren)* oder zwischen unterschiedlichen Wahlvorschlägen verteilen *(panaschieren)* können. In den letzten Jahrzehnten gab es Reformschritte, die den Rückgang der kommunalen Wahlbeteiligung nicht nur nicht aufgehalten, sondern unter Umständen sogar zusätzlich gefördert haben. Dazu gehören neben Kumulieren und Panaschieren auch die Kopplung von Kommunal- und Europawahlen sowie Absenkungen des Mindestwahlalters. Lokale Sachplebiszite sind bei Bürgerinnen und Bürgern und bei vielen Vertretern der lokalen Politikforschung gleichermaßen beliebt. Allerdings ist nicht jede Entscheidung schon deshalb gut für die Allgemeinheit, weil sie in einem Referendum getroffen wurde. Es kommt immer auf die Inhalte und den lokalpolitischen Kontext an.

Tab. 4.4 Kommunale Wahlbeteiligung (in %) in den Bundesländern (1989–2014)

Land	erste Wahlen			1993	1994	1996	1997	1998	1999	2001	2002	2003	2004	2006	2008	2009	letzte Wahlen			Differenz (letzte – erste)
	1989	1990	1991														2011	2013	2014	
BW	61,9				66,7ᵃ								52,0ᵃ			50,7ᵃ			55,0ᵃ	–6,9
BY		75,0				67,3					63,2				59,6				59,9	–15,1
BB		74,6		59,7				77,9ᵇ				46,0			49,4				46,2ᵃ	–28,4
HE	78,0			71,3						52,9				45,8			47,7			–30,3
MV		72,3			65,7ᵃ				50,6ᵃ				44,9ᵃ			46,6ᵃ			46,3ᵃ	–26
NI			68,3			64,5				56,2				51,8			53,0			–15,3
NW	65,6				81,7ᵇ				55,0				54,5			52,3			50,0ᵃ	–15,6
RP	77,2				74,1ᵃ				62,9ᵃ				57,6			55,1ᵃ			55,6ᵃ	–21,6
SL	79,2				73,9ᵃ				59,3ᵃ				56,3ᵃ			57,5ᵃ			52,5ᵃ	–26,7
SN		76,0			70,1ᵃ				53,8ᵃ				46,1ᵃ			47,7ᵃ			49,1ᵃ	–26,9
ST		73,8			66,2ᵃ				49,6ᵃ				42,1ᵃ			39,3²			42,8ᵃ	–31,0
SH	69,4				70,5			62,8				54,4			49,5			46,5		–22,9
TH	78,6				72,3ᵃ				58,1ᵃ				50,6			53,3ᵃ			51,4ᵃ	–27,2
West		71,8																53,0		–19,3
Ost		75,1																47,0		–27,9

Legende:
² Zeitgleich mit der Europawahl vom 7.06.2009 fanden in Sachsen-Anhalt nur Teilkommunalwahlen statt (vgl. Reiser 2010, S. 314 f.). ᵃ Kommunalwahlen mit gleichzeitiger Europawahl, ᵇ Kommunalwahlen zeitgleich zu den Bundestagswahlen 1994 bzw. 1998.

Quellen: 1989/90 Angaben nach Vogel (2014), 1991–2009 Angaben nach Vetter 2013, S. 256, 2011–2014 nach Angaben der Statistischen Landesämter.

5

‚Sachpolitik' statt ‚Parteienstreit' im Rathaus?

5.1 Normative und empirische Vorstellungen von Kommunalpolitik

Geht es auf der lokalen Ebene um vermeintlich unpolitische Sachentscheidungen, die von einer Versammlung ehrenamtlich tätiger Bürger getroffen werden, die mit ihrem gesunden Menschenverstand das Expertenwissen der Verwaltung ergänzen? Oder ist Kommunalpolitik – vergleichbar mit der Politik auf den höheren Ebenen des politischen Systems – zunehmend durch parteienstaatlich-parlamentarische bzw. konkurrenzdemokratische Entscheidungen geprägt?

Theodor Eschenburg beantwortete diese Frage eindeutig: Gemeindepolitik sei von parteipolitischen Schaukämpfen freizuhalten, da es keine „christdemokratische

Straßenbeleuchtung" und keine „sozialdemokratische
Bedürfnisanstalt" (Eschenburg 1967, S. 137) gebe. In dieser Aussage spiegelt sich die normative Vorstellung einer kommunalen Selbst*verwaltung* wider, in der es um
sachorientierte, harmonische und ideologiefreie Detail-
entscheidungen geht (vgl. Wollmann 1998; Holtkamp
2008). Dabei stützt sich die Argumentation auch darauf, dass die Kommunen staatsrechtlich Teil der Exekutiven der Länder sind (vgl. die Kapitel 1 und 2 in
diesem Buch). Diese Sichtweise prägt immer noch Teile der kommunal- und rechtswissenschaftlichen Literatur. Luckmanns (1970, S. 132) älteres Diktum, dass „die
Kommunalpolitik (...) die Richtlinien für die Hand-
lungen und Entscheidungen der Stadt als geschlosse-
ne Gemeinschaft festlegen" solle, welche „nicht durch
kontroverse Meinungen, Streitigkeiten, eine scharfe Po-
lemik oder eine zugespitzte Konfrontierung verschiede-
ner Fraktionen zersplittert werden" dürfe, ist bis heute
verbreitet. Aus dieser normativen Perspektive wird eine
Parlamentarisierung und Parteipolitisierung der Kommunalpolitik abgelehnt.

Dieser unpolitischen Selbstverwaltungskonzeption
steht seit den 1970er Jahren eine stärker politikwissenschaftlich geprägte Position gegenüber, die auf die Konflikthaftigkeit kommunaler Probleme hinweist. Parteipolitik sei auch im Rathaus notwendig, „weil das Ringen
einer Gesellschaft um mehr Gleichheit und mehr öffentliche Dienstleistungen auch in der Gemeinde stattfin-
det. (...) Die traditionelle Vorstellungsweise von einer
eingeschränkten Parteilichkeit der kommunalen Selbstverwaltung steht dem neueren Anspruch auf parteipoli-

tische Parlamentarisierung der Kommunalpolitik gegenüber" (Naßmacher und Naßmacher 1999, S. 32–34). Diese Argumentation stützt sich dabei weniger auf die staatsrechtlichen Rahmenbedingungen als vielmehr auf die tatsächlichen Entwicklungen auf kommunaler Ebene (vgl. Wollmann 1998). So wurde seit den 1970er Jahren in der Literatur ein eindeutiger Trend zu einer stärkeren Parteipolitisierung und Parlamentarisierung herausgearbeitet (Holtmann 1992, 1998, S. 209 ff.; Gabriel 1984; Naßmacher und Naßmacher 1999). Demzufolge ist Kommunalpolitik – zumindest in größeren Städten – ähnlich wie die Landes- und Bundespolitik zunehmend konkurrenzdemokratisch organisiert (Holtmann 1998, 2013).

Seit den 1990er Jahren wird die Frage nach der Rolle der Parteien auf der kommunalen Ebene in der lokalpolitischen Forschung wieder verstärkt empirisch untersucht. Nach dem demokratischen Systemwechsel Ostdeutschlands lebte in den neuen Bundesländern die Vorstellung auf, dass es auf kommunaler Ebene vor allem um die Bewältigung von drängenden Sachfragen gehe, wobei politische Parteien eher Störfaktoren seien (vgl. Thumfahrt 2004; Reiser 2006a; Holtmann 2012; Legner 2013). Zudem konnten sich parteifreie Kommunale Wählergemeinschaften (KWG) seit den 1990er Jahren flächendeckend auch in Ostdeutschland etablieren. Bei Kommunalwahlen gewannen sie deutlich an Stimmenanteilen hinzu (vgl. hierzu ausführlich Kapitel 5 dieses Buches), während die politischen Parteien an Terrain einbüßten (vgl. Vetter und Kuhn 2013; Reiser et al. 2008).

Angesichts des Aufschwungs der Parteifreien wird aktuell diskutiert, ob der Anstieg der Wählergemeinschaften eine *Ent*-Parteipolitisierung der Kommunalpolitik bedeute (Holtkamp et al. 2015) oder ob damit aufgrund eines Strukturwandels der Wählergemeinschaften nur eine andere Spielart von Parteipolitisierung einhergehe (Holtmann 2013). Darüber hinaus findet Aufmerksamkeit, welche Auswirkungen der institutionelle Wandel der Kommunalpolitik seit den 1990er Jahren auf den Grad der Parteipolitisierung hat: Haben die flächendeckende Einführung der Direktwahlen der Bürgermeister und die weiteren Reformen der Gemeindeordnungen (siehe Kapitel 4 in diesem Buch) sowie die Veränderung des kommunalen Wahlrechts (ebd.) den Einfluss der Parteien verringert und zu stärker konkordanzdemokratischen, d. h. auf gruppenübergreifende Verständigung setzenden Mustern geführt (vgl. Gehne 2013; Holtkamp 2008; Bottom und Reiser 2014)?

Im Folgenden werden zentrale empirische Erkenntnisse zu dieser aktuellen Debatte auf der Basis der drei Dimensionen der Parteipolitisierung (5.2), der Parlamentarisierung (5.3) und der Professionalisierung (5.4) untersucht. Dargelegt werden sowohl die strukturellen und organisatorischen Entwicklungen auf der kommunalen Ebene als auch das Sozialprofil, die Einstellungen und Handlungsorientierungen der Kommunalpolitiker.

5.2 Parteipolitisierung der Kommunalpolitik

Das empirische Erkenntnisinteresse, wie in den Gemeinden politische Entscheidungen getroffen werden, lenkt den Blick insbesondere auf die Bedeutung der politischen Parteien in der lokalen Demokratie. Der *Grad der Parteipolitisierung* lässt sich mit der in der lokalen Politikforschung etablierten Definition von Hans-Georg Wehling (1991, S. 150) definieren als das Ausmaß, „in welchem es den lokalen politischen Parteien gelingt, die Kommunalpolitik personell, inhaltlich und prozedural zu monopolisieren".

Unter dem Grad der *personellen Parteipolitisierung* wird erfasst, inwiefern der Bürgermeister und weitere Mitglieder der Verwaltungsspitze sowie die Ratsmitglieder einer politischen Partei angehören. Wie oben ausgeführt (vgl. Kapitel 4), haben die politischen Parteien im Gegensatz zu den höheren Ebenen des politischen Systems auf der kommunalen Ebene kein Vertretungsmonopol, da hier insbesondere die Kommunalen Wählergemeinschaften mit tonangebend sind. Hohe Stimmenanteile der Wählergemeinschaften bei Kommunalwahlen sowie parteiunabhängige Bürgermeister gelten insoweit als zentrale Indikatoren einer geringen personellen Parteipolitisierung.

Die *prozedurale Parteipolitisierung* lässt sich als das Ausmaß konkurrenzdemokratischer Verhaltensmuster verstehen. Kennzeichen hierfür sind insbesondere ein geschlossenes Abstimmungsverhalten von Fraktionen, eine abnehmende Einstimmigkeit von Ratsbeschlüssen und eine klare Trennung des Rates in Oppositions- und Mehrheitsfraktionen. Damit bezieht sich diese Dimension der Parteipolitisierung insbesondere auf Aspekte der Parlamentarisierung der Kommunalpolitik (vgl. Abschnitt 5.3). *Inhaltliche Parteipolitisierung* bezeichnet den Grad der Ausrichtung von Argumentation und Abstimmungsverhalten an übergeordneten ideologischen Gesichtspunkten und an Parteiprogrammen, die über den Einzugsbereich der Gemeinde hinausweisen. Zudem ist bei stärkerer inhaltlicher Parteipolitisierung eine ausgeprägte Parteiendifferenz bei der Art und Richtung politischer Problembearbeitung (Policy-Output) zu erwarten.

Anknüpfend an die dreidimensionale Konzeptualisierung von Wehling sowie in direkter Anlehnung an die Arbeiten von Lehmbruch (1991), haben Bogumil (2001) und Holtkamp (2008) zwei Idealtypen der lokalen repräsentativen Demokratie weiterentwickelt, um die Verhaltens-, Einstellungs- und Einflussmuster der lokalen Parteien, Wählergemeinschaften und Bürgermeister zu erfassen: die kommunale Konkurrenz- und Konkordanzdemokratie.

Eine *kommunale Konkordanzdemokratie* ist geprägt durch einen geringen Grad an Parteipolitisierung bezogen auf die Parteizugehörigkeit von Ratsmitgliedern und Bürgermeister, auf die Entscheidungsmuster während der Wahlperiode sowie auf das Verhalten im Rahmen der Nominierungs-, Wahlkampf- und Wahlphase (vgl. Holtkamp 2008). Die Kommunalpolitik in Baden-Württemberg exemplarisch in den Blick nehmend, ist, so Lehmbruch, charakteristisch, dass bei Entscheidungen im Rat die Maxime des „gütlichen Einvernehmens" (Lehmbruch 1991, S. 311) gilt. Den geringen Grad des Parteienwettbewerbs auf kommunaler Ebene führte Lehmbruch darauf zurück, dass in kleineren Gemeinden relativ homogene Sozialstrukturen vorherrschen, dass die Bürger den Parteieneinfluss auf die Kommunalpolitik negativ beurteilen und die lokalen Parteien noch weitgehend auf der Stufe der Honoratiorenparteien verharrten. Zudem nähmen die direkt gewählten Bürgermeister in Baden-Württemberg eine dominante und gleichzeitig parteidistanzierte Rolle ein (zu den Erscheinungsformen von „exekutiver Führerschaft" vgl. Kapitel 7 dieses Buches).

Kommunale Konkurrenzdemokratie zeichnet sich demgegenüber durch eine starke personelle, prozedurale und inhaltliche Parteipolitisierung der Kommunalpolitik sowie einen weniger einflussreichen Bürgermeister aus (vgl. Holtkamp 2008). Dieses Muster wurde insbesondere für Nordrhein-Westfalen, das als Mutterland der Parteipolitisierung im Nachkriegsdeutschland gilt, empirisch nachgewiesen. Zu beachten ist allerdings, dass Lehmbruch seine Thesen bereits Mitte der 1970er Jahre entwickelt hat und sich in NRW mit dem Wechsel von der Norddeutschen zur Süddeutschen Ratsverfassung die institutionellen Vorteile für eine vom Parteienfaktor geprägte Kommunalpolitik mindestens abgeschwächt haben.

5.2.1 Einflussfaktoren auf den Grad der Parteipolitisierung

Die empirischen Erkenntnisse zum Grad der Parteipolitisierung verweisen auf insbesondere drei Einfluss-
faktoren: Erstens hängt der Grad der Parteipolitisierung
von der *Gemeindegröße* ab (vgl. Lehmbruch 1975; Bogumil 2010). So zeigen zahlreiche Studien, dass in den
Kommunen eine „zweifache kommunale Verfassungswirklichkeit" (Köser 2000, S. 160) besteht: In kleineren
Gemeinden ist der Grad an Parteipolitisierung eher gering. Gemeindeangelegenheiten werden hier häufig als
Sachangelegenheiten behandelt, die Ratstätigkeit ist stärker von konkordanzdemokratischen Mustern und einer
konfliktlosen Zusammenarbeit mit der Verwaltung geprägt (vgl. auch Holtkamp et al. 2015). Parteien spielen
hier sowohl in der Nominierungsphase und im Wahl-
kampf als auch bei der Ratsarbeit eine schwächere Rolle.
Typisch für kleine Gemeinden ist eine personenbezo-
gene Kommunikation. Die Bürger fragen hier zu Zwecken kommunalpolitischer Orientierung nicht bevorzugt Parteien nach (Bogumil 2010). Stattdessen sind
Kommunale Wählergemeinschaften und parteiunabhängige Amts- und Mandatsträger stärker vertreten (Wehling 2010). Zudem werden viele Ratsmandate mit lokal
angesehenen Persönlichkeiten (Honoratioren) besetzt,
so dass die innerparteiliche ‚Ochsentour' eine geringe
Bedeutung für die Nominierung hat (vgl. Kapitel 5 dieses Buches). Diese lokale Konstellation wird unter dem
Begriff der kommunalen Nähe gefasst. Mit zunehmender Gemeindegröße wird jedoch die Kommunalpolitik

weniger überschaubar. Dann kommt Parteien eine wichtige Orientierungsfunktion zu. Entsprechend ist in mittelgroßen Gemeinden und insbesondere in Großstädten der Grad der Parteipolitisierung und damit zusammenhängend auch der Grad der Parlamentarisierung signifikant höher (Köser 2000, S. 170; Krapp und Egner 2013; Egner 2013b; Reiser 2006b).

Zweitens bestehen je nach dem institutionellen Arrangement der *Kommunalverfassungen* (vgl. Kapitel 5 dieses Buches) große Unterschiede im Grad der Parteipolitisierung. Diese wurden im Bundesländervergleich u. a. auf die unterschiedlichen Kommunalverfassungen und die daraus entstehenden Akteurskonstellationen zurückgeführt. Demnach führt die Süddeutsche Ratsverfassung mit ihrem direkt gewählten und mit starken Kompetenzen ausgestatteten Bürgermeister zu eher konkordanten Mustern und zu einem niedrigen Grad an Parteipolitisierung (vgl. Wehling 2010; Witt 2012). Auch in den ostdeutschen Bundesländern, in denen demokratische Kommunalverfassungen in Anlehnung an das Süddeutsche Ratsmodell eingeführt worden sind, ist die Rolle der Parteien in der Kommunalpolitik sehr schwach (vgl. Kapitel 5 dieses Buches) und es spielten sich eher konkordanzdemokratische Muster ein (vgl. Jaeck et al. 2013; Legner 2013; Holtmann 2012; Pollach et al. 2000). Die Magistratsverfassung (in Hessen und den großen Städten Schleswig-Holsteins), und ebenso die inzwischen abgeschaffte Norddeutsche Ratsverfassung (früher in Niedersachsen und Nordrhein-Westfalen), befördern hingegen eher konkurrenzdemokratische Muster und eine starke Stellung der Parteien (Bogumil 2001).

In den vergangenen Jahren hat sich die lokale Politikforschung verstärkt der Frage zugewandt, welchen Einfluss die institutionellen Reformen der 1990er Jahre auf
den Grad der Parteipolitisierung haben. Infolge der Reformen wurden die Kommunalverfassungen der westdeutschen Flächenländer durch Einführung der Direktwahl der Bürgermeister, ein stärker personenorientiertes
Wahlrecht sowie die flächendeckende Einführung von
Bürgerbegehren in der Richtung des Süddeutschen
Ratsmodells verändert (Knemeyer 1999, S. 105). Einesteils wurde vermutet, dass die institutionellen Reformen
zu einer Ent-Parteipolitisierung und zu deutlicher konkordanten Entscheidungspraxen in den traditionell stark
parteipolitisierten Bundesländern Nordrhein-Westphalen und Niedersachsen führen würden (vgl. u. a. Naßmacher 1997; Holtmann 1998; Wehling 2010; Gabriel
und Walter 2003; Gehne 2008; Holtkamp 2008). Ande-
renteils wurde angenommen, dass diese Reformen keinen Einflussverlust der Parteien zur Folge hatten und
aufgrund einer Revitalisierung der Parteien sogar zu einer stärkeren Parteipolitisierung führen (vgl. u. a. Bogumil 2001; Kersting 2004).
Die empirischen Erkenntnisse, die insbesondere für
Nordrhein-Westphalen vorliegen, zeigen keinen einheit-
lichen Trend: Der zunächst zunehmende, aber insgesamt
auf niedrigem Niveau stagnierende Anteil der Wählergemeinschaften und parteifreien Bürgermeister spricht
für eine leicht abnehmende personelle Parteipolitisierung (Reiser et al. 2008; Holtkamp et al. 2015). Auch
die veränderten Auswahlkriterien für Bürgermeisterkan-
didaten, wie u. a. eine steigende Bedeutung von Verwal-

tungskompetenz, sowie eine stärkere Personalisierung der Bürgermeisterwahlkämpfe sprechen ebenfalls für eine sinkende Bedeutung der Parteien (vgl. auch Gehne 2008; Bottom und Reiser 2014).

Gleichzeitig zeigen empirische Studien jedoch eine nach wie vor sehr hohe prozedurale Parteipolitisierung und fortbestehende konkurrenzdemokratische Entscheidungsmuster (Bogumil et al. 2003; Timm-Arnold 2011). Dies spiegelt sich bei gleicher Parteizugehörigkeit in der stabilen Zusammenarbeit zwischen Bürgermeister und Mehrheitsfraktionen wider. Vor allem zeigt sich eine hohe Parteipolitisierung in Fällen der ,Kohabitation', d. h. dann, wenn der Bürgermeister ein anderes Parteibuch hat als die Mehrheit im Rat. Durch die Direktwahl der Bürgermeister sowie infolge stärker fragmentierter, d. h. mehr Gruppierungen umfassender Räte steigt die Zahl dieser Fälle an. So hatten 2012 mehr als ein Drittel (36 %) der Bürgermeister in den 22 größten NRW-Städten eine ,feindliche Mehrheit' im Rat gegen sich und somit keine sichere eigene Machtbasis (Bottom und Reiser 2014). Aufgrund der hohen prozeduralen Parteipolitisierung führt dies zu schwachen Bürgermeistern, da ihnen vom Rat weniger Kompetenzen zugebilligt werden als dem früheren Hauptverwaltungsbeamten, dem Stadtdirektor (Bogumil et al. 2003). Zudem hat die Ratsmehrheit unter Bedingungen von Kohabitation keine Anreize, mit dem Bürgermeister zu kooperieren (Timm-Arnold 2011). Die Folge ist eine gegenseitige Blockade von Bürgermeister und kommunalem Parlament. Festgehalten werden kann, dass die institutionellen Reformen der 1990er Jahre nicht zu einer starken Ent-Parteipolitisierung geführt haben.

Auf den Einfluss *regionaler politisch-kultureller Faktoren* – neben Gemeindegröße und Kommunalverfassung – auf den Grad der Parteipolitisierung verwiesen bereits Wehling (1991) und Lehmbruch (1967). Nach Gabriel (1994) können jahrzehntelange Traditionen politische Verhaltensweisen der Akteure beeinflussen. So ist z. B. aufgrund unterschiedlicher regionaler Kulturen die Parteipolitisierung der Kommunalpolitik in Baden stärker ausgeprägt als in Württemberg (Wehling 1987, S. 265 f.; für Bayern: Stöss 1983, S. 2396). Ähnlich gelten auch die an den Runden Tischen der Umbruchszeit in Ostdeutschland gesammelten Erfahrungen und das als Hypothek der DDR-Vergangenheit nachwirkende geringe Vertrauen in Parteien als Ursachen für den niedrigen Grad an Parteipolitisierung und für deutlicher konkordante Entscheidungsmuster in den ostdeutschen Bundesländern (Neckel 1995; Pollach et al. 2000; Jaeck et al. 2013).

5.2.2 Parteien und Wählergemeinschaften

Insbesondere die Stimmenanteile der Wählergemeinschaften (KWG) bei Kommunalwahlen gelten traditionell als zentraler Indikator einer geringen personellen Parteipolitisierung, die Auswirkungen auch auf die prozedurale und inhaltliche Parteipolitisierung hat.

Holtmann (1992, S. 20 f.) hat die These eines Strukturwandels der Wählergemeinschaften aufgestellt. Neben dem ‚alten‘ Typus Kommunaler Wählergemeinschaften, der sich für eine ideologiefreie, rein sachlich orientierte Kommunalpolitik einsetzt, sei ein ‚neuer Typus" von KWG entstanden: Dieser vertrete vornehmlich die neuen Mittelschichten mit hohem Bildungsniveau und artikuliere deutlicher postmaterialistische Präferenzen. Während sich der alte Typus durch ein apolitisches Selbstverständnis auszeichne und sich bewusst als Nichtpartei verstehe, habe der neue Typus „zu lokaler Parteipolitik ein wesentlich pragmatischeres Verhältnis" (ebd.; vgl. auch Holtkamp 2008). Anknüpfend an diese Strukturwandel-These wurde in den vergangenen Jahren lebhaft diskutiert, ob die Präsenz von Wählergemeinschaften nach wie vor ein Indikator für eine geringe Parteipolitisierung ist, und ferner, inwieweit sich das organisatorische, programmatische und soziale Profil der Wählergemeinschaften von jenen der Parteien unterscheidet (Holtmann 2012; Reiser et al. 2008; Holtkamp 2008).

Untersuchungen zeigen, dass sich Wählergemeinschaften hinsichtlich ihres *organisatorischen Profils* kaum von den Ortsparteien der regionalen und nationalen Parteien unterscheiden (vgl. Göhlert et al. 2008; Reiser und Krappidel 2008). So verfügen Wählergemeinschaften ebenfalls überwiegend über dauerhafte und langlebige Organisationen. KWG haben mit durchschnittlich 56 Mitgliedern eine breite personelle Basis und weisen zudem Kennzeichen formaler Organisationen mit differenzierter Binnenstruktur (eingetragener Verein, Satzung, Ortsverein) auf. Dabei gilt: Je größer die Kommunen, desto formalisierter ist die Organisation. Insgesamt sind Wählergemeinschaften somit überwiegend parteiähnlich.

Auch hinsichtlich des *sozialen Profils* besteht große Übereinstimmung zwischen den Amts- und Mandatsträgern von Wählergemeinschaften mit jenen politischer Parteien. Lokale Elitestudien bestätigen zudem ein deutliches Gefälle der Sozialstruktur von Ratsmitgliedern und Bürgermeistern zu jener der Bevölkerung. Hinsichtlich des Alters ist insbesondere die Alterskohorte der 45- bis 65-Jährigen überrepräsentiert, die fast zwei Drittel der kommunalen Amts- und Mandatsträger stellt. Durchschnittlich sind die Mandatsträger je nach Studie zwischen 51 und 54 Jahren (Egner 2013a, S. 57; Reiser und Krappidel 2008; Reiser 2006b). Hingegen sind Jüngere ebenso wie die ältesten Alterskohorten deutlich unterrepräsentiert (Egner 2013a, S. 57 f.; Reiser 2006b).

Die Altersstruktur variiert kaum hinsichtlich der ausgeübten Funktionen (ob Fraktionsvorsitzender oder einfacher Mandatsträger), Gemeindegröße, Bundesland und Ost-West. Ebenso bestehen nur geringe Unterschiede zwischen Parteien und Wählergemeinschaften: So sind die Mandatsträger von Bündnis 90/Die Grünen durchschnittlich etwas jünger, während die Linke das älteste Altersprofil aufweist (Reiser und Krappidel 2008; Pollach et al. 2000, S. 130). Die Alterszusammensetzung hat sich in den vergangenen Jahrzehnten nicht verändert (Walter 1997, S. 233; Gau 1983, S. 67 f.). Die „Versteinerung" des Altersprofils wird darauf zurückgeführt, dass die mittlere Alterskohorte im Vergleich zu jüngeren Jahrgängen bessere Rahmenbedingungen für die Ausübung eines kommunalpolitischen Mandats hat, da sie privat und beruflich bereits etablierter ist (Reiser 2006b).

Frauen sind in kommunalen Ratsvertretungen nach wie vor unterrepräsentiert. Zählungen des Deutschen Städtetags für die Städte ab 10 000 Einwohner zeigen,

Tab. 5.1 Frauenanteil in den Kommunalparlamenten 2012

Einwohner	SPD	CDU/CSU	Grüne	FDP	Die LINKE	KWG	Gesamt
10 000–20 000	26,6 %	19,5 %	34,0 %	16,5 %	35,1 %	19,0 %	22,6 %
20 000–50 000	30,0 %	22,5 %	38,9 %	19,9 %	33,5 %	22,1 %	25,9 %
50 000–100 000	31,4 %	24,0 %	44,0 %	21,4 %	33,2 %	25,1 %	28.6 %
Über 100 000	36,0 %	28,2 %	49,5 %	26,6 %	43,7 %	22,1 %	33,8 %
Gesamt	**29,5 %**	**21,8 %**	**39,7 %**	**19,7 %**	**35,7 %**	**20,0 %**	**25,7 %**

Quelle: Deutscher Städtetag 2013, S. 119

dass der Frauenanteil im Jahr 2012 bei knapp 26 Prozent lag und damit fast identisch mit den Anteilen zu Beginn der 2000er Jahre ist (Deutscher Städtetag 2013). Zudem bestehen Unterschiede je nach Funktion: So liegt der Frauenanteil bei den Fraktionsvorsitzenden mit 13 Prozent noch deutlich niedriger als bei einfachen Ratsmitgliedern (Reiser und Krappidel 2008).

Die Mandatsträger haben im Vergleich zur Bevölkerung ein deutlich höheres formales Bildungsniveau. 55 bis 60 Prozent verfügen über einen Hochschulabschluss (Egner 2013a, S. 63; Reiser 2006b). Das Bildungsniveau von Ratsvertretern ist ein „spiegelverkehrtes Abbild" (Geißel 1999, S. 90) der Gesellschaft, da 75 Prozent der Bevölkerung einen Haupt- bzw. Realschulabschluss und lediglich eine Minderheit Abitur bzw. einen Hochschulabschluss hat (Köser 2000; Reiser 2006b). Generell haben ostdeutsche Mandatsträger mit ca. 80 Prozent Hochschulabsolventen einen höheren Bildungsgrad als jene in Westdeutschland (etwas mehr als 50 %) (Egner 2013a). Dieser Unterschied erklärt sich durch das insgesamt höhere formale Bildungsniveau in Ostdeutschland (Göhlert et al. 2008, S. 137).

Und: Je größer die Kommune, desto höher ist tendenziell der Bildungsabschluss der Mandatsträger. Dieses Verteilungsmuster wird mit den höheren zeitlichen und fachlichen Anforderungen der Kommunalpolitik in größeren Städten (siehe Abschnitt 5.4; vgl. auch Pollach et al. 2000; Reiser 2006b; Egner 2013a) sowie mit der Bevölkerungsstruktur in größeren Städten, die einen höheren Akademikeranteil ausweist, erklärt. Bei Ratsvertretern kommunaler Wählergemeinschaften, die im Vergleich zu den Parteien durchschnittlich einen niedrigeren Bildungsgrad haben, unterscheidet sich der Bildungsgrad nach Ortsgrößenklassen indessen nicht (Göhlert et al. 2008).

Auch hinsichtlich der Berufsstruktur weichen Ratsmitglieder deutlich von der Bevölkerung ab. So wird seit Jahrzehnten – vergleichbar mit der Situation in den Landtagen und im Bundestag – bei allen Parteien und Wählergruppen eine Dominanz von öffentlich Beschäftigten auch auf der kommunalen Ebene festgestellt (Egner 2013a; Reiser und Krappidel 2008; Reiser 2006b; Geißel 1999; Gau 1983). Bei Mandatsträgern der KWG ist ebenso wie bei FDP, CDU und CSU zudem ein hoher Anteil an Selbständigen und Freiberuflern von durchschnittlich 40 Prozent zu finden. Fast ein Fünftel der Mandatsträger entfällt auf Rentner bzw. Pensionäre. Stark unterrepräsentiert sind Angestellte, Arbeiter, aber auch Auszubildende und Studierende. Diese Asymmetrie wird mit einer höheren Abkömmlichkeit und Flexibilität bestimmter Berufsgruppen erklärt (vgl. dazu Abschnitt 5.4; Reiser 2006b; Becher 1997).

Insgesamt konstatieren Egner und Heinelt (2005, S. 121 ff.) für das Sozialprofil ein „3M-Mantra (male, middle-aged and middle-class)“: Der übergroße Anteil der Amts- und Mandatsträger ist männlich, mittleren Alters und seine Erwerbstätigkeit lässt auf eine Zugehörigkeit zur Mittelklasse schließen. Hinsichtlich dieses Musters bestehen, wie gezeigt, kaum Unterschiede zwischen parteifreien und parteigebundenen Akteuren.

Überdies stimmen Wählergemeinschaften und politische Parteien auch hinsichtlich des *programmatischen*

Profils weithin überein. Auch knapp zwei Drittel (64,9 %) der KWG haben ein politisches Programm, das die Grundlage für ihre politische Arbeit vor Ort bildet. Programmatisch decken Wählergemeinschaften vergleichbar den Parteien eine große Breite an kommunalpolitischen Themen ab. Single-issue-Gruppen, die sich lediglich auf ein Thema stützen, sind selten und überwiegend auf große Städte beschränkt (Holtmann 2013; Winter und Haffmans 2012). Eine vergleichende quantitative Inhaltsanalyse der Wahlprogramme von 93 KWG und 23 örtlichen Parteiverbänden mit den kommunalpolitischen Leitsätzen der Bundestagsparteien arbeitete heraus, dass Ortsparteien und Wählergemeinschaften programmatisch näher beieinander liegen als die Ortsparteien mit ihrer jeweiligen Bundespartei (Heinig 2008; ausführlich Holtmann 2012, S. 40–42).

Differenzen in den Programmen von KWG und Parteien bestehen jedoch vor allem in einer Hinsicht: Während in Programmen politischer Parteien die inhaltliche Ausrichtung im Zentrum steht, betonen Wählergemeinschaften nachdrücklich ihre Vorstellungen einer sachorientierten Kommunalpolitik, ihr Selbstverständnis als *Nicht*partei sowie ihren spezifischen Politikstil. Sie versprechen Ideologiefreiheit und unterstreichen Parteiunabhängigkeit, Sachorientierung und Bürgernähe (dazu auch Abschnitt 5.3). Gleichzeitig betten sie ihre Programme nicht in eine gesellschaftspolitische Gesamtkonzeption ein, sondern konzentrieren sich bewusst auf die einzelne Gemeinde und deren Problemlagen (Reiser und Krappidel 2008).

Insgesamt zeigt sich somit ein ambivalentes Bild: Das

soziale, organisatorische und programmatische Profil
der Wählergemeinschaften entspricht weitgehend jenem
der politischen Parteien. Wählergemeinschaften sind somit de facto *Quasi*parteien, die sich jedoch in ihren Programmen als *Nicht*parteien präsentieren. Dies spiegelt
sich auch in den Einstellungen und Handlungsorientierungen der Mandatsträger wider (vgl. Abschnitt 5.3).

5.3 Parlamentarisierung der Kommunalpolitik

Eng verknüpft mit dem Thema der Parteipolitisierung
wird in der lokalen Politikforschung eine Parlamentarisierung der Kommunalpolitik diskutiert. Im Zentrum
steht dabei die Frage, inwieweit in der Ratsarbeit eine
allgemeine „Annäherung an ein parteienstaatlich-par-
lamentarisches bzw. konkurrenzdemokratisches Konzept" (Gabriel und Haungs 1984, S. 22) für die kommunale Ebene festzustellen ist. Gabriel und Haungs
(1984) unterschieden zwischen einer strukturellen und
einer kulturellen Parlamentarisierung. Unter *strukturel-
ler Parlamentarisierung* wird dabei der Wandel von einer
eher verwaltungsorientierten hin zu einer stärker par-
teienstaatlichen Struktur der politischen Willensbildung
verstanden. Mit *kultureller Parlamentarisierung* sind die
damit verbundenen Veränderungen der Vorstellungen
der Mandatsträger von ihrer Ratstätigkeit gemeint, d. h.
ob sie ihr Wirken als parlamentarische Arbeit einschätzen oder sich eher als Teil der Verwaltung sehen.
  Für die *kulturelle Parlamentarisierung* sind folglich

die Einstellungen und Handlungsorientierungen der Mandatsträger zur Ratsarbeit aufschlussreich. Im Rahmen einer Studie[16] haben mehr als 80 Prozent der Fraktionsvorsitzenden die Auffassung vertreten, dass Kommunalpolitik eine andere Qualität habe als „die große Politik". Vor Ort gehe es um die Lösung konkreter Probleme. Eng verbunden damit ist die Einstellung, dass auf kommunaler Ebene Sacharbeit Vorrang vor Parteipolitik haben muss. Insgesamt dominieren also konkordanzdemokratische Einstellungen (vgl. Tabelle 5.2).

Auf der Einstellungsebene zeigen sich jedoch auch signifikante Unterschiede zwischen den Repräsentanten kommunaler Wählergemeinschaften und von politischen Parteien: So verstehen sich mit 95 Prozent fast alle Fraktionsvorsitzenden von KWG als Transporteure eines Ideologems „rein sachlicher" und gegen den „Parteigeist" abschirmender Gemeindepolitik. Politische Parteien werden dennoch auch auf der lokalen Ebene als wichtige Akteure anerkannt. Insbesondere in Städten mit mehr als 20 000 Einwohnern betonen dies fast 70 Prozent der KWG-Fraktionsvorsitzenden (ausführlich dazu Reiser und Krappidel 2008). Die Parteivertreter sollen jedoch, so die Meinung, ihre Konkurrenzorientierung zurückstellen und konsensbezogen arbeiten. Insofern ist die Vorstellung einer konsensorientierten Kommunalpolitik *das* vereinende Merkmal der Mandatsträger kommunaler Wählergemeinschaften, das sich auch in der Programmatik widerspiegelt (vgl. Abschnitt 5.2).

16 Die folgenden Daten wurden im Rahmen des Teilprojekts A6 des SFB 580 Jena/Halle erhoben.

Tab. 5.2   Einstellungen zu Kommunalpolitik

Ich stimme dieser Aussage vollkommen zu (in Prozent)	KWG	Partei
Auf kommunaler Ebene muss Sacharbeit Vorrang vor Parteipolitik haben.	95.3	79.1
Kommunalpolitik ist etwas anderes als die „große Politik". Hier geht es um die Lösung konkreter Probleme.	85.5	81.0
Parteien sollten Konkurrenz zurückstellen und die Suche nach tragfähigen Kompromissen in den Vordergrund stellen.	85.3	61.3
In der Kommunalpolitik sind „gestandene" Persönlichkeiten wichtiger als Parteipolitiker.	72.6	53.9
Politische Konflikte gehören zum Alltag der Demokratie. Sie führen zu besseren Lösungen.	59.2	59.4
Bürger sollten über lokale Themen selbst entscheiden.	38.2	21.3
Parteien sind auch in der Kommunalpolitik für ein politisches Gesamtkonzept notwendig.	32.4	64.2

Quelle: Projekt A6 des SFB 580 Jena/Halle (Befragung 2005/2006)

Bemerkenswerterweise spricht sich mit 79 Prozent auch die Mehrheit der Fraktionsvorsitzenden *der Parteien* für eine sachpolitische Kommunalpolitik aus. Dieser sehr hohe Zustimmungsgrad der Parteipolitiker zur Sachpolitik auf lokaler Ebene scheint die „Janusköpfigkeit der Ortsparteien" (Lehmbruch 1975) zu bestätigen. Demnach haben Ortsparteien zwei Gesichter, die in verschiedene Richtungen schauen: Einerseits blicken sie auf die lokale Politik und passen sich dabei an den verbreiteten Anti-Parteien-Affekt an, indem sie ihre Parteilichkeit verleugnen. Andererseits sind sie in Bezug auf die ‚große Politik' dazu gezwungen, Wähler nach „spezifisch parteipolitischen Kriterien" zu mobilisieren (Lehmbruch 1975, S. 7).

Im Gegensatz zu Wählergemeinschaften unterscheidet sich die Einstellung von Partei-Fraktionsvorsitzenden gemäß der Gemeindegröße: In kleinen Gemeinden dominiert auch bei Fraktionsvorsitzenden der Parteien die Vorstellung einer sachpolitischen Kommunalpolitik, die für konkordanzdemokratische Muster kennzeichnend ist. Fraktionsvorsitzende größerer Gemeinden sprechen sich hingegen stärker für konkurrenzdemokratische Entscheidungsmuster aus.

Kennzeichen einer *strukturellen Parlamentarisierung* ist eine Strukturierung der Ratsarbeit durch Bildung von Ausschüssen und Fraktionen, was insofern der Arbeit in den Landtagen und im Bundestag entspricht. Zahlreiche Studien zeigen, dass Fraktionen und Ausschüsse insbesondere in größeren Städten „die Scharniere im kommunalen Entscheidungsprozess" (Gabriel 1984, S. 237) darstellen. Während Ausschüsse für die fachliche Komponente zuständig sind, stehen Fraktionen für die parteipolitische Komponente der Ratsarbeit. Die große Bedeutung von Fraktionen für den kommunalen Willensbildungs- und Entscheidungsprozess spiegelt sich in einer aktuellen Befragung von Ratsmitgliedern wider (Egner 2013b): So existieren nicht nur in fast allen Gemeinderäten der Kommunen mit mehr als 10 000 Einwohnern Fraktionen, sondern diese werden auch als Zentrum der parlamentarischen Willensbildung angesehen.

Fraktionen bündeln die Interessen ihrer Mitglieder und organisieren im Gemeinderat Mehrheiten. Nach Einschätzung der Mandatsträger üben sie nach dem Bürgermeister den größten Einfluss auf die Kommunalpolitik aus. Die Wichtigkeit der Fraktionen zeigt sich auch darin, dass die Ratsmitglieder einen hohen Anteil ihres der Ratstätigkeit gewidmeten Zeitaufwands für die Fraktionsarbeit aufwenden (Egner 2013b; vgl. auch Reiser 2011; Holtkamp 2011). Zudem zeigt die aktuelle Studie von Egner (2013b), dass 85 Prozent der Ratsmitglieder in Kommunen mit mehr als 10 000 Einwohnern die Fraktionen im Rat eindeutig in Mehrheits- und Minderheitsfraktionen einteilen können. Dies ist, so Egner (2013b, S. 84), ein klarer Hinweis darauf, dass die Ratsmitglieder stark in Kategorien denken, die üblicherweise auch in Parlamenten eine zentrale Rolle spielen, was nicht zwingend zu der postulierten „Ideologiefreiheit" kommunaler „Sachentscheidungen" passt.

5.4 Professionalisierung der Kommunalpolitik

Neben der Debatte um Parteipolitisierung und Parlamentarisierung hat die Diskussion über eine Professionalisierung der Kommunalpolitik eine lange Tradition in der lokalen Politikforschung. Auch hierbei geht es im Kern um die Grundfrage, ob Kommunalpolitik im Gegensatz zu den höheren Ebenen des politischen Systems eine eigene Qualität hat. In diesem Verständnis bezieht sich politische Professionalisierung in Anlehnung an Max Weber auf den Prozess der Verberuflichung, also die Entwicklung von einem Ehrenamt zu einer Vollzeiterwerbstätigkeit (Weber 1994, S. 511 ff.; vgl. Reiser 2006b, 2011)[17]. Im Gegensatz zu den Parlamenten auf der Landes-, Bundes- und europäischen Ebene herrscht auf der kommunalen Ebene nach wie vor das normative Leitbild des ehrenamtlichen Feierabendpolitikers vor.

Allerdings werden vor dem Hintergrund der wachsenden Komplexität der Kommunalpolitik und dem damit verbundenen Anstieg des Zeitaufwands für Ratsarbeit bereits seit den 1970er Jahren Professionalisierungstendenzen beobachtet (Ronge 1994; Reiser 2006b). Vor allem in Bezug auf die größeren Städte wird das „Dilemma zwischen (formal) ehrenamtlicher Tätigkeit in der kommunalen Vertretungskörperschaft und dem dafür (tat-

---

17 Ein anderes Verständnis von Professionalisierung bezieht sich auf den Prozess der Qualifizierung und Sozialisation, wobei sich der Laie zum Experten entwickelt (vgl. Eliassen und Pedersen 1978; Reiser 2006b; Holtkamp 2011).

sächlich) erforderlichen Zeitaufwand" (Naßmacher und Naßmacher 1999, S. 277) benannt. In größeren Städten sind zudem längst informelle Professionalisierungsprozesse erkennbar. Gradmesser für Professionalisierung sind der Zeitaufwand für die Ratstätigkeit und die Terminierung der Sitzungen, die Aufwandsentschädigungen, die Ressourcen zur personellen und sachlichen Ausstattung der Fraktionsgeschäftsstellen sowie informelle Professionalisierungsstrategien der Mandatsträger (vgl. Reiser 2006b).

Studien zum *Zeitaufwand* zeigen, dass dieser sehr stark mit zunehmender Gemeindegröße ansteigt. In Gemeinden und Städten bis 100 000 Einwohner liegt der Zeitverbrauch für die Sitzungen des Rates bei 12 bis 18 Stunden pro Monat (Egner 2013b, S. 98), in kleineren Gemeinden deutlich darunter (Köser 2000, S. 161; Reiser 2017). Daran gemessen ist die Mandatsausübung somit in der unteren Ortsgrößenklasse durchaus ehrenamtlich und nebenberuflich möglich. Anders hingegen in den 79 deutschen Großstädten mit mehr als 100 000 Einwohnern: Hier liegt der Zeitaufwand bei durchschnittlich 24 Stunden pro Woche für das Ratsmandat. Davon entfallen knapp 13 Stunden auf Sitzungstätigkeiten, weitere knapp 7 Stunden auf die Vorbereitung sowie 5 Stunden auf Repräsentationsaufgaben. In Städten mit 200 000 bis 400 000 Einwohnern sind es durchschnittlich 25 Stunden und in jenen mit mehr als 400 000 Einwohnern 32,5 Stunden pro Woche. Dies reicht nahe an den Zeitaufwand einer Vollzeitbeschäftigung heran.

Funktionsträger wie Fraktionsvorsitzende haben einen noch deutlich höheren Zeitaufwand (Reiser 2011;

vgl. auch Holtkamp 2011; Naßmacher und Naßmacher 1999, S. 277; Reiser 2017). Zudem finden Sitzungen des Rates und seiner Ausschüsse in den Städten (insbesondere Süddeutschlands) häufig tagsüber statt und kollidieren mit den üblichen Normalarbeitstagen, was eine ehrenamtliche Ausübung des Ratsmandats schwieriger macht. So haben 89 Prozent befragter Mandatsträger in den 79 Großstädten aufgrund der Mandatsausübung konkrete Probleme und Nachteile am Arbeitsplatz (Reiser 2011). In Großstädten mit mehr als 100 000 Einwohnern liegt die mandatsbedingte Freistellung bei wöchentlich 10 bis 25 Prozent der Arbeitszeit für einfache Ratsmitglieder, bei Funktionsträgern deutlich darüber. Zudem wenden die Ratsmitglieder individuelle Professionalisierungsstrategien an, um angesichts des hohen Zeitaufwands das Mandat ausüben zu können (Reiser 2006b, 2011).

Im Ergebnis des Forschungsstandes erweist sich, dass sich zwei unterschiedliche Professionalisierungsarten, nämlich die ressourcenbasierte und die mitgliederbasierte, herausgebildet haben, was durch die Logik der Entscheidungsprozesse erklärt werden kann (Reiser 2006b, 2011). Die mitgliederbasierte Professionalisierung findet sich vor allem in Städten, die durch das süddeutsche Ratsmodell und das personenorientierte Wahlrecht und entsprechend stärker verankerte konkordanzdemokratische Muster geprägt sind. In Städten, in denen durch das vormalige norddeutsche Ratsmodell bzw. die Magistratsverfassung sowie durch Wahlrechtsbestimmungen eine stärkere Parteipolitisierung und Parlamentarisierung Tradition hat, findet sich die ressourcenbasierte

Professionalisierung, welche die Fraktion gegenüber dem einzelnen Ratsmitglied stärkt (Reiser 2011; Holtkamp 2011). Insofern zeigt sich wie bei dem Faktor Parteipolitisierung ein starker Einfluss der institutionellen Rahmenbedingungen auf die Ausgestaltung der Professionalisierung in deutschen Kommunen.

Die Rahmenbedingungen eines kommunalen Mandats in Großstädten führen somit zu einer (informellen) individuellen Professionalisierung. Aber sie haben auch im Gefolge, dass bestimmte Personengruppen ein kommunales Mandat in einer Großstadt kaum mehr ausüben können. Die besonderen zeitlichen Belastungen leisten einer personellen Auslese Vorschub, die zu kommunalen „Honoratiorenparlamenten neuen Typs" (Pähle 2011, S. 283) und zur „sozialen Schließung der (kommunalen) Demokratie" (Pähle und Reiser 2007, S. 8; vgl. auch Reiser 2006b) beitragen. Wie beim Grad der Parteipolitisierung und der Parlamentarisierung hängt folglich auch der Professionalisierungsgrad stark von der Gemeindegröße ab: In kleinen Gemeinden und kleineren Städten wird Kommunalpolitik von ehrenamtlichen Ratsmitgliedern in Feierabendparlamenten ausgeübt. Im Gegensatz dazu sind in den deutschen Großstädten z. T. semiprofessionelle Strukturen in der Kommunalpolitik erkennbar.

Zusammenfassung

Seit Jahrzehnten wird in der lokalen Politikforschung und auch in der Öffentlichkeit intensiv und kontrovers diskutiert, ob bzw. inwieweit Kommunalpolitik durch eine Politikqualität eigener Art gekennzeichnet ist. Der Vorstellung einer kommunalen Selbst*verwaltung,* in der es um sachorientierte, harmonische und unpolitische Sachentscheidungen geht, steht eine stärker politikwissenschaftlich geprägte Position gegenüber, die auf die Konflikthaftigkeit kommunaler Probleme hinweist. Danach ist Kommunalpolitik – vergleichbar mit der Politik auf den höheren Ebenen des politischen Systems – zunehmend durch parteienstaatlich-parlamentarische Entscheidungen geprägt. Insgesamt wurde seit den 1970er Jahren ein Anstieg der Parteipolitisierung, Parlamentarisierung und Professionalisierung in den deutschen Kommunen festgestellt, wobei diese stark von der Gemeindegröße, den institutionellen Rahmenbedingungen und der lokalen politischen Kultur beeinflusst werden.

Die Diskussion dreht sich vor allem um die Bedeutung der politischen Parteien in der lokalen Demokratie. Stimmenanteile der Wählergemeinschaften bei Kommunalwahlen galten dabei traditionell als zentraler Indikator einer geringen personellen Parteipolitisierung. Angesichts steigender Stimmenanteile der parteifreien Gruppierungen wird aktuell diskutiert, ob dies eine Ent-Parteipolitisierung der Kommunalpolitik bedeutet oder ob damit aufgrund eines Strukturwandels der Wählergemeinschaften eine andere Spielart von Parteipolitisierung einhergeht. Empirische Studien zeigen, dass das soziale, organisatorische und programmatische Profil der Wählergemeinschaften weitgehend jenem der politischen Parteien entspricht. Somit sind sie de facto *Quasi*parteien, die sich jedoch als *Nicht*parteien präsentieren.

6

Wer regiert, wer kontrolliert? Verteilung der Macht im kommunalen Entscheidungsdreieck von Rat, Bürgermeister und Verwaltung

6.1 Wie lassen sich Interessen und Einfluss ausbalancieren?

„Wer regiert?" *(Who governs?)* – Mit dieser Frage, die programmatisch im Titel des berühmten Buches von Robert A. Dahl aufscheint, ist Anfang der 1960er Jahre die Untersuchung der Machtverhältnisse in Gemeinden eröffnet worden (Dahl 1961). Dahls Fallstudie über die Stadt New Haven (Connecticut) sowie Floyd Hunters vorausgegangene Lokalanalyse zu Atlanta (Georgia) haben eine empirische Forschungsrichtung begründet, die hernach als *Community Power*-Forschung, d. h. als das Untersuchen kommunaler Machtstrukturen, ausgehend von den USA in den 1970er Jahren die sozialwissenschaftlich angelegte deutsche Gemeindeforschung ge-

prägt hat (Haasis 1978). Inspirierend wirkte nicht zuletzt, dass Dahl und Hunter zu gegensätzlichen Befunden gekommen waren: Während Hunter in Atlanta die lokale Macht in den Händen einer Oligarchie, also einer kleinen abgeschotteten Gruppe, sah, wies das Machtgefüge in New Haven, Dahls Erkenntnissen zufolge, „eine eher pluralistische Form auf, mit einer um den Bürgermeister zentrierten ‚großen Koalition der Koalitionen'", die konkurrierende Interessen bündelte und den Parteienwettbewerb mit einband (ebd., S. 21).

Auch wenn der normative Grundsatzstreit zwischen „Pluralisten" und „Elitisten" heute ausgereizt erscheint, ist die Frage, wie sich *Macht* und *Einfluss* auf der Gemeindeebene verteilen, unverändert aktuell. Nirgendwo werde, schrieb Wilhelm Ribhegge vor Jahren, die Klassenstruktur einer Gesellschaft sowie ihr Vermögen, soziale Gruppen einzubinden oder auszugliedern, so deutlich sichtbar wie in Gemeinden (Ribhegge 1973, S. 4). Häufig geht es in der Kommunalpolitik auch darum, wer welche Interessen in welchem Grade durchsetzen kann. Da die Chancen zur Durchsetzung rivalisierender Interessen stets ungleich verteilt sind, hat dies regelmäßig ein *Machtgefälle* in der Gemeinde zur Folge. Dieses Gefälle baut sich in zwei Richtungen auf: Zum einen sind Einflusschancen *vertikal* ungleich gewichtet, also im Verhältnis zwischen Bürgern – bzw. bestimmten Gruppen von Bürgern – und kommunalen Entscheidern in Politik und Verwaltung. Zum anderen kommt es *horizontal* zu Asymmetrien der Macht im „kommunalen Entscheidungsdreieck" von Gemeinderat, Bürgermeister und Verwaltung (Egner, Krapp, Heinelt 2013, S. 31). Dass auf der Ebene der Entscheider die Einflusschancen ungleich verteilt sind, erklärt sich durch die rechtliche Gestaltung der Zuständigkeiten der kommunalen Organe.

Im Folgenden wird der Frage nachgegangen, wie die Gemeindeordnungen in Deutschland die zentrale Herausforderung, die sich jeder modernen kommunalen Demokratie stellt, nämlich Interessen, Macht und Einfluss gemeinwohlverträglich auszutarieren, zu bewältigen suchen: Wie wird das Spannungsverhältnis zwischen dem Erfordernis politischer Führung, das eine Delegation von Macht an gewählte Vertreter oder hauptamtlich Bedienstete notwendig macht, und dem Gebot politischer Beteiligung, das auf Mitwirkung der Vielen setzt, geregelt? Wird der Zielkonflikt zwischen Effizienz und Machtkontrolle angemessen entschärft? Wie sind die Zuständigkeiten zwischen den kommunalen Organen formal, also kraft Verfassung und Gesetz, aufgeteilt und welche Auswirkungen hat dies auf die Machtbalance im Feld kommunaler Entscheidungen? Welche *informellen* Muster des Regierens und Verwaltens bilden sich parallel zur formal geregelten Zuständigkeit auf kommunaler Ebene aus? Inwieweit haben sich die Machtverhältnisse und Einflusschancen auf Seiten der lokalen Akteure infolge der Reformen der kommunalen Institutionen seit den 1990er Jahren verschoben? – Also zugespitzt formuliert: *Wer regiert heute?*

6.2   Exekutive Führung und ‚schiefe‘ Gewaltenteilung

Laut Artikel 20, Absatz 2 GG zählt der Grundsatz der *Gewaltenteilung* zu den Staatsstrukturprinzipien der bundesdeutschen Verfassung. Das Gewaltenteilungsprinzip wird zwar bei der Selbstverwaltungsgarantie in Artikel 21 GG nicht ausdrücklich aufgeführt. Doch setzt ein Rechtsstaat, der den Namen verdient und obendrein, wie im Grundgesetz, mit dem Demokratieprinzip verbunden wird, die verfassungsrechtliche Absicherung geteilter Gewalten zwingend voraus. Der Grundgedanke der Machtverteilung ist, so der Staatsrechtler Helmuth Schulze-Fielitz, „auch Ausfluss des Demokratieprinzips", weil die gewaltenteilige Ausübung der Staatsgewalt die Umsetzung des Volkswillens gewährleiste (1998, S. 158). Daraus lässt sich folgern, dass gleichsam ‚im Gepäck‘ des Rechtsstaats- und des Demokratieprinzips gemäß dem Homogenitätsgebot des Grundgesetzes der Gewaltenteilungsgrundsatz auch „in den Ländern" gilt, und demgemäß ebenfalls auf der Ebene der politischen Gemeinden.

Das moderne („funktionale") Verständnis von Gewaltenteilung betont weniger die Trennung und stattdessen stärker das Zusammenwirken der Gewalten; durch Kooperation mehrerer Organe – gemeint sind im Regelfall Legislative und Exekutive – soll nicht zuletzt die Qualität staatlicher Entscheidungen erhöht werden (Benda 1984, S. 493; vgl. Schulze-Fielitz 1998). Das Prinzip Gewaltenteilung stellt angesichts seiner hohen normativen Bedeutung, wie sie in der Zielkombination von Freiheitssicherung, Machtkontrolle und kooperierenden Gewalten zum Ausdruck kommt, einen wichtigen Bezugspunkt dar, um die Reichweite und die Begrenzungen der Spielräume politischen Entscheidens in den Arenen der kommunalen Demokratie einschätzen zu können.

Während in der staatlichen Ordnung der Bundesländer die funktionelle Gewaltenteilung zwischen Legislative, Exekutive und Jurisdiktion am Verhältnis der Institutionen vergleichsweise klar erkennbar wird, stellt sich die Lage auf kommunaler Ebene sehr viel weniger eindeutig dar. Dies liegt nicht etwa daran, dass die Gerichtsbarkeit kein Teil der kommunalen Institutionen ist. Vielmehr ist der Grundgedanke, dass die staatlichen Befugnisse auf *besondere Organe der gesetzgebenden und der vollziehenden Gewalt* aufgeteilt werden, nicht in gleicher Weise auf die Kommunen übertragen worden. Aufschlussreich ist in diesem Zusammenhang die Rechtsauffassung des Bundesverfassungsgerichts: Gemäß dessen Votum ist die gewählte Ratsvertretung, obschon auch sie aus Wahlen hervorgeht, ein „Organ einer Selbstverwaltungskörperschaft und kein Parlament" (zit. bei Egner et al. 2013, S. 26).

In diesem höchstrichterlichen Spruch von 1989 wird das alte Rechtsverständnis weiter fortgeschrieben, dass die kommunale Selbstverwaltung als Teil der „einen Verwaltung" anzusehen sei. Demzufolge gehört sie mit allen ihren Organen zur Exekutive. Ratsmitglieder sind zwar nicht, wie das Landgericht Köln noch im Mai 2003 entschied, ihrem Status nach „Amtsträger", aber, so befand der Bundesgerichtshof drei Jahre später, doch Mandatsträger einer besonderen Art (Streit 2007). Daran ist so viel richtig, dass Stadtverordnete, anders als Bundestags- und Landtagsabgeordnete, weder Immunität, d. h. Schutz vor strafrechtlicher Verfolgung, noch Indemnität, d. h. Nichthaftung für materielle Folgen ihrer Beschlüsse, besitzen und auch keine Diäten beziehen.

Dem Rechtsstatus des *Nicht*parlamentariers widerspricht allerdings die kommunalpolitische Praxis. Denn diese Praxis ist seit je her durch ein Widerspiel und Zusammenwirken von Rat, Bürgermeister und Verwaltungsstellen geprägt und hat längst Kennzeichen eines lokalen Parlamentarismus ausgeformt (vgl. auch Kapitel 6). Angesichts dessen mag obige Rechtsauffassung überholt erscheinen. Rechtssystematisch hat sie nach wie vor deshalb Bestand, weil das Strukturmerkmal einer *starken exekutiven Führung* nicht nur in die ursprüngliche Konstruktion der kommunalen Selbstverwaltung von 1808 eingebaut gewesen war, sondern bei späteren Reformen noch gefestigt worden ist. Die ungebrochene Stärke der exekutiven Führerschaft gründet darin, dass die Befugnisse des Bürgermeisters durch die den höheren staatlichen Verwaltungsinstanzen übertragene Beaufsichtigung von Ratsentscheidungen flankiert werden. Faktisch kann die Staatsaufsicht zu einer weitgehenden Entmündigung der Kommunen führen. Ein aktuelles Anschauungsbeispiel für einen solchen Autonomieverlust ist die legale Aushöhlung der kommunalen Haushaltshoheit im Gefolge der Finanzkrise: Etliche Städte, die hochverschuldet und daher nicht mehr imstande sind, aus eigener Kraft einen ausgeglichenen Haushalt vorzulegen, stehen inzwischen unter der Aufsicht eines Staatskommissars (BBSR Nr.2/2014; Bogumil und Holtkamp 2013, S. 176 ff. – vgl. auch Kapitel 2).

Die Exekutivlastigkeit der Selbstverwaltung hat alle kommunalen Institutionenreformen überdauert: Als Niedersachsen und Nordrhein-Westfalen sich in den 1990er Jahren von der norddeutschen Ratsverfassung verabschiedeten, wurde die bis dahin vom Rat gewählte „Doppelspitze" aus ehrenamtlichem Bürgermeister und hauptamtlicher Verwaltungsleitung durch die Direktwahl des Gemeindeoberhaupts ersetzt. Während letzteres dabei an Unabhängigkeit und Einfluss gewann, haben umgekehrt die Gemeinderäte infolge des Verlusts ihrer Wahlfunktion an Macht eingebüßt.

Im Ergebnis der langen Beständigkeit der kommunalen Rechts- und Verfassungsarchitektur hat sich rechtlich wie praktisch ein Muster des Zusammenwirkens im Dreieck von Rat, Bürgermeister und Verwaltung ausgeformt, das sich als *,unechte'* oder zumindest *,schiefe' Gewaltenteilung* beschreiben lässt. Die gewählte Vertretung, der Rat, ist das oberste Organ der Gemeinde. Je nach Gemeindeordnung wird dem Rat entweder eine „Allzuständigkeit" zugewiesen, oder aber eine „Auffangzuständigkeit" für nicht formell klar geregelte Angelegenheiten. Teilweise hat der Rat ein „Rückholrecht", d. h. er kann an die Verwaltung abgetretene Befugnisse wieder an sich ziehen. Zum Kernbereich der Zuständigkeiten des Rates zählen überall die Aufstellung des Gemeindehaushalts und dessen Vollzugskontrolle, außerdem grundsätzliche Entscheidungen über örtliche Planung, lokale Steuern und Gebühren sowie die Hauptsatzung, ferner die Wahl der hauptamtlichen Beigeordneten sowie die Kontrolle der Verwaltung im Wege von Informations-, Frage- und Akteneinsichtsrechten (siehe Gabriel und Holtmann 1996, S. 478 ff.; Egner et al. 2013, S. 26 f., 37).

6.3   Gemeinderat und Bürgermeister als politische Widerlager

Im Zuschnitt der Befugnisse des Gemeinderates unterscheiden sich die Gemeindeordnungen der Bundesländer nicht unerheblich. Wird ein Index der institutionellen Stärke der Ratsvertretungen gebildet, so stehen die Räte in Hessen, Nordrhein-Westfalen und Schleswig-Holstein vergleichsweise stark da. Sachsen und Bayern bilden bei dieser Rangfolge das Schlusslicht (Egner et al. 2013, S. 55). Bemerkenswert ist, dass einer Befragung zufolge, die 2007/2008 in 120 Gemeinden stattfand, rund 75 Prozent der Ratsmitglieder *sich selbst* durchwegs einen hohen bzw. sehr hohen Einfluss bescheinigen. Als sehr wichtig sehen sie die rechtsetzende Funktion des Rates an. Die Umsetzung des jeweiligen politischen Programms halten etwa 60 Prozent für eine wichtige Aufgabe. In ihrer Kontrollfunktion sehen sie sich überwiegend insofern ernst genommen, als „sich die große Mehrheit der Ratsmitglieder (72 %) ausreichend oder sogar völlig ausreichend durch die Verwaltung informiert sieht" (ebd., S. 88 ff.). Die rechtlichen Handlungsspielräume sowie die Selbsteinschätzung der handelnden Personen zeichnen also ein Profil, das, so lautet das Fazit der Autoren der Ratsmitgliederumfrage, eher „in Richtung auf ein „parlamentarisches" Verhalten der Ratsmitglieder" hinweist (ebd., S. 96). „Keinesfalls stimmig" sei die Einschätzung, „dass Gemeinderäte als Bestandteil der Staatsverwaltung lediglich exekutiven Charakter besitzen und die Beschlussfassung dort völlig unparlamentarisch abläuft" (ebd., S. 103).

Der Bürgermeister stellt, wie erwähnt, das exekutive Widerlager des Gemeinderates dar. Er ist der Leiter der kommunalen Verwaltung und in den meisten Bundesländern auch oberster politischer Repräsentant der Gemeinde. In etlichen, nicht in allen Ländern führt er den Vorsitz im Rat und in dessen Ausschüssen. Dass er inzwischen überall direkt gewählt wird, vergrößert seine Unabhängigkeit gegenüber dem Rat. Umgekehrt hat er das Recht und die Pflicht, Beschlüsse des Gemeinderats auf ihre Rechtmäßigkeit hin zu überprüfen und ihren Vollzug gegebenenfalls auszusetzen. In einigen Gemeindeordnungen ist der Prüfauftrag weiter gefasst als eine reine Rechtsaufsicht und schließt die „Gefährdung des Gemeinwohls der Gemeinde" mit ein (Egner et al. 2013, S. 25). In der Wahrnehmung der Ratsmitglieder wird dem Bürgermeister von allen kommunalen Organen der größte Einfluss zugemessen, vor Beigeordneten, Ratsfraktionen und einzelnen Ratsmitgliedern (ebd., S. 55).

Ordnet man die empirischen Befunde in das Raster der Gewaltenteilung ein, so ergibt sich folgendes: Mit den Eingriffsrechten des Bürgermeisters in die „Legislative" des Rates wird die horizontale Gewalten*trennung,* die mit der Direktwahl des Bürgermeisters ausgebaut wurde, einseitig durchbrochen. Denn umgekehrt fehlt dem Rat die Möglichkeit, den Regierungschef – hier den Bürgermeister – abzuwählen. Sieht man die auf den

Rat gerichteten Interventionsbefugnisse des Bürgermeisters sowie die Rechts- und Fachaufsicht, die übergeordneten staatlichen Behörden obliegt, im Zusammenhang, so wird deutlich, weshalb von einer ‚unechten‘, mindestens aber ‚schiefen‘ Gewaltenteilung gesprochen werden kann. So wie die Organzuständigkeiten innerhalb der Selbstverwaltung verteilt sind, existiert auf kommunalem Boden weder ein echtes parlamentarisches noch ein echtes präsidentielles System, weil für beide Regierungsformen jeweils typische Merkmale geteilter Gewalten fehlen. Zwar wird in der inzwischen bundesweit eingeführten Direktwahl der Bürgermeister eine Tendenz zur „Präsidentialisierung" der Kommunalpolitik erkennbar. Indes durchbricht das Recht des Gemeinderats, die Beigeordneten zu wählen, das für ein präsidentielles System charakteristische Prinzip strikter Gewaltentrennung zwischen Parlament und Regierung (vgl. Poguntke und Webb 2005, S. 2 f.).

Andererseits sind exekutive Rechte wie diejenigen des Bürgermeisters, der Beschlüsse des Parlaments materiell prüfen oder ihren Vollzug gar aussetzen kann, mit einem echten parlamentarischen System, das der gewählten Volksvertretung die letztentscheidende Gesetzgebungsbefugnis überträgt, nicht vereinbar. Die „Regierung" einer deutschen Kommune ist folglich, wie Krapp, Egner und Heinelt zutreffend schreiben, ein „institutioneller „Zwitter" (ebd., S. 86). Da außerdem die plebiszitären Entscheidungsrechte mehrfach gestärkt worden sind, werden die gewählten Repräsentanten, bildlich gesprochen, in eine ‚Sandwich-Position‘ gerückt: Von oben lasten die Auflagen und Steuerungsbefugnisse der Exekutive, von unten erhöht sich der Druck der Bürger im Wege der volksunmittelbaren Demokratie.

Halten wir soweit fest: Auch nach den Reformen der kommunalen Selbstverwaltung – und zum Teil durch diese bestärkt – bleibt der kommunale Entscheidungsprozess „geprägt durch eine Dominanz des Bürgermeisters und ein Übergewicht der Verwaltung gegenüber dem Rat" (Haasis 1978, S. 113). Durch die Direktwahl des Bürgermeisters sowie die flächendeckende Einführung von Instrumenten der *sachunmittelbaren direkten Demokratie,* d. h. Bürgerbegehren und Bürgerentscheide, haben die Ratsvertretungen an Macht verloren. Mit den Instrumenten direkter bürgerschaftlicher Intervention ist in den meisten Bundesländern ein neuer Faktor hinzugetreten. Wie genau sich dies auf die interne Balance des kommunalen Entscheidungssystems auswirkt, ist nicht einfach auszurechnen. Dass die Machtbasis der gewählten Räte dadurch weiter geschmälert wird, dürfte unstrittig sein. *Demoralisiert* scheinen sich Gemeinderäte in ihrer großen Mehrheit indessen nicht zu fühlen. Oder sollte man sagen: *noch* nicht? – Jedenfalls bescheinigen sie sich selbst überwiegend, wie erwähnt, recht großen Einfluss und sehen sich in ihrer kommunalen Arbeit auch durch Bürgerbegehren und Bürgerentscheide nicht massiv beeinträchtigt. Etwa jedes zweite 2007/2008 befragte Ratsmitglied ist der Ansicht, dass lokale Referenden „zu einer höheren Qualität öffentlicher Debatten" führen (ebd., S. 109).

6.4 Parlamentarisierung und Informalisierung des Entscheidens

Nicht zu übersehen ist die langfristige Tendenz zur *Parlamentarisierung* und *Politisierung* der kommunalen Ratsvertretungen, einschließlich einer fortschreitenden *Professionalisierung* der Ratsmitglieder (dazu ausführlicher Kapitel 6) und einer ebenfalls lange Zeit zunehmenden *parteipolitischen Aufladung* der Kommunalpolitik. Durch die institutionelle Aufwertung *direktdemokratischer Verfahren* (Volkswahl des Bürgermeisters, Sachplebiszite) ist der lokale Radius der Parteiendemokratie allerdings eingeschränkt worden. Und: Weil die Logik des Verhandelns und Aushandelns auch im Bereich kommunaler Sachentscheidungen gang und gäbe ist, kommt es im Gehäuse der formal verteilten Zuständigkeiten ferner zu *informalen Absprachen und Vorentscheidungen* der kommunalen Organe untereinander. Ähnlich der Landes- und Bundespolitik, schälen sich im informellen Zusammenspiel von Gemeindeparlament und lokaler Verwaltung Formen einer „dynamischen Gewaltenteilung" (Holtmann 2004) heraus, die auch hier, ungeachtet der ‚schiefen' Aufstellung der Gewalten, deren formal gezogene Grenzen fortwährend ohne Aufhebens überschreitet. Die im obigen Text zu Zwecken der besseren Überschaubarkeit getrennt aufgelisteten Prozessmerkmale der Parlamentarisierung, Politisierung, parteipolitischen Aufladung, Informalisierung und direkten Demokratie, stellen in Wirklichkeit eng verbundene Bestandteile überaus komplexer Abläufe im Feld kommunalen Entscheidens dar. Wie die ‚beweglichen Punkte' dieser

Entscheidungsverläufe auf der lokalen Landkarte angeordnet sind und wie sie im Handeln der kommunalpolitischen Entscheider verknüpft werden, ist Gegenstand
der folgenden Ausführungen.

6.4.1 „Basis-Fachkoalitionen" und „Vorentscheider"

Wie kommunale Entscheidungslagen exekutiv ‚program-
miert' und moderiert und seitens des Rates zugleich par-
lamentarisch mitgesteuert, von Rat und Verwaltung in
engem Kontakt politisch abgestimmt und auf informel-
lem Wege von den Beteiligten gemeinsam zur Entschei-
dungsreife gebracht werden, lässt sich an der Existenz
sogenannter „Basis-Fachkoalitionen" sowie der Run-
de der „Vorentscheider" veranschaulichen. Beide Gre-
mien sind in keiner Gemeindeordnung genannt, aber
gleichwohl wirkmächtig, gerade weil sie Ratspolitiker
und Verwaltungsbeamte zusammenführen. Mitte der
1980er Jahre hat Gerhard Banner, ein kommunaler Praktiker und Verwaltungswissenschaftler, mit der besonderen Sehschärfe, die der doppelt kundige Blick auf den
Gegenstand verleiht, diese beiden Kristallisationspunkte
der Kommunalpolitik erstmals benannt und in ihren inneren Strukturmustern beschrieben (Banner 1984).

Kommunale Verwaltung ist, so lautet Banners Aus-
gangsthese, „politische Verwaltung par excellence". Der
Rat treffe die wichtigsten Verwaltungsentscheidungen –
allerdings, da er ein gewählter Körper ist, „nach politischer, das heißt an Wahlen und Wahlterminen orien-

tierter Rationalität". Der Verwaltungsapparat wiederum, der die Entscheidungen vorbereite, nehme die politischen Handlungsmaßstäbe des Rates vorweg. Beide Seiten wüssten zudem, dass „schon in der Vorbereitungsphase die politische Linie weitgehend abgesteckt" werde. Daher komme es „im Vorfeld von Ratsbeschlüssen zu einem dichten Zusammen- und Ineinanderwirken von Rat und Verwaltung" (ebd., S. 365). Im Zuge dieser Zusammenarbeit würden die trennenden Profile von Politik und Verwaltung verwischt (ebd.).

Stattdessen schält sich Banner zufolge eine andere Teilung heraus, nämlich zwischen „Fachpolitikern" und „Steuerungspolitikern". Erstere operieren in „Basis-Fachkoalitionen", letztere formieren sich zur Gruppe der „Vorentscheider". Ihre organisatorische Basis finden „Basis-Fachkoalitionen" in den Facharbeitskreisen der Fraktionen, wie sie vornehmlich in größeren Städten bestehen. „Hier treffen sich die Sozial-, Kultur-, Sport- oder Verkehrsfachleute der Fraktionen mit den entsprechenden Verwaltungsfachleuten ihres politischen Vertrauens, um die nächste Ausschusssitzung vorzubereiten und gemeinsam interessierende Fragen zu besprechen" (ebd., S. 369). Da Fachpolitiker – und ihre Gegenüber in der Fachverwaltung – vor allem ihre ehrgeizigen fachpolitischen Anliegen durchzusetzen suchten, sei jede dieser Allianzen „ein potentieller Sprengsatz im Haushalt" (ebd.).

Am oberen Ende der kommunalen Entscheidungshierarchie stehen die „Vorentscheider". Dieses Gremium wird aktiv, wenn politische Entscheidungen von größerer Tragweite anstehen, beispielsweise der Haushaltsentwurf oder bedeutende Planungs- und Investitionsvorhaben. Zu dem erlesenen Kreis gehören neben dem Bürgermeister und weiteren leitenden Beamten die Fraktionsvorsitzenden, Ausschussvorsitzende und bisweilen weitere Lokalpolitiker von Gewicht, manchmal auch Vertreter aus Wirtschaft und Gesellschaft. „Aufgabe der Vorentscheider ist es, politische Weichen zu stellen und Konflikte zu regeln" (ebd., S. 370; auch Naßmacher und Naßmacher 1999, S. 317 ff.).

Die Zusammensetzung der Gruppe der „Vorentscheider" ähnelt dem Strukturmuster einer gemischt exekutiv-parlamentarischen Führerschaft, wie es Dahl für das New Haven der frühen 1960er Jahre beschrieben hat: Die lokalen Spitzen von Bürokratie, Parteien und organisierten gesellschaftlichen Interessen gruppieren sich zu einem informellen Zirkel, der ausgerichtet ist auf den Bürgermeister und seine zentrale Steuerungsmacht. Die enge Kopplung von Politik und Verwaltung, die ja auch das Regieren auf den übergeordneten staatlichen Ebenen längst kennzeichnet, sowie die Aufbereitung sachpolitischer Themen gemäß den von Parteipolitikern auf den Mehrheitsbänken des Rates bevorzugten Lösungsvorschlägen sind gleichermaßen typisch für Basis-Fachkoalitionen wie Vorentscheider. Man sieht: Ihr „unpolitisches" Kleid hat die kommunale Selbstverwaltung, hätte sie jenes je getragen, längst abgestreift. Ob allerdings die von Banner seinerzeit kritisierte Fähigkeit der Fachpolitiker, die regulierende Vernunft der Steuerleute an der Spitze der Gemeinde zu unterlaufen, in Zeiten dramatisch angewachsener Haushaltsprobleme unverändert fortbesteht, darf bezweifelt werden.

6.4.2 Personalpolitik als Steuerungsmittel der Rathausparteien

Trotz enger Verschwisterung von Politikern und Bürokraten und unbeschadet der parlamentarischen Mitsteuerung durch ausgewählte Ratsvertreter, die im Vorfeld von Entscheidungen mit einbezogen werden, ist die kommunale Verwaltung dank ihres Fachwissens und Informationsvorsprungs dem Gemeindeparlament, was das Anstoßen und Vorbereiten von Ratsbeschlüssen betrifft, deutlich überlegen (so bereits Derlien et al. 1976). Um dennoch ‚auf Augenhöhe' mit der Verwaltung zu bleiben, nutzen die Ratsfraktionen die Möglichkeit, Personen ihres Vertrauens zu Beigeordneten zu wählen. So erschließt sich die Parteipolitik einen Weg, über loyale Wahlbeamte innerhalb der Kommunalverwaltung einen „sekundären Kontrollmechanismus" (ebd., S. 116) aufzubauen, der es möglich macht, von verwaltungsinternen Initiativen bereits früh zu erfahren oder auch sich anbahnenden Vollzugsblockaden gegenzusteuern. So ausdauernd heftig diese Praxis als sittenwidrige und sachfremde Parteipatronage gegeißelt wird (vgl. Holtmann 2012, S. 193 ff.), so folgerichtig entspringt sie aus ‚logischen' Anforderungen ungleicher kommunaler Machtverteilung (Gabriel und Holtmann 1996, S. 481 ff.).

Die Politisierung der kommunalen Arena äußert sich nicht nur in personalpolitischen Schachzügen, sondern sie hat auch sachpolitische Ursachen. Dabei kommt *Partei*politik erst an zweiter Stelle ins Spiel. Schon aus anderen Gründen hat sich die hergebrachte Trennung zwischen Politik und Verwaltung als wirklichkeitsfremd erwiesen. Je mehr den Kommunen gesamtstaatliche Aufgaben und Leistungen übertragen wurden (Hesse 1986; Blanke und Benzler 1991), desto stärker machen sich die konkurrierenden Ansprüche, Interessengegensätze und Verteilungskonflikte, die im modernen Wohlfahrtsstaat aufbrechen, auch auf lokaler Ebene bemerkbar. Längst nicht mehr sind die kommunalen Verwaltungsbehörden lediglich vollziehende Organe des Staatswillens. Vielmehr sind sie vermehrt gehalten, Problemlösungen für unter sozialen Druck geratene Politikbereiche, wie z. B. Wohnen, Umwelt, Verkehr, soziale Spaltung der Städte, selbst zu entwickeln. Damit aber tritt im Handeln der Verwaltung „das Politische deutlich hervor" (Grauhan 1972, S. 150).

Für die Parteien wird es deshalb wichtig, ihrerseits vermehrt auf das Leistungsangebot der Kommunalpolitik Einfluss zu nehmen, auf das sich die Erwartungen und Forderungen der Bürgerinnen und Bürger vorrangig richten. Der sogenannte Output-Sektor wird somit zu einer Schnittstelle von politischen Bürokraten, die alternative Problemlösungen vorbereiten, einerseits und andererseits Parteipolitikern, die auf die verwaltungsinterne Vorauswahl von Entscheidungsalternativen Einfluss nehmen. Die Folge ist, dass ,kritische' Politikfelder parteipolitisch kontrovers besetzt werden. Der lokale Parteienwettbewerb äußert sich darin, wählerwirksam die Oberhoheit über wichtige Politikfelder zu erringen. Auch dieses strategische Kalkül erklärt – und damit schließt sich der Kreis von sachpolitisch begründeter und personalpolitisch motivierter Politisierung – das beharrliche Bemühen der Parteien, leitende Verwaltungs-

stellen mit parteiloyalen Leuten zu besetzen: So soll der
Sachverstand der Fachabteilungen für eigene Gestal-
tungswünsche abrufbar sein, und so soll die Fachverwaltung zugleich gegen Einflussnahmen konkurrierender
Parteien abgeschottet werden (Gabriel und Holtmann
1996, S. 485 f.).

Empirische Studien aus den 1980er Jahren zeigen indes, dass sich Parteistandpunkte nicht ungefiltert in Ge-
meinderatsbeschlüsse verlängern, selbst dort nicht, wo
eine Partei in der Vergangenheit die absolute Mehrheit
hatte. So waren, lokal vergleichenden Untersuchungen
zufolge, kommunale Investitionsentscheidungen eher
durch die örtlich gegebene Wirtschafts- und Finanzkraft
bzw. langfristige Gewohnheiten bei der Setzung von vor-
rangigen Ausgaben bestimmt (vgl. Grüner et al. 1988;
Gabriel et al. 1990). Ehestens erkennbar wird die parteipolitische Handschrift in der städtischen Haushaltspolitik, was nicht wirklich überrascht, weil dort die zentralen Weichen der Kommunalpolitik gestellt werden.
„CDU/CSU-dominierte Städte sind mit verstärkten In-
vestitionsausgaben in Verbindung zu bringen, während
SPD-Städte deutliche Schwerpunkte im Bereich der Personalausgaben und der kommunalen Beschäftigung setzen" (Kunz 2000, S. 337). Zu prüfen wäre, ob diese parteipolitische Farbenlehre heute noch gilt. Denn absolute
Ratsmehrheiten einer Partei kommen heute sehr viel weniger vor. Daher ist die Notwendigkeit, Rathauskoalitio-
nen einzugehen, zwingender geworden.

6.5 Wandel im Entscheidungssystem durch Institutionenreformen

Inwieweit ist der ‚Wind des Wandels‘, der im Feld der kommunalen Selbstverwaltung weht und bei starker Windstärke die Bedingungen und Erträge lokalen Regierens verändert, durch die Schübe der Institutionenreformen der 1990er Jahre angefacht worden? Es sind vor allem drei Ergebnisse bzw. Zielvorstellungen dieser Reformen, die eine strukturelle Verschiebung der Einflusschancen und der Machtverteilung in der Kommunalpolitik haben erwarten lassen: zum einen die Übernahme von Instrumenten direkter Demokratie in alle Gemeindeordnungen, zum anderen die Einführung von Elementen des neuen Steuerungsmodells (NSM) sowie die Privatisierung von kommunalen Versorgungsunternehmen und zum dritten der Wegfall der Sperrklausel bei Kommunalwahlen. Diese Punkte sollen zum Abschluss dieses Kapitels erörtert werden.

Versuchen wir zunächst, die Veränderungen im Entscheidungssystem der kommunalen Selbstverwaltung mit einem erweiterten Schema bildhaft darzustellen. Die schematisch dargestellten Beziehungsmuster werden in den anschließenden Unterkapiteln erläutert.

Abb. 6.1   Das „aufgesplittete" Dreieck des kommunalen Entscheidungssystems, auf der Basis des Neuen Steuerungsmodells und direkter Demokratie

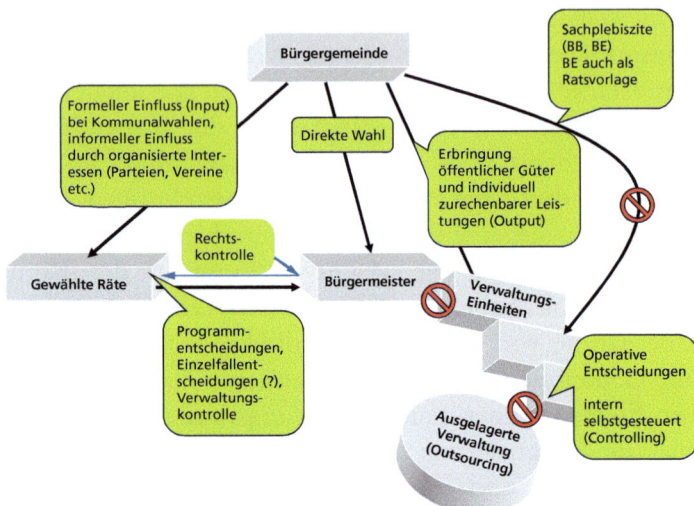

Erläuterung

 Nebenstehendes Zeichen markiert mögliche Sollbruchstellen im reformierten System:

- Referenden zu einzelnen Sachthemen übersteuern die Verantwortlichkeit der „kontraktierten" Verwaltung für die dieser vertraglich übertragenen Regelungsbereiche.

- Ausgelagerte Verwaltungseinheiten und privatisierte Versorgungsunternehmen entziehen sich tendenziell der Kontrolle durch Rat und Bürgermeister.

- Die demokratische Rückkopplungsschleife, welche die Bürgerschaft mit dem direkt gewählten Bürgermeister und dezentralen bzw. ausgelagerten Verwaltungsabteilungen verbindet, wird überdehnt.

Quelle: Eigene Darstellung

6.5.1 Direkte kommunale Demokratie: Bürgerbegehren und Bürgerentscheid

Die bisherige Nutzung der Instrumente Bürgerbegehren und Bürgerentscheid ist gut dokumentiert. Angaben des Vereins „Mehr Demokratie e. V." zufolge, sind in Deutschland seit 1956, dem Jahr der Einführung im ersten Bundesland (Baden-Württemberg), bis Ende 2011 annähernd 6000 direktdemokratische Anwendungsfälle verzeichnet. Die große Mehrheit (etwas mehr als 5000) wurde durch Bürgerbegehren angestoßen; gut 800 entfallen auf sogenannte Ratsreferenden, die den Bürgern per Gemeinderatsbeschluss vorgelegt werden. In rund 2800 Fällen mündete das Begehren in einen Bürgerentscheid. Knapp die Hälfte (ca. 49 Prozent) der durch Bürgerbegehren ausgelösten Entscheide war erfolgreich. Bei Ratsreferenden lag die Zustimmungsquote mit ca. 60 Prozent höher. In gut 600 Fällen kam es zu einem Gemeinderatsbeschluss, der einen Bürgerentscheid entbehrlich machte. Spitzenreiter ist Bayern, wo mehr als jedes dritte Bürgervotum initiiert wurde. Am Ende der Skala rangieren Bremen und das Saarland (alle Angaben nach Bürgerbegehrensbericht 2012).

Die Werturteilsfrage, ob volksunmittelbare Sachentscheidungen den Willen des Volkes „authentischer" abbilden als das Prinzip parlamentarischer Repräsentation, soll hier ausgeklammert bleiben (grundlegend Fraenkel 1991 [1964]). Im Hinblick auf unsere Ausgangsfrage „Wer regiert?" soll die bisherige Praxis direkter Demokratie, soweit es sich um Plebiszite in Sachfragen handelt, daraufhin untersucht werden, ob die Basis bürgerschaftlicher Mitentscheidung tatsächlich verbreitert wird, wenn Bürgerbegehren und Bürgerentscheid zur Anwendung kommen. Die Höhe der *Beteiligung* scheint dafür zu sprechen: An Bürgerentscheiden, die durch Bürgerbegehren ausgelöst wurden, beteiligten sich von 1956 bis 2011 im Gesamtdurchschnitt rd. 48 Prozent (bis 2007 waren es gut 50 Prozent). Bei Ratsreferenden lag die Beteiligung im Mittel um gut sieben Prozent höher (ebd. und Holtmann 2010).

Trotz zuletzt leicht rückläufiger Tendenz stützt die verglichen mit Kommunalwahlen beachtliche Beteiligungsquote die Annahme, dass mittels Sachplebisziten über den Kern der dauerhaft politisch aktiven Bürger hinaus mehr Gemeindeeinwohner mobilisiert werden können – vorausgesetzt, ein lokales Thema löst breite Betroffenheit aus und die volksunmittelbare Initiative wird vom intensiven Werben örtlicher Eliten, Medien und Organisationen begleitet (Holtmann 2010). Doch die Anwendung der direktdemokratischen Instrumente heißt nicht, dass sich automatisch mehr gleiche Einflusschancen *für alle* ergeben. Die wenigen empirischen Daten, die vorliegen, weisen vielmehr auf Effekte sozialer Verzerrung hin. Vorrangig nutzen die Instrumente nämlich Gruppen und Personen, die mit Ressourcen gut ausgestattet sind, also über Kampagnefähigkeit, Organisationsstärke und Finanzkraft verfügen sowie Selbstbewusstsein, Wissen und mitunter zudem das Prestige des Experten einbringen (Holtmann 1999). Schon vor 18 Jahren hat deshalb der Politikwissenschaftler Oscar Gabriel auf der Grundlage eigener Untersuchungen die Erwartung gedämpft, über die direkte Gemeindedemokratie ließen sich politikferne Schichten an politische Beteiligung heranführen (Gabriel 1999).

Wenn aber vor allem Personen, die mit finanziellem und kulturellem Kapital gut gepolstert sind, sich dank direkter Demokratie einen Weg erschließen, auf dem sie *an den Gemeinderäten vorbei* ihre Sonderinteressen erfolgreich durchsetzen können, dann verschlechtern sich umgekehrt noch mehr die Berücksichtigungschancen jener Bevölkerungsschichten, die über weniger Bildungs- und Einkommensgüter verfügen. Soziale Unterschiede auszugleichen und für eine möglichst gerechte Bereitstellung („Allokation") öffentlicher Güter und Lebenschancen zu sorgen, ist in Demokratien jedoch eine zentrale Pflicht der gewählten Vertretungen in Bund, Land und eben auch Gemeinden. Diese Parlamentsfunktion des sozialen Ausgleichs wird geschwächt, wenn sich die direkte Demokratie faktisch als ein zusätzlicher politischer Bonus für Begüterte und Gebildete erweist. Dass Gemeinderäte von der Möglichkeit Gebrauch machen, strittige Angelegenheiten dem Gemeindevolk als Ratsreferendum vorlegen, macht die Sache nicht besser. In den Worten des Rechtswissenschaftlers Franz-Ludwig Knemeyer ließe sich von „legalisierter Verantwortungsverlagerung" sprechen (1997, S. 17). Immerhin scheint einer Mehrheit der Ratsvertreter zu dämmern, dass die lokale direkte Demokratie einer Teilentmachtung ihrer selbst gleichkommt. Wie eine Umfrage von 2006/2007 zeigt, sieht es nur knapp jedes vierte parteigebundene Ratsmitglied und gut jeder dritte Mandatsinhaber ohne Parteibuch als positiv an, dass Bürgerinnen und Bürger über lokale Angelegenheiten selbst entscheiden (SFB 580).

Hinter der Skepsis verbirgt sich nicht einfach Angst vor eigenem Machtverlust, sondern auch ein anderes Verständnis von Sinn und Zweck kommunaler Politik. Eine regionale Elitenstudie zeigt auf, dass beispielsweise Ratsmitglieder in Thüringen sich vor allem als *Fürsprecher allgemeiner Anliegen* und als *Repräsentant aller Bürger* sehen (Schmitt und Maier 2008, S. 169 f.). Gewiss kommt auch die repräsentative Demokratie nicht darum herum, Gemeinwohl und Partikularinteressen immer wieder gegeneinander abzuwägen. Doch wird der Ausgleich schwieriger, wenn mit Bürgerbegehren und Bürgerentscheid für Sonderinteressen ein zweiter, direkter Zugang zur Entscheidungsmacht geöffnet wird.

6.5.2 Wegfall der Sperrklausel bei Kommunalwahlen

Welche Wirkung hat der Wegfall der Sperrklausel bei Kommunalwahlen auf das kommunale Geschehen? Als das Bundesverfassungsgericht im Februar 2008 die Hürde im kommunalen Wahlgesetz Schleswig-Holsteins kippte und damit eine Revision entsprechender Regelungen in anderen Bundesländern auslöste, hat es seine Entscheidung mit der präsidentiellen Umformung des kommunalen Entscheidungssystems begründet (BVerfG, 2 BvK 1/07). Die Direktwahl des Bürgermeisters – entsprechendes gelte für den Landrat – garantiere „weitgehend eine funktionierende Gemeindeverwaltung unabhängig von den Mehrheitsverhältnissen in der Gemeindevertretung". Auch dann, wenn sich die Anzahl der Fraktionen oder Einzelvertreter im Rat vergrößere, drohe keine Gefahr für die Funktionsfähigkeit der Kommunalvertretung (ebd., Randnummern 120 und 133).

Die Praxis läuft dieser höchstrichterlichen Einschätzung indessen zuwider. Wie ein verwaltungswissenschaftliches Gutachten ausführt, hat jedenfalls in Nordrhein-Westfalen die Abschaffung der Sperrklausel die Funktionsfähigkeit der Ratsvertretungen gemindert. Aufgrund der gewachsenen Zahl von Fraktionen, Gruppen und Einzelpersonen im Rat werde eine „positiv gestaltende" Mehrheitsfindung erschwert, auch deshalb, weil kleine Gruppierungen oftmals sich als „kaum koalitionsfähig" erwiesen. Auch habe die erhöhte Zersplitterung der Räte zu einer „geringeren Sitzungs- und Verwaltungseffizienz" geführt (Bogumil et al. 2009, S. 3 f., und 2010).

6.5.3 Neues Steuerungsmodell (NSM) und Privatisierung kommunaler Betriebe

Die Einführung von Elementen des Neuen Steuerungsmodells (NSM) sowie die Privatisierung von Unternehmen der kommunalen Daseinsvorsorge wurden in den Kapiteln 2 und 3 als Bestandteile der Institutionenreformen bereits angesprochen. Hier stellt sich nun die Frage, ob sich im Gefolge dieser Reformmaßnahmen die Machtbalance und die Bedingungen politischer Kontrolle im kommunalen Entscheidungssystem verschieben. Damit rücken die in der Legende von obiger Abbildung markierten möglichen „Sollbruchstellen" im

veränderten Verhältnis der kommunalen Organe und
Akteure in den Blick: Sind Referenden, die zu Sachthemen durchgeführt werden, mit der Verantwortlichkeit
der „kontraktierten", d. h. vertraglich gesteuerten Verwaltung für die ihr übertragenen Regelungsbereiche
vereinbar? Entziehen sich ausgelagerte Verwaltungseinheiten und privatisierte Versorgungsunternehmen der
Kontrolle durch Rat und Bürgermeister? Wird die demokratische Rückkopplungsschleife, welche die Bürgerschaft mit dem direkt gewählten Bürgermeister und mit
dezentralen bzw. ausgelagerten Verwaltungsabteilungen
verbindet, womöglich überdehnt?

Vor nachteiligen Folgen der Ökonomisierung der
kommunalen Daseinsvorsorge für die Kommunalpolitik warnte der lokale Politikforscher Hellmut Wollmann
schon im Jahr 2002: Die Privatisierung kommunaler
Aufgaben bzw. ihre Auslagerung in „Eigengesellschaften"
könne dazu führen, dass „der Typus einer politisch-de-
mokratisch verantwortlichen und kontrollierten Kommunalverwaltung zunehmend ausgehöhlt wird" (Wollmann 2002, S. 4). Steuerungsverluste der kommunalen
Entscheider sind aus Sicht der Kommunen selbst wie
auch im Ergebnis der wissenschaftlichen Evaluation der
Liberalisierung und Privatisierung kommunaler Leistungsangebote in der Tat zu verzeichnen. So kommen
Bogumil und Holtkamp zu folgenden Einschätzungen:
Positive Privatisierungseffekte (Entlastung des Haus-
halts, erhöhte Leistungsqualität) werden aus Sicht der
Kommunen erkauft mit gewachsenen Steuerungspro-
blemen. Gegenüber marktmächtigen Investoren lassen
sich Wünsche der Kommunalpolitiker schwerer durch-

setzen, zumal die Ratsvertretungen in die vertraulichen Verhandlungen kaum einbezogen werden. Ratsmitglieder, die in Aufsichtsgremien ausgegründeter Betriebe entsandt werden, sind auch gegenüber dem Rat zur Vertraulichkeit angehalten und außerdem dem Unternehmensinteresse verpflichtet. Die am Wirtschaftlichkeitsprinzip ausgerichtete Unternehmensführung lässt sich mit dem kommunalen Gesamtinteresse nicht leicht vereinbaren (Bogumil und Holtkamp 2013, S. 100 ff.). Auch Befürchtungen, das im Zuge des Neuen Steuerungsmodells umgestaltete Binnenverhältnis der Selbstverwaltungsorgane, wonach dem Rat Grundsatzentscheidungen übertragen und die Erledigung von Einzelfällen bei der Verwaltung belassen werden, ginge zu Lasten der Räte, haben sich bestätigt. Deutlich werde, so fasst die Verwaltungspolitologin Sabine Kuhlmann den Forschungsstand zusammen, „dass sich die Handlungsschwäche der Kommunalvertretung gegenüber der Verwaltung noch verschärft und die (politisch-parlamentarischen) Steuerungsdefizite noch zugenommen haben" (Kuhlmann 2004, S. 386). Der Befund verliert allerdings dadurch an Dramatik, dass nur eine Minderheit von „Reformkommunen" den Räten die Einzelfall-Zuständigkeit tatsächlich genommen hat (Bogumil und Holtkamp 2012, S. 84). Fraktionschefs und Fachpolitiker sind „aus Gründen der politischen Profilierung weiterhin bestrebt, Einzelprojekte individuell und direkt zu steuern" (Kuhlmann 2004, S. 387) – was nicht überrascht, da die Bürgerinnen und Bürger genau diese ‚Bodennähe' von ihren gewählten Ratsmitgliedern erwarten. Die „Logik konkurrenzdemokratischer Verfahren" (Bogumil und

Holtkamp 2012, S. 84) hat sich in diesem Punkt gegen
ein alltagsuntaugliches Reformwerk behauptet. So blieben die Arbeitsbeziehungen der beiden zentralen Organe Rat und Verwaltung vor einer riskanten Pfadabwei-
chung weitgehend bewahrt.

6.6   Schwächung des Repräsentations-
prinzips: Gestärkte lokale
Demokratie?

Fassen wir zusammen: Das Beharrungsvermögen der Institution der kommunalen Selbstverwaltung ist über lange Zeiträume hinweg erkennbar. Aber Langlebigkeit ist
nicht gleichbedeutend mit Änderungsstarre. Im Ergebnis einer Schrittfolge von kontrolliertem institutio-
nellem Wandel wurden vielmehr Reformen umgesetzt,
die das kommunale Entscheidungssystem verändert und
neuestens in der Richtung von *lokaler Governance* weiterentwickelt haben. Unter *lokaler Governance* wird ein
Steuerungsmodus verstanden, der den herkömmlichen
Vorrang formaler (rechtlicher) Hierarchie ergänzt um
Elemente von Verhandeln und informellen Netzwerken
(Holtkamp 2007; Jann und Wegrich 2004). Dem Muster von Governance entspricht ferner, dass der Raum
kommunalen Regierens und Verwaltens gegenüber der
sich selbst organisierenden Bürgergemeinde weiter geöffnet worden ist.

Aus den Reformen ergaben sich Verschiebungen im
kommunalen Machtgefüge, die das Gewicht der exekutiven Führerschaft in Person des Bürgermeisters stärken

und die Möglichkeiten volksunmittelbarer Einflussnahme erweitern. Beides geschah zu Lasten der Entscheidungsbefugnisse der gewählten Ratsvertretungen. Ob damit eine Steigerung kommunaler Demokratie einhergeht, hängt vom Blickwinkel ab, d. h. ob eher die „Eingangsseite" oder bevorzugt die „Ausgangsseite" des politischen Systems betrachtet wird. Die Aufwertung direktdemokratischer *Teilnahme*rechte kann als Demokratiegewinn gesehen werden. Weniger eindeutig stellt sich die Lage dar im Hinblick auf die Leistungskraft der kommunalen Selbstverwaltung: Einerseits konnte die technische Güte vieler Leistungsangebote, vor allem bei der Daseinsvorsorge, gesteigert werden. Andererseits erweist sich die Qualität der kommunalen Demokratie aber auch darin, dass eine *Teilhabe* möglichst Vieler an gerecht verteilten öffentlichen Gütern garantiert wird. Für solche Chancengleichheit Sorge zu tragen, ist nicht zuletzt die Aufgabe gewählter Körperschaften. Wird nun, wie dargestellt, die Einflussmacht dieses repräsentativen Organs beschnitten, so wird zwangsläufig auch dessen soziale Ausgleichsfunktion geschwächt.

Zusammenfassung

Die Befugnis, politische Entscheidungen zu treffen und die Ausführung der Entscheidungen zu kontrollieren, ist im System der kommunalen Selbstverwaltung in Deutschland traditionell auf die drei Organe der gewählten Ratsvertretung, des (inzwischen ebenfalls direkt gewählten) Bürgermeisters und der hauptberuflichen Verwaltung aufgeteilt. Die Verteilung der Zuständigkeiten weist das Muster einer

‚schiefen' Gewaltenteilung auf. Durch stufenweise erfolgte Institutionenreformen wurden seit den 1990er Jahren die Machtverhältnisse im kommunalen Entscheidungsdreieck mehrfach verändert. Vor allem die Einführung direktdemokratischer Instrumente (Bürgerbegehren, Bürgerentscheid), die Direktwahl der Bürgermeister sowie der Wegfall der Fünf-Prozent-Hürde bei Kommunalwahlen haben im Binnenverhältnis der Organe zu Machtverschiebungen geführt. Diese Veränderungen im Machtgefüge gingen ausnahmslos zu Lasten der gewählten Räte. Verstärkt wurde der Machtverlust zudem dadurch, dass auch die Ökonomisierung der kommunalen Daseinsvorsorge (Privatisierung oder Ausgliederung von Betriebs- und Verwaltungseinheiten) zu Kontrollverlusten und Einbußen an Mitsteuerungsmöglichkeiten der gewählten politischen Vertreter geführt hat.

7
Die Kommunen im europäischen Mehrebenensystem

7.1 Die Bedeutung der Europäischen Union

Die Bedeutung der europäischen Ebene für die Kommunalpolitik hat sich in den vergangenen Jahrzehnten erheblich verändert. Zunächst hatte die europäische Integration keinen bzw. nur geringen Einfluss auf die Kommunen, da nur sehr wenige kommunalpolitisch bedeutsame Entscheidungen auf der europäischen Ebene getroffen wurden. Die Bedeutung der EU ist jedoch im Fortgang der Europäischen Integration stetig angestiegen. Dieser Prozess umfasst nicht nur die Erweiterung von ursprünglich sechs auf aktuell 28 Mitgliedsstaaten, sondern insbesondere die Vertiefung der europäischen Integration. So hat sich auf der europäischen Ebene ein politisches System eigener Art herausgebildet, das im Laufe der Zeit einen deutlichen Zuwachs an Kompetenzen verzeichnen konnte. In einer großen Bandbreite von Politikfeldern werden Entscheidungen mittlerweile auf der europäischen Ebene getroffen. Insbesondere seit dem gemeinsamen Binnenmarktprogramm von 1986 beeinflusst und verändert die EU-Gesetzgebung die Entscheidungen und die Praxis in den deutschen Kommunen stark.

Jedoch haben die Kommunen im Zuge der europäischen Integration ihrerseits neue Einflussmöglichkeiten auf der europäischen Ebene erhalten. So werden lokale Interessen und Belange zunehmend in den Entscheidungsprozessen auf europäischer Ebene berücksichtigt, vor allem mit Einrichtung des Ausschusses der Regionen (AdR) im Jahr 1994 als Ergebnis des Vertrags von Maastricht (1992) und durch die Anerkennung der kommunalen Selbstverwaltung und des Subsidiaritätsprinzips im Vertrag von Lissabon (2007). So sind durch die europäische Integration neue Handlungszwänge, aber auch neue Handlungschancen für die Kommunen entstanden.

Diese Entwicklungen werden in der politikwissenschaftlichen Forschung anhand des Analysekonzepts der Europäisierung untersucht. „Europäisierung" wird in der Forschung unterschiedlich definiert und entsprechend bei Analysen unterschiedlich angewendet (vgl. Featherstone und Radaelli 2003; Börzel und Risse 2003; Sturm und Pehle 2006; Bulmer 2007).

In einem engeren Sinne bezeichnet Europäisierung den Prozess der Reaktionen und der Anpassung der Mitgliedsstaaten – sowohl auf den nationalen als auch auf den subnationalen Ebenen – an die Standards und Normen der EU sowie die damit einhergehenden Veränderungen und Reformen von nationalen Strukturen, Prozessen und Verhalten (Auel und Bieling 2012). Auf der Basis von Arbeiten zu den Auswirkungen der EU auf die nationalen und regionalen Ebenen wurde das Konzept der „Local-level Europeanization", also der Europäisierung der lokalen Ebene, weiter entwickelt und als ein allgemeiner Trend in den EU-Mitgliedsstaaten empirisch untersucht (John 2001; Denters und Rose 2005; Featherstone 2003; Hamedinger und Wolffhardt 2010; Van Bever et al. 2011). Dabei werden *drei Dimensionen der Europäisierung* unterschieden:

Die erste Dimension umschließt die Top-Down-Perspektive, welche die Auswirkungen der europäischen Integration auf die lokale Politik, also auf die lokalen Institutionen (polity), Akteure und Prozesse (politics) und Entscheidungen (policy), in den Blick rückt. Die zweite Dimension, die Bottom-Up-Perspektive, verweist ebenfalls auf die vertikale Beziehung zwischen den Kommunen und der EU, dreht die Blickrichtung jedoch um und betrachtet den Einfluss der Kommunen auf die europäischen Entscheidungsprozesse. Die neuere Forschung bezieht drittens noch die horizontale Dimension der (lokalen) Europäisierung mit ein (vgl. Hooghe und Marks 2001; Kern und Bulkeley 2009; Bulmer 2007; Verhelst 2014). Diese blickt auf die grenzüberschreitende Kooperation und Partnerschaft *zwischen* Kommunen und Regionen.

Anhand dieser drei Dimensionen der Europäisierung

wird im Folgenden dargestellt, welche Bedeutung und Rolle die Kommunen im europäischen Mehrebenensystem haben und welchen Einfluss die europäische Integration auf die Kommunalpolitik in Deutschland ausübt. Anschließend wird zusammengefasst, wie hoch der Grad der Europäisierung der Kommunalpolitik ist und welche Rolle und Stellung die Kommunen im europäischen Mehrebenensystem einnehmen.

7.2 Dimensionen der Europäisierung der Kommunalpolitik

7.2.1 Top-Down-Europäisierung

Welchen Einfluss hat die Europäische Integration auf die politischen Institutionen, Politiken und politischen Entscheidungsprozesse der kommunalen Ebene? Welche Anpassungsprozesse auf der lokalen Ebene sind aufgrund von Impulsen der EU nachweisbar? Diese Fragen stehen im Zentrum der Top-Down-Perspektive, die sowohl ,harte' als auch ,weiche' Formen der Europäisierung umfasst.

Harte Formen von Europäisierung
Im Rahmen der europäischen Integration haben die Mitgliedsstaaten Kompetenzen an die supranationalen Institutionen der Europäischen Union abgegeben. Infolgedessen sind die Mitgliedsstaaten verpflichtet, die Richtlinien und Verordnungen umzusetzen, die auf der

europäischen Ebene verabschiedet werden (,harte Europäisierung'). Innerhalb des deutschen politischen Systems sind insbesondere die Kommunen für die Imple-
mentierung der EU-Gesetzgebung zuständig. Aktuelle
Analysen und Schätzungen gehen davon aus, dass ungefähr drei Viertel der EU-Rechtsakte auf der lokalen oder
regionalen Ebene umgesetzt werden (vgl. Van Bever et al.
2011; Vetter und Soos 2008). Da die Kompetenzen der
Europäischen Union im Laufe der Jahre deutlich ange-
wachsen sind, wird das lokale Handeln dadurch zunehmend beeinflusst. Ungefähr zwei Drittel aller kommunal
bedeutsamen Vorschriften haben mittlerweile ihren Ursprung in der EU-Rechtsetzung (Alber 2014). In einer
Umfrage des Deutschen Instituts für Urbanistik im Jahr
2005 gaben drei Viertel der Kommunen an, spürbare
Auswirkungen von EU-Recht auf ihr kommunales Handeln zu registrieren (Difu 2006; vgl. zu ähnlichen Erkenntnissen für Belgien Verhelst 2014).

Somit beeinflussen das EU-Gemeinschaftsrecht sowie die daraus abgeleiteten Verordnungen, Richtlinien
und Entscheidungen auf der europäischen Ebene nahezu alle Bereiche der Kommunalpolitik. Die betroffenen
Politikfelder sind so breit wie vielfältig: Umwelt, Energie, Verkehr, Wirtschaftsförderung, Lebensmittelrecht,
Tourismus, EU-Aufenthaltsrecht, Stadtplanung, Vergabe
öffentlicher Aufträge, kommunale Daseinsvorsorge und
auch die Umsetzung von Richtlinien in der Personal-
verwaltung der Kommunen (Schultze 2003; Derenbach
2006; Fischer 2006).

Am stärksten beeinflussen EU-Vorgaben den Bereich
der kommunalen Daseinsvorsorge. Ursächlich dafür ist

vor allem das Binnenmarktprogramm der EU von 1986, das den freien Waren-, Personen-, Dienstleistungs- und Kapitalverkehr gewährleistet (Rechlin 2004; Guderjahn 2011; Hamedinger und Wolffhardt 2010; Greenwood 2011; Callanan 2012; Stahl und Degen 2014). In der Folge kam es zu einem politischen Konflikt um die deutsche Praxis der Daseinsvorsorge. So war – und ist z. T. noch heute – umstritten, wo genau die Grenze zwischen der Wahrnehmung öffentlicher Aufgaben einerseits und der Wirtschaftstätigkeit der Kommunen andererseits liegt.

Das traditionelle Modell der deutschen Leistungskommune (vgl. auch Kapitel 2 und 3 dieses Buches) stand im Widerspruch zu europäischen Vorgaben zum Wettbewerbsrecht. In der Folge wurde gerade in Deutschland die kommunale Daseinsvorsorge in den Bereichen Energie-, Gas- und Wasserversorgung, Abfallentsorgung und öffentlicher Nahverkehr weitreichenden Veränderungen unterworfen (vgl. Witte 2011). So wurden durch das EU-Wettbewerbsrecht geschützte lokale Monopole aufgebrochen, wurden Leistungen häufig ausgelagert oder privatisiert. Mittlerweile sind an fast 40 Prozent der kommunalen Versorger private Unternehmen beteiligt. Elf Prozent der kommunalen Unternehmen befinden sich mehrheitlich in Privateigentum, und die Kommunen selbst halten nur noch an 20 Prozent der großstädtischen Energieversorger Minderheitsbeteiligungen (vgl. Kuhlmann 2006, S. 22 f.).

Im Vertrag von Lissabon (2009) wurde zwar konkretisiert, dass die Mitgliedstaaten, Regionen und Kommunen einen Ermessensspielraum haben, wenn sie

Dienste von allgemeinem wirtschaftlichem Interesse ausgestalten. Dennoch hat sich, so Hellmut Wollmann (2012, S. 58 ff.), durch das EU-Recht die klassische Leistungskommune weitgehend zur ‚Gewährleistungskommune‘ gewandelt, welche die Leistungen der Daseinsvorsorge zum großen Teil nicht mehr selbst erbringt, sondern diese nur noch ermöglicht, indem sie Leistungen auslagert oder privatisiert. Insgesamt kann somit festgehalten werden, dass die kommunale Praxis durch die harte Form der Europäisierung sehr stark beeinflusst worden ist.

Weiche Formen von Europäisierung
Unter dem Schlagwort ‚weiche Europäisierung‘ werden die Fördermöglichkeiten durch Programme der EU gefasst. Im Rahmen dieser Programme setzt die EU finanzielle Anreize, um europäische Ideen und Leitlinien durchzusetzen. Im Gegensatz zur verpflichtenden Umsetzung der EU-Gesetzgebung ist die Beteiligung der Kommunen an diesen Programmen freiwillig. Wollen sie jedoch von den Programmen finanziell profitieren, müssen die Kommunen die Förderkriterien erfüllen, wodurch die EU indirekt die lokale Politik verändert. Zentral sind hierfür die EU-Strukturprogramme. Durch diese sollen die Entwicklungsunterschiede zwischen Regionen verringert werden. Für die Strukturprogramme sind Städte und Regionen dann antragsberechtigt, wenn das Bruttoinlandsprodukt pro Kopf weniger als 75 Prozent des Gemeinschaftsdurchschnitts beträgt. Darüber hinaus gibt es Strukturfonds zur Stärkung der trans-

nationalen und interregionalen Zusammenarbeit (IN-TERREG), für die sich alle Kommunen und Regionen bewerben können.

Neben den Strukturfonds existiert eine große Anzahl an EU-Aktionsprogrammen zur Förderung von kommunalen Vorhaben, unter anderem in den Bereichen Jugend, Kultur, Bildung, Beschäftigung, Soziales, Gesundheit, Energie, Verkehr und Umwelt. Breiter bekannte kommunale Aktionsprogramme sind beispielsweise die EU-Kulturhauptstädte und die EU-Kommunalpartnerschaftsförderung.

Die große Bedeutung dieser Programme für die Kommunalpolitik zeigt sich darin, dass in Deutschland einer Befragung des Deutschen Instituts für Urbanistik (DIFU) im Jahr 2005 zufolge ca. 70 Prozent der Städte und Gemeinden Mittel aus den Strukturfonds erhalten und sich rund ein Drittel der Kommunen an weiteren Programmen beteiligt. Die Antragsstellung ist jedoch sehr voraussetzungsvoll, da die Kommunen die Programme in der Regel mitfinanzieren müssen und hohe inhaltliche Anforderungen gestellt werden. Daher zeigt die Befragung des DIFU auch, dass sich überproportional häufig größere Städte mit über 200 000 Einwohnern beteiligen. Nur diese haben die Ressourcen, um etwa spezielle Stabstellen bzw. Mitarbeiter für EU-Angelegenheiten einzurichten (vgl. Stahl und Degen 2014; John 2001).

7.2.2 Bottom-Up-Europäisierung

Obige Ausführungen zur Top-Down-Europäisierung
zeigen eine stark ansteigende Einflussnahme der EU-Gesetzgebung auf die Kommunalpolitik (vgl. Klausen und
Goldsmith 1997). Im Gegenzug haben die Kommunen
jedoch auch neue Einfluss- und Mitwirkungsmöglichkeiten erhalten, um ihre Interessen in europäischen
Entscheidungsprozessen aktiv und direkt zu vertreten.
Dieser Einfluss der Kommunen auf die EU und die Berücksichtigung territorialer Belange durch die europäischen Institutionen wird als Bottom-Up-Europäisierung bezeichnet. Von zentraler Bedeutung hierfür sind
erstens die veränderten formalen Mitwirkungsmöglichkeiten durch eine stärkere institutionelle Einbindung
und Anerkennung der Kommunen in Brüssel. Zweitens
spiegelt sich die aktivere Rolle der Kommunen in der
Nutzung zusätzlicher Kanäle der Interessenvertretung
und des Lobbying auf der europäischen Ebene wider.

Institutionelle Einbindung: der Ausschuss der Regionen
Die kommunale Ebene hatte in den ersten Jahrzehnten
der europäischen Integration formal keine Mitwirkungsrechte an den Entscheidungsprozessen auf europäischer
Ebene. Erst 1988 wurde bei der EG-Kommission ein be-
ratender Beirat der regionalen und lokalen Gebietskörperschaften eingerichtet. Damit wurden die Kommunen
erstmals im politischen System der EU institutionell verankert. Allerdings hatte der Beirat lediglich eine beratende Funktion zu Fragen der Regionalpolitik.

Eine entscheidende institutionelle Stärkung haben die Kommunen im Vertrag von Maastricht 1992 erhalten: In der Folge von „Maastricht" wurde 1994 der Europäische *Ausschuss der Regionen* (AdR) eingerichtet, durch den die Regionen und Kommunen formalisierte Mitwirkungsrechte an den europäischen Entscheidungsprozessen erhielten und ihre Kompetenzen in Umfang und Ausmaß gestärkt wurden. Der Ausschuss hat drei zentrale politische Ziele: (1) ein demokratisches, bürgernahes Europa, (2) eine partnerschaftliche Zusammenarbeit zwischen der europäischen, nationalen, regionalen und kommunalen Ebene sowie (3) das Sicherstellen des Subsidiaritätsprinzips. Dieses Prinzip besagt, dass Entscheidungen in der Europäischen Union möglichst bürgernah getroffen werden sollen. Dabei soll die EU nur Aufgaben übernehmen, die weder auf nationaler noch auf regionaler oder lokaler Ebene ausreichend verwirklicht werden können.

Im Vertrag von Lissabon (2007) erfolgte eine weitere Stärkung der kommunalen Ebene: So wurden der *Grundsatz der kommunalen Selbstverwaltung* (Art. 4 Abs. 2 EUV) sowie die kommunalen Kompetenzen im Rahmen des *Subsidiaritätsprinzips* (Art. 5 Abs. 3 EUV) ausdrücklich anerkannt. Auch wenn der Ausschuss der Regionen nach wie vor lediglich beratende Funktionen hat, werden die kommunalen und regionalen Akteure dadurch stärker in den Politikprozess auf der europäischen Ebene einbezogen (vgl. Stahl und Degen 2014; Alber 2014). So muss der AdR obligatorisch zu EU-Vorhaben in allen wesentlichen Politikbereichen seitens der Europäischen Kommission, des Ministerrates und des

Europäischen Parlaments bereits in der prälegislativen Phase und erneut auf der Basis des Gesetzgebungsvorschlags angehört werden (Art. 3 Abs. EUV). Dieses Anhörungsrecht umfasst so vielfältige Fragen wie jene des wirtschaftlichen und sozialen Zusammenhalts, ferner transeuropäische Infrastrukturnetze, Gesundheitswesen, Bildung, Jugend, Kultur, Beschäftigungspolitik, Verkehr, Berufsbildung sowie Sozialpolitik (vgl. Vetter und Soos 2008). Die *Subsidiaritätskontrolle* ist hierbei das wichtigste Instrument für die Berücksichtigung der lokalen Interessen. So enthalten mittlerweile mehr als drei Viertel der Stellungnahmen zu EU-Rechtsetzungsvorhaben eine Subsidiaritätsprüfung (Stahl und Degen 2014, S. 206). Seit dem Vertrag von Lissabon hat der AdR mit dem *Klagerecht* vor dem Europäischen Gerichtshof die Möglichkeit, die eigenen Rechte und das Subsidiaritätsprinzip zu verteidigen. Zudem kann sich der AdR aus eigener Initiative zu politischen Themen äußern. Dadurch kann er regionale und lokale Fragen auf die Tagesordnung setzen.

Insgesamt konnte der Ausschuss der Regionen damit seine ursprünglich sehr schwache Position gegenüber der Kommission und dem Europäischen Parlament stetig ausbauen. Dennoch haben die Kommunen aufgrund des lediglich beratenden Charakters des AdR nach wie vor keinen gesicherten Einfluss auf den Gesetzgebungsprozess innerhalb der EU. Zudem zeigen Untersuchungen, dass die Stellungnahmen des AdR nur selten von den Adressaten – Ministerrat, Kommission, Parlament oder nationale Regierungen – erörtert und die Entscheidungen diesbezüglich begründet werden (vgl. Derenbach 2006, S. 80 f.). Deshalb wird in der Forschung die Rolle und Bedeutung des AdR für die Vertretung regionaler und kommunaler Interessen als eher gering eingeschätzt (vgl. Wyn Jones und Scully 2010; Schenderlein 2015).

Darüber hinaus ist der Ausschuss der Regionen die Vertretung sowohl der regionalen als auch der lokalen Körperschaften (Art. 198a Maastrichter Vertrag). Dementsprechend besteht eine interne Konkurrenz lokaler und regionaler Interessen, die häufig nicht identisch sind (vgl. Vetter und Soos 2008). Von den 353 Mitgliedern[18] sind ungefähr die Hälfte Vertreter der lokalen Ebene und die andere Hälfte solche der regionalen Ebene. Das Verhältnis zwischen lokalen und regionalen Vertretern variiert dabei je nach Regionalisierungsgrad stark zwischen den EU-Mitgliedsstaaten. Während z. B. die schwedischen Vertreter ausschließlich Vertreter der kommunalen Ebene sind, sieht dieses Verhältnis bei der deutschen Delegation deutlich anders aus: Von den 24 deutschen Mitgliedern des AdR sind 21 Mitglieder Vertreter der Bundesländer und nur drei Vertreter der Kommunen. Die drei kommunalen Spitzenorganisationen Deutscher Städtetag, Deutscher Landkreistag sowie Deutscher Städte- und Gemeindebund stellen je

18 Seit dem Beitritt Kroatiens im Jahr 2013 hat der Ausschuss der Regionen 353 Mitglieder aus den 28 Mitgliedstaaten, die von den Mitgliedsstaaten vorgeschlagen und vom Rat auf fünf Jahre ernannt werden. Die Mitglieder sind entweder gewählte Mandatsträger oder wichtige Akteure der lokalen und regionalen Gebietskörperschaften ihrer Heimatregion.

einen Vertreter. Dadurch ergibt sich gerade für die deutschen Kommunen eine vergleichsweise schwache Interessenvertretung der lokalen Interessen im Ausschuss der Regionen.

Interessenvertretung und Lobbying

Neben diesem formalen Kanal der Repräsentation im Ausschuss der Regionen versuchen die Kommunen verstärkt durch andere Kanäle Einfluss auf die europäischen Entscheidungsprozesse zu nehmen. Aufgrund ihres Mehrebenencharakters ist die EU ein politisches System ohne klares Machtzentrum, so dass es bei verschiedenen Institutionen – insbesondere der Kommission, dem Europäischen Parlament sowie dem Ministerrat – Ansatzpunkte für (kommunale) Interessenvertretung gibt. Zudem sind die europäischen Institutionen aufgrund ihrer eigenen begrenzten Ressourcen im Gesetzgebungsprozess auf Hilfsmittel von außerhalb, wie Informationen, Expertise und technisches Wissen, angewiesen. Daher gelten die Entscheidungsprozesse in der EU als sehr offen und zugänglich für einen Input von Interessengruppen, so dass Brüssel auch als ‚Lobbyistenparadies‘ bezeichnet wird (Callanan 2012; Klüwer 2012; Greenwood 2011; Heinelt und Niederhafner 2008).

Die Städte und Gemeinden haben diese Einflussmöglichkeiten erkannt und Strategien entwickelt, sie zu nutzen. In der Folge haben sich die Kommunen von eher distanzierten und passiven zu aktiv auftretenden Akteuren entwickelt (vgl. Münch 2006; Goldsmith 2011, S. 42; Stahl und Degen 2014, S. 214). Insbesondere haben sie sich verstärkt in transnationalen Interessenverbänden mit Vertretungsbüros in Brüssel organisiert. Während vordem der Austausch und das Verhältnis zwischen Interessenverbänden und EU-Institutionen eher informal war, ist heute insgesamt eine „institutionalisation of a regional voice in Brussels" (Moore 2007) erkennbar.

Eine wichtige Rolle als allgemeiner Interessenverband nimmt der *Rat der Gemeinden und Regionen Europas* (RGRE) ein. In diesem (bereits 1951 gegründeten) Spitzenverband sind die nationalen Verbände der Gemeinden und Regionen aus aktuell 41 europäischen Ländern organisiert. Damit vertritt er 150 000 europäische Gemeinden und Regionen. Aufgrund der gestiegenen Bedeutung der EU-Rechtsetzung für die europäischen Kommunen hat sich der RGRE zunehmend auf Lobbying-Arbeit bei den EU-Institutionen ausgerichtet. So erarbeitet der RGRE offizielle Stellungnahmen, die zur Vertretung der Positionen gegenüber der Europäischen Kommission über die Konsultationsmechanismen und zur Interessenvertretung gegenüber dem Europäischen Parlament und dem Ministerrat dienen (vgl. Vetter und Soos 2008). Aufgrund der großen Heterogenität der lokalen und regionalen Interessen – von kleinen ländlichen Gemeinden bis hin zu den Metropolen – enthalten die Papiere des RGRE jedoch zumeist nur den kleinsten gemeinsamen Nenner (vgl. Heinelt und Niederhafner 2008, S. 113).

Daher haben sich neben allgemeinen Interessenvertretungsinstanzen wie dem RGRE zunehmend politikfeldspezifische Interessenverbände ebenso wie vielfältige regionale, interregionale und transnationale Städtenetzwerke herausgebildet. So vertritt z. B. das einflussreiche transnationale Städtenetzwerk EUROCITIES aktuell mehr als 130 der größten europäischen Städte in Brüssel, während Eurotowns die Interessen der mittelgroßen Städte vertritt und sich das Netzwerk POLIS für nachhaltigen lokalen Nahverkehr einsetzt. Weitere wichtige transnationale Netzwerke sind u. a. INTERREG, Association of European Regions, RECITE Regions and Cities of Europe oder European Sustainable Cities and Towns (vgl. Heinelt und Niederhafner 2008; Alber 2014; Witte 2011).

Zudem eröffnen auch zunehmend einzelne Städte, Regionen sowie die Kommunalen Spitzenverbände Vertretungsbüros in Brüssel, um frühzeitig über kommunal bedeutsame Entwicklungen auf der EU-Ebene informieren zu können und sich vor Ort für die Interessen der Kommunen einzusetzen. Beispiele hierfür sind unter anderem die Europabüros der bayerischen, der baden-württembergischen und der sächsischen Kommunen sowie die Europabüros der Metropolregion Frankfurt-RheinMain und der Region Stuttgart. Während 1995 ca. 60 Europabüros (Ercole et al. 1997, S. 231) und im Jahr 2007 bereits ca. 250 regionale bzw. kommunale Europabüros (Moore 2007, S. 520) in Brüssel existierten, ist seither eine weiterhin starke Zunahme zu verzeichnen (Van Bever und Verhelst 2013). Zunehmend eröffnen auch Großstädte eigene Vertretungen in Brüssel. Diese Form der Interessenvertretung ist nur den größten und finanzkräftigsten Großstädten möglich, während kleinere Kommunen nicht über ausreichende Ressourcen und Kompetenzen verfügen, um effektives Lobbying in Brüssel zu betreiben (Hooghe und Marks 2001; Van Bever und Verhelst 2013). Demgemäß zeigen Studien, dass es große Unterschiede in der Interessenvertretung je nach Größe der Kommunen gibt. Diese Unterschiede erklären sich einesteils durch die lokal unterschiedliche Ressourcen- und Kompetenzausstattung, aber auch durch die Unterschiede in der Betroffenheit durch die EU-Rechtsetzung (vgl. Guderjahn 2011, S. 154). Entsprechend organisieren sich kleinere Städte und Gemeinden in erster Linie im Rahmen von kooperativen Projekten und Netzwerken.

Diese vielfältigen Netzwerke und regionalen Zusammenschlüsse können sich zum Teil auf starke personelle und finanzielle Ressourcen stützen und werden z. T. zusätzlich finanziell von der EU gefördert. Diese Struktur spiegelt das Ausmaß an subnationalem Lobbying wider und zeigt, dass es den Kommunen über diese Netzwerke möglich ist, direkt und ohne Abstimmung mit der Landesebene bzw. dem Bund Einfluss auf den europäischen Politikprozess zu nehmen.

Weitere Formen der lokalen Interessenvertretung

Darüber hinaus finden sich weitere Formen der lokalen Interessenvertretung im politischen System der EU. Das Europäische Parlament trägt dazu bei, dass im Rechtsetzungsprozess durch die Abgeordneten kommunale Interessen vertreten werden (vgl. Stahl und Degen 2014, S. 212). So haben rund 40 Europaabgeordnete, die über kommunalpolitische Erfahrungen verfügen bzw. gleichzeitig kommunale Mandate und Ämter ausüben, eine interfraktionelle Arbeitsgruppe ('Intergroup') für Fragen der kommunalen Daseinsvorsorge gebildet, und mehr als 80 Abgeordnete formieren sich in einer Intergruppe 'Städtepolitik'.

Weitere Möglichkeiten zur kommunalen Interessenvertretung im europäischen Mehrebenensystem bestehen indirekt über die nationalen und regionalen Parlamente und Regierungen. Allerdings zeigen die wenigen vorliegenden Analysen, dass diese innerstaatlichen Einflussmöglichkeiten der Kommunen sehr begrenzt sind und daher auch kaum genutzt werden (Schultze 1997; Rechlin 2004). Darüber, ob und in welchem Ausmaß die politischen Parteien als Kanäle genutzt werden und wie erfolgreich eine etwaige Nutzung ist, gibt es bisher kaum empirische Erkenntnisse (vgl. Holtmann 2011; Reiser und Vetter 2011). Zudem stellen neben den Parteien auf der lokalen Ebene die kommunalen Wählergemeinschaften einen wichtigen Faktor dar (vgl. dazu Kapitel 4 und 5 in diesem Buch). Aufgrund ihrer genuin kommunalen Ausrichtung ist zu vermuten, dass sie kaum über lokale Netzwerke verfügen und damit nicht als Kanäle zur lokalen Interessenvertretung auf der europäischen Ebene genutzt werden können.

Insgesamt verfügen die Kommunen somit über mehrere formale und informelle Einflusskanäle, um an den europäischen Willensbildungs- und Entscheidungsprozessen mitzuwirken bzw. diese zu beeinflussen. Allerdings gibt es wenig empirisch gesicherte Erkenntnisse darüber, wie einflussreich die Kommunen in den europäischen Entscheidungsprozessen tatsächlich sind. Während zum Einfluss der nationalen und regionalen Ebenen vielfältige Studien vorliegen, wird die Rolle der lokalen Ebene bisher kaum empirisch untersucht. Die wenigen existierenden Analysen kommen zu unterschiedlichen Einschätzungen. Während den kommunalen Interessenvertretern attestiert wird, bei einzelnen Entscheidungen durchaus erfolgreich zu sein, überwiegt generell die Einschätzung, dass die Städte und Gemeinden nur einen sehr begrenzten Einfluss haben (vgl. Greenwood 2011, S. 195–196; Verhelst 2014).

Auch eine aktive Teilnahme im europäischen Entscheidungsprozess über den Ausschuss der Regionen stellt offenbar keine Garantie für messbaren Einfluss und für die Berücksichtigung lokaler Interessen dar (vgl. Marks et al. 2002). Dieser Einflussmangel wird auch auf die Vielfalt der lokalen Interessen zurückgeführt. So sind die Städte und Gemeinden in Europa hinsichtlich ihrer Größe, ihrer Stellung im Staatsaufbau sowie ihrer unterschiedlichen Kompetenzen sehr unterschiedlich aufgestellt (vgl. Wollmann 2012). Die Folge ist eine große Heterogenität lokaler Problemlagen und Interessen, deren Bündelung zu *einer* starken Stimme kaum möglich ist.

7.2.3 Horizontale Europäisierung

Die dritte Dimension der lokalen Europäisierung lenkt den Blick auf die horizontale Arena (vgl. Hooghe und Marks 2001; Verhelst 2014). So fördert die europäische Integration durch ihr Entscheidungssystem und durch die EU-Programme die grenzüberschreitende Kooperation und Partnerschaft *zwischen* Kommunen und Regionen.

Um an den Förderprogrammen der EU als weicher Form der Top-Down-Europäisierung (vgl. Abschnitt 2.1) teilnehmen zu können, werden Kooperationen zwischen Regionen und Kommunen angeregt. Ein markantes Beispiel für diesen Zuschnitt der EU-Programme sind die INTERREG-Programme. Als Teil der Struktur- und Investitionspolitik der Europäischen Union werden damit grenzüberschreitende und transnationale Kooperationen zwischen Regionen und Städten unterstützt. Die thematischen Schwerpunkte betreffen zum Beispiel die Bereiche Verkehr, Arbeitsmarkt und Umweltschutz. Zudem organisieren sich die Kommunen, wie ausgeführt, in nationalen und v. a. transnationalen Netzwerken, um ihre Interessen in Brüssel besser vertreten zu können. Diese Form der Bottom-Up-Europäisierung (vgl. Abschnitt 2.2) führt ebenfalls zu einer Zusammenarbeit von Kommunen.

In der Folge sind, ausgehend von der doppelten vertikalen Dimension der Europäisierung (Top-Down und Bottom-Up), grenzüberschreitende formale Organisationen, Netzwerke und Kooperationen zwischen Kommunen entstanden. Diese werden genutzt, um die Interessen in der europäischen Arena zu bündeln, kommunalpolitisch bedeutsame Informationen auszutauschen oder gemeinsam an Förderprogrammen teilzunehmen (Goldsmith 2011; Kern und Bulkeley 2009). Gleichzeitig dienen diese Netzwerke und Kooperationen zunehmend auch unabhängig von EU-Belangen dem horizontalen Austausch von Erfahrungen, Fachkenntnissen und Problemlösungsansätzen (best practices) (vgl. Hooghe und Marks 2001; Goldsmith 2011, S. 38; Church und Reid 2002; Van Bever und Verhelst 2013).

7.3   Der Europäisierungsgrad der lokalen Ebene

Insgesamt zeigt sich somit in den vergangenen Jahrzehnten eine wachsende Europäisierung der Gemeindeebene (vgl. auch Tabelle 7.1): Die Kommunen sind gehalten, immer mehr Richtlinien und Verordnungen, die auf europäischer Ebene beschlossen werden, auf der lokalen Ebene umzusetzen. Darüber hinaus beteiligt sich ein steigender Anteil der Kommunen an den Strukturprogrammen und weiteren Programmen der EU, um Fördermittel zu erhalten. Zudem organisieren sich die Gemeinden und Städte zunehmend in Netzwerken, um Einfluss auf die europäischen Entscheidungsprozesse zu nehmen.

Untersuchungen zeigen jedoch, dass der Europäisierungsgrad der Kommunen nicht nur zwischen den europäischen Mitgliedsstaaten schwankt, sondern auch innerhalb der Staaten. Diese Schwankungsbreite liegt darin begründet, dass die Städte und Gemeinden unterschiedlich auf die Europäische Integration reagieren und sich in unterschiedlichem Ausmaß europäisieren. So zeigten Goldsmith und Klausen (1997; vgl. auch John 2000; Radaelli 2003), dass es ablehnende, passive, reaktive und proaktive Kommunen gibt. Ablehnende Kommunen stehen der EU skeptisch gegenüber und setzen

lediglich die verpflichtenden Verordnungen und Richtlinien um. Passive und reaktive Kommunen stehen zur
EU positiver, sind aber in der Regel kaum bzw. nur eingeschränkt an Initiativen beteiligt. Proaktive Städte spielen hingegen eine sehr aktive Rolle bei den EU-Program-
men, in transnationalen Netzwerken als auch bei der
Interessenvertretung auf der europäischen Ebene.

Einer Studie von 1997 zufolge war die große Mehrheit
der Kommunen passiv bzw. reaktiv, während es nur sehr
wenige proaktive Städte gab. Allerdings gibt es Anzeichen dafür, dass sich die Kommunen zunehmend aktiver
beteiligen (vgl. Goldsmith 2011). Dies wird insbesondere auf Lernprozesse der Kommunen zurückgeführt, z. B.
hinsichtlich der Anforderungen für die Förderung im
Rahmen der Strukturfonds bzw. weiterer EU-Programme. Viele Kommunen haben sich intern reorganisiert,
um aktiver agieren zu können. Dies zeigt sich beispiel-
weise in Gestalt der Gründungen von Stabstellen bzw.
Europaabteilungen in den Kommunen. Darüber hinaus
haben sie auch, wie ausgeführt, Europabüros und transnationale bzw. interkommunale Lobbying-Organisatio-
nen in Brüssel aufgebaut (Goldsmith 2011; Van Bever
et al. 2011). Der Grad der Europäisierung hängt jedoch
nicht nur von den Einstellungen der Kommunalpolitiker ab, sondern insbesondere auch von der Ressourcenausstattung und den Kompetenzen vor Ort. So zeigen
Studien, dass aktive lokale Europäisierung sehr stark von
der Größe der Kommunen abhängig ist. In der Regel
verfügen nur die größeren Städte über ausreichend Ressourcen, um die Anforderungen der Förderprogramme
zu erfüllen sowie auf die Entscheidungsprozesse in Brüs-

Tab. 7.1 Dimensionen der Europäisierung auf der lokalen Ebene

	Dimensionen der Europäisierung			
	Top-Down		Bottom-Up	Horizontal
	„Harte Formen"	*„Weiche Formen"*		
Ebenen	EU, Mitgliedsstaaten, Kommunale Ebene	EU, Mitgliedsstaaten, Kommunale Ebene	EU, Kommunale Ebene	Kommunale Ebene
Beziehungen zwischen EU und kommunaler Ebene	Indirekt: Mitgliedsstaaten als ‚Gatekeeper'	Direkt und indirekt	Direkt: Anhörungs- und Klagerecht der Kommunen; Lobbying auf EU-Ebene	EU nicht direkt involviert, EU-Programme fördern Vernetzung
Prozesse	Implementierung der EU-Gesetzgebung, die auf lokaler Ebene umgesetzt werden muss	Finanzielle Anreize führen zu freiwilliger Partizipation an Förderprogrammen der EU	Interessenvertretung und Lobbying auf EU-Ebene	Vernetzung, Bündelung von Interessen, Austausch von Erfahrungen und Fachkenntnissen
Institutionelle Ausgestaltung	–	EU-Beauftragte/Referate in Behörden auf der kommunalen Ebene	Ausschuss der Regionen, Vertretungsbüros und Verbände	Transnationale Netzwerke

Quelle: Eigene Zusammenstellung aufbauend auf Kern und Bulkeley 2009 und Verhelst 2014

sel Einfluss nehmen zu können (Guderjahn 2011; Van Bever et al. 2011).

7.4 Fazit: Die Kommunen im europäischen Mehrebenensystem

Die Bedeutung der Europäischen Union für die kommunale Ebene ist in den vergangenen Jahrzehnten erkennbar angestiegen. In einer Vielzahl von Politikfeldern werden Entscheidungen, die für die kommunale Ebene von Belang sind, mittlerweile auf der europäischen Ebene getroffen. Dies spiegelt sich in der großen Anzahl von Richtlinien und Verordnungen der EU wider, welche die Kommunen umsetzen müssen. Das europäische Mehrebenensystem ist insgesamt durch komplexe Entscheidungsprozesse gekennzeichnet, da die Zuständigkeiten in vielen Bereichen auf mehrere politische Ebenen verteilt sind. Entsprechend ist der politische Handlungsrahmen der kommunalen Ebene in Deutschland nicht mehr nur der Nationalstaat mit den beiden übergeordneten politischen Ebenen der Landes- und Bundesebene, sondern zunehmend die europäische Ebene als dritte übergeordnete Ebene (Stahl und Degen 2014, S. 194; Alber 2014; Alemann und Münch 2006). Dies hat insofern entscheidenden Einfluss auf die kommunale Selbstverwaltung, als es die Autonomie und Souveränität der lokalen Ebene nicht unerheblich einschränkt.

Diesen neuen Handlungsrestriktionen stehen jedoch auch neue Handlungsoptionen der Kommunen gegenüber. So bieten die EU-Programme Fördermöglichkei-

ten für Kommunen und bilden den Rahmen für Kooperationen mit Kommunen aus anderen Mitgliedstaaten.
Zudem ist eine wachsende ‚Territorialisierung' der Politik der EU festzustellen: Kommunale und regionale Akteure werden systematischer und intensiver in den Politikprozess auf der europäischen Ebene integriert, und
territoriale Belange werden von den europäischen Institutionen zunehmend in ihren Entscheidungsprozessen
berücksichtigt.

Gerade angesichts des seit Jahrzehnten diskutierten
Demokratie- und Legitimationsdefizits der EU wird die
große Bedeutung der kommunalen Ebene für die Europäische Union aus demokratiepolitischer und integra-
tionsfördernder Perspektive betont (vgl. Alber 2014; Vetter 2007; Thränhardt 1999). So stehen die Kommunen
im europäischen Mehrebenensystem den Bürgern am
nächsten und stellen für diese den primären Identifi-
kationsraum dar. Deshalb könnte die kommunale Ebene einen wichtigen Beitrag zur Stärkung der Demokratie insgesamt in Europa leisten. In jedem Fall kann den
Kommunen durch ihre Mitwirkung in grenzüberschrei-
tenden EU-Projekten und transnationalen Netzwerken
eine integrationsfördernde Rolle im europäischen Eini-
gungsprozess zugeschrieben werden.

Zusammenfassung

Die Bedeutung der Europäischen Union für die kommunale
Ebene ist in den vergangenen Jahrzehnten im Zuge des
europäischen Integrationsprozesses stark gestiegen. So

werden Entscheidungen in einer Vielzahl von Politikfeldern, die für die kommunale Ebene von Belang sind, mittlerweile auf der europäischen Ebene getroffen. Dies spiegelt sich v. a. in der großen Anzahl von Richtlinien und Verordnungen der EU wider, welche die Kommunen umsetzen müssen. Gleichzeitig haben die Kommunen neue Einfluss- und Mitwirkungsmöglichkeiten auf der europäischen Ebene erhalten. So werden lokale Interessen und Belange zunehmend in den Entscheidungsprozessen auf der europäischen Ebene berücksichtigt, v. a. durch die Einrichtung des Ausschusses der Regionen (AdR) und durch die Anerkennung der kommunalen Selbstverwaltung und des Subsidiaritätsprinzips. Zudem organisieren sich die Kommunen zunehmend in Netzwerken, um Einfluss auf die europäischen Entscheidungsprozesse zu nehmen. Darüber hinaus bieten die EU-Programme Fördermöglichkeiten für Kommunen und bilden den Rahmen für Kooperationen mit Kommunen aus anderen Mitgliedstaaten. Insgesamt ist dadurch der politische Handlungsrahmen der kommunalen Ebene in Deutschland nicht mehr nur der Nationalstaat mit den beiden übergeordneten politischen Ebenen der Landes- und Bundesebene, sondern zunehmend die europäische Ebene als dritte übergeordnete Ebene.

Kommentierte Literaturauswahl

Naßmacher, H., & Naßmacher, K.-H. (2007) [1999]. Kommunalpolitik in Deutschland (2., völlig überarb. und aktual. Auflage). Wiesbaden: VS Verlag für Sozialwissenschaften.

Die Autoren vertreten die These, dass sich Kommunalvertretungen zunehmend zu lokalen Parlamenten entwickeln. Folgerichtig plädiert ihr Lehrbuch für eine Stärkung repräsentativer lokaler Demokratie. Die Ausweitung direktdemokratischer Partizipation auf lokaler Ebene ist fachlich wie politisch umstritten. Um diese Debatte fundiert nachvollziehen zu können, ist es nötig, gegensätzliche Positionen zu kennen. Dabei bildet die Monographie den größtmöglichen Kontrast zu Darstellungen, die mehr direkte Demokratie in der Kommunalpolitik befürworten. Als eine von wenigen Einführungen, die nach ihrem erstmaligen Erscheinen (1999) in zweiter neubearbeiteter Auflage (2007) vorliegen, hinterfragt sie kritisch die tatsächliche Geltungskraft der kommunalen Selbstverwaltungsgarantie des Grundgesetzes, was angesichts zunehmender Aufgabenverflechtungen und der kommunalen Haushaltsmisere nachvollziehbar erscheint. Darüber hinaus werden die Selbstverwaltungstradition sowie das Spannungsfeld deutscher Kommunalpolitik im europäischen Mehrebenensystem ebenso behandelt wie lokale Entscheidungsprozesse sowie kommunale Aufgaben und deren Finanzierung in verschiedenen kommunalen Politikfeldern.

Kommunalpolitik. Themenheft Aus Politik und Zeitgeschichte der Beilage zur Wochenzeitung Das Parlament, 7-8/2011, 14. Februar 2011.
Auf knapp 50 Seiten versammelt dieses kompakte Themenheft insgesamt sieben Beiträge, die aus je unterschiedlichen Perspektiven von Wissenschaft und Praxis den Blick auf vier aktuelle kommunalpolitische Baustellen freigeben. Behandelt werden zum einen die Auswirkungen der chronisch klammen Kassenlage: Diese erzeugt ein lokales „Vergeblichkeitsgefühl", weil Sanierungsbemühungen angesichts der Überschuldung hoffnungslos erscheinen. Aufgrund finanzieller Engpässe und Aufgabenüberlast sind die Handlungsspielräume der Kommunen enger geworden. Das wirkt sich auch und gerade auf kommunale Kulturangebote aus, die als freiwillige Leistungen dem Rotstift ausgeliefert werden. Dennoch öffnen sich im Schatten des Spardiktats strategische Möglichkeiten für Rat, Verwaltung und Bürger-

schaft, sich auferlegter Restriktionen zu erwehren. Aufgegriffen wird zum anderen die Frage, ob und inwieweit lokale Politik dank der ihr eigenen Strukturmerkmale als „Rettungsanker der Demokratie" insgesamt fungieren kann sowie ferner, in welchem Maße Bürgerbeteiligung die Akzeptanz von Kommunal- und Verwaltungsreformen erhöht. Das Heft schließt mit einem Beitrag über kommunale Integrationspolitik, d.h. das innerörtliche Zusammenwirken von Eingesessenen und Zugewanderten.

Holtmann, E., & Rademacher, C. (2015). Kommunalpolitik. Stichwort. In: D. Nohlen & F. Grotz (Hrsg.), Kleines Lexikon der Politik, 6. überarb. und erweiterte Auflage (S. 317–322). München: C.H. Beck.
Der Artikel bietet einleitend eine Begriffserklärung zu Kommune/Kommunalpolitik. Anschließend werden in komprimierter Form abgehandelt: (1) der politische Charakter kommunaler Selbstverwaltung, (2) ihre historischen Ursprünge, ihre verfassungsrechtliche Grundlegung und ihre kennzeichnenden Verfahrensmerkmale, (3) Dezentrale Politiksteuerung und „Demokratie von unten", (4) Kommunale Reformen und Steuerungsreserven lokaler Politik, (5) Typen von Kommunalverfassungen, (6) Parteipolitisierung und parteifreie Wählergemeinschaften, (7) Demografischer Wandel und Finanznot der Städte als Krisensymptome der Kommunalpolitik, (8) Kommunale Wahlen und Wahlbeteiligung. Eine knappe Auswahl von Titeln der weiterführenden Basisliteratur schließt den Artikel ab. Geeignet als erster Einstieg ins Thema.

Walter-Rogg, M., Kunz, V., & Gabriel, O. W. (2005). Kommunale Selbstverwaltung in Deutschland. In: O. W. Gabriel & E. Holtmann (Hrsg.), Handbuch Politisches System der Bundesrepublik Deutschland, 3. Auflage (S. 411–455). München und Wien: De Gruyter Oldenbourg.

Ein komprimierter Abriss der kommunalen Selbstverwaltung, welcher diese als Teil des politischen Systems Deutschlands beschreibt. Dafür werden theoriegeleitete Erklärungsansätze sowie empirische Daten herangezogen. Die Gliederung steckt das Themenfeld in seiner Breite ab: Einleitend werden die verfassungsrechtlichen Grundlagen der kommunalen Selbstverwaltung skizziert. Weitere Kapitel sind den kommunalen Aufgaben, den kommunalen Finanzen sowie Organisation und Ablauf des politischen Lebens in den Gemeinden gewidmet. Letzteres bezieht Grundfragen der inneren Gemeindeverfassung, kommunale Wahlen und lokale Parteiensysteme mit ein. Sodann wird der kommunalpolitische Entscheidungsprozess näher beleuchtet. Hier geht es um die Verteilung der Zuständigkeiten zwischen den kommunalen Organen, die Arbeitsweise der gewählten Vertretung sowie Fragen kommunalpolitischer Führung. Daran anschließend wird das Feld unmittelbarer Bürgerbeteiligung (Sachplebiszite) erschlossen. Ein Blick auf die Stellung der kommunalen Selbstverwaltung im europäischen Mehrebenensystem rundet die Darstellung ab.

Bogumil, J., & Holtkamp, L. (2013). Kommunalpolitik und Kommunalverwaltung. Eine praxisorientierte Einführung. Bonn: Bundeszentrale für politische Bildung.
Die Einführung bietet eine aktuelle Bestandsaufnahme der Kommunalpolitik und Kommunalverwaltung in Deutschland, die sich neben Studierenden und Wissenschaftlern gezielt auch an Kommunalpolitiker und andere Praktiker richtet. Dieser praxisorientierte Fokus spiegelt sich in der Struktur des Buches und dem problemorientierten Zugriff wider. Der Schwerpunkt der Einführung liegt auf der empirischen Analyse der Wirkungsweise von Kommunalverwaltung und Kommunalpolitik sowie auf den Herausforderungen der Kommunen, wie der wachsenden Finanznot, dem demographischen Wandel, der zunehmenden Segregation und der Politik- und Parteienverdrossenheit. Zudem werden die Entwicklungen der letzten Jahrzehnte auf der kommunalen Ebene – u. a. Verwaltungsmodernisierung, Privatisierung und die Stärkung direktdemokratischer Elemente – erläutert. Dabei diskutieren die Autoren neben den damit verbundenen praktischen Problemen auch mögliche Reformperspektiven auf der kommunalen Ebene.

Morlok, M., Poguntke, Th., & Walter, J. (Hrsg.) (2012). Politik an den Parteien vorbei? Freie Wähler und Kommunale Wählergemeinschaften als Alternative (Schriften zum Parteienrecht und zur Parteienforschung 42). Baden-Baden: Nomos.
In Gemeinderäten und Kreistagen haben sich parteifreie Wählergemeinschaften längst als kommunalpolitischer

Gegenspieler zu den Ortsverbänden politischer Parteien etabliert. Das „Duopol" von Wählergemeinschaften und Ortsparteien, welches das kommunale Leben in West- wie Ostdeutschland wesentlich prägt, aufgreifend, werden in diesem Sammelband rechts- und politikwissenschaftliche Perspektiven zusammengeführt. Behandelt werden auf der Basis des aktuellen Forschungsstandes vier Themenschwerpunkte: (1) die Entstehungs- und Erfolgsbedingungen von Wählergemeinschaften, (2) ihr Standort zwischen Parteiendistanz und „Parteien wider Willen", (3) die Selbst- und Fremdwahrnehmung freier Wählergemeinschaften, und (4) die Frage nach den Chancen und Risiken der Erweiterung ihres Aktionsradius auf die Landes- und Bundesebene. Bei letzterem Punkt werden auch außerdeutsche Entwicklungen und Erfahrungen (Schweiz, Italien) einbezogen.

Literatur

Alber, E. (2014). Die Gemeinde im Europäischen Mehrebenensystem: Auslaufmodell oder „Inkubator" für Innovationen? In: E. Alber & C. Zwilling (Hrsg.), *Gemeinden im Europäischen Mehrebenensystem: Herausforderungen im 21. Jahrhundert* (S. 9–24). Baden-Baden: Nomos.

Alemann, U. von, & Münch, C. (2006). *Europafähigkeit der Kommunen. Die lokale Ebene in der Europäischen Union.* Wiesbaden: VS Verlag für Sozialwissenschaften.

ARL Nachrichten (4/2012). Multilokale Lebensführung und räumliche Entwicklungen, 1–2.

Auel, K., & Bieling, K. (2012). Europäisierung nationaler Politik. In: H.-J. Bieling & M. Lerch (Hrsg.), *Theorien der europäischen Integration* (S. 247–269). Wiesbaden: Springer VS.

BA Statistik (2015). *Arbeitsmarkt in Zahlen – Arbeitsmarktstatistik. Arbeitslose nach Rechtskreisen (Deutschland nach Ländern, 2014).* Nürnberg.

Banner, G. (1984). Kommunale Steuerung zwischen Gemeinde-ordnung und Parteipolitik. In: *Die Öffentliche Verwaltung (DÖV)*, 9, 364–372.

Banner, G. (1985). Haushaltspolitik und Haushaltskonsolidierung. In: G. Püttner (Hrsg.), *Handbuch der kommunalen Wissenschaft und Praxis. Kommunale Finanzen* (S. 423–440). 2. Aufl., Bd. 6. Berlin/Heidelberg/New York: Springer-Verlag.

Banner, G. (1987). Haushaltssteuerung und Haushaltskonsolidierung auf kommunaler Ebene. Ein politisches Problem. In: *Zeitschrift für Kommunalfinanzen* 36, 3, 50–56.

Banner, G. (1989). Kommunalverfassungen und Selbstverwaltungsleistungen. In: D. Schimanke (Hrsg.), *Stadtdirektor oder Bürgermeister* (S. 37–61). Basel: Birkhäuser.

BBSR (2009). *Trends und Ausmaß der Polarisierung in deutschen Städten,* Forschungen Heft 137, hrsg. vom Bundesamt für Bauwesen und Raumordnung, Bonn.

BBSR 2/2014 (2014). *Informationen aus der Forschung des Bundesinstituts für Bau-, Stadt- und Raumforschung,* Bonn.

BBSR-Berichte 03/2012 (2012). *Gespaltene Stadtgesellschaften? Konferenz am 19. Juni 2012 in Siegburg,* hrsg. vom Bundesinstitut für Bau-, Stadt- und Raumforschung, Bonn.

Becher, K. S. (1997). *Mandatsniederlegungen auf kommunaler Ebene. Untersuchungen von Austrittsursachen am Beispiel der Stadtparlamente Leipzig und Frankfurt/Main.* Opladen: Leske + Budrich.

Benda, E. (1984). Der soziale Rechtsstaat. In: E. Benda, W. Maihofer & H.-J. Vogel (Hrsg.), *Handbuch des Verfassungsrechts* (S. 477–553), Bd. 1. Berlin und New York: De Gruyter.

Benz, A. (2003). Status und Perspektiven der politikwissenschaftlichen Verwaltungsforschung. In: *Die Verwaltung* 36, 3, 361–388.

Bertelsmann Stiftung (2009). *Demokratie und Integration in Deutschland.* Gütersloh: Verlag Bertelsmann Stiftung.

Bertelsmann Stiftung, Deutscher Städtetag, & Deutscher Städte- und Gemeindebund (Hrsg.) (2008). Beruf Bürgermeister/in. Eine Bestandsaufnahme für Deutschland. http://mifkjf.rlp. de/fileadmin/mehr-frauen-in-die-politik/dokumente/Beruf_ BuergermeisterIn.pdf. Zugegriffen: 1. März 2015.

Bertram, J. (1967). *Staatspolitik und Kommunalpolitik. Notwendigkeit und Grenzen ihrer Koordinierung* (Schriftenreihe des Vereins für Kommunalwissenschaften, Bd. 15). Stuttgart u. a.: Kohlhammer.

Best, H., & Holtmann, E. (Hrsg.) (2012). *Aufbruch der entsicherten Gesellschaft. Deutschland nach der Wiedervereinigung.* Frankfurt/M und New York: Campus Verlag.

Biehl, H. (2005). *Parteimitglieder im Wandel. Partizipation und Repräsentation.* Wiesbaden: VS Verlag für Sozialwissenschaften.

Blanke, B., & Benzler, S. (1991). Horizonte lokaler Politikforschung. Einleitung zu: Staat und Stadt. Systematische, vergleichende und problemorientierte Analysen „dezentraler" Politik. *PVS-Sonderheft* 22. Opladen: Westdeutscher Verlag, 9–32.

BMF (2015). Die Steuereinnahmen der Gemeinden. http:// www.bundesfinanzministerium.de/Content/DE/Standard-artikel/Themen/Oeffentliche_Finanzen/Foederale_Finanzbe ziehungen/Kommunalfinanzen/Die-Steuereinnahmen-der-Gemeinden-Januar-2015.pdf. Zugegriffen: 18. 08. 2015.

Bogumil, J. (2001). *Modernisierung lokaler Politik – Kommunale Entscheidungsprozesse im Spannungsfeld zwischen Parteienwettbewerb, Verhandlungszwängen und Ökonomisierung.* Baden-Baden: Nomos.

Bogumil, J. (2009). Kommunale Selbstverwaltung unter Reformdruck. Aktuelle Partizipations- und Ökonomisierungstrends in Deutschland. In: G. Foljanty-Jost (Hrsg.), *Kommunalreform in Deutschland und Japan. Ökonomisierung und Demokratisierung in vergleichender Perspektive* (S. 17–30). Wiesbaden: VS Verlag für Sozialwissenschaften.

Bogumil, J. (2010). Die Zukunft der ehrenamtlichen Kommunalverwaltung. In: *Die Verwaltung, 43*(2), 151–166.

Bogumil, J. et al. (2007). *Zehn Jahre Neues Steuerungsmodell. Eine Bilanz kommunaler Verwaltungsmodernisierung. Modernisierung des öffentlichen Sektors.* Sonderband, Bd. 29. Berlin: Edition Sigma.

Bogumil, J., & Holtkamp, L. (2013). *Kommunalpolitik und Kommunalverwaltung. Eine praxisorientierte Einführung* (bpb Schriftenreihe Bd. 1329). Bonn: Bundeszentrale für politische Bildung/bpb.

Bogumil, J., Gehne, D., & Holtkamp, L. (2003). Umfrage zur Rolle des Bürgermeisters in NRW und Baden-Württemberg. *Städte- und Gemeinderat, 10,* 3.

Bogumil, J., Grohs, S., & Holtkamp, L. (2009). Auswirkungen der Abschaffung der kommunalen 5%-Sperrklausel auf das kommunalpolitische Entscheidungssystem in NRW. Wissenschaftliches Gutachten erstellt im Auftrag der SPD-Fraktion im nordrhein-westfälischen Landtag. http://www4.rz.ruhr-uni-bochum.de:9503/mam/content/regionalpolitik/fragebogen/gutachtensperrklausel.pdf. Zugegriffen: 1. März 2015.

Bogumil, J., Grohs, S., & Holtkamp, L. (2010). Zersplitterte Kommunalparlamente oder Stärkung lokaler Demokratie? Warum die Abschaffung der kommunalen Fünfprozenthürde in Nordrhein-Westfalen ein Fehler war. In: *ZParl, 41,* 4, 788–803.

Böhme, D. (2008). *Die Abwahl von Bürgermeistern. Institution und Praxis.* (= Verwaltungswissenschaftliche Beiträge; 38). Bamberg: Universität Bamberg.

Böhret, C. (1983). Reformfähigkeit und Anpassungsflexibilität der öffentlichen Verwaltung. In: Ders., *Politik und Verwaltung* (S. 28–44). Opladen: Westdeutscher Verlag.

Börzel, T. A., & Risse, T. (2003). Conceptualizing the Domestic Impact of Europe. In: K. Featherstone & C. M. Radaelli (Hrsg.), *The Politics of Europeanization* (S. 57–80). Oxford: Oxford University Press.

Bottom, K., & Reiser, M. (2014). Still want to party? An assessment of party-politicization in directly-elected mayoral authorities in England and Germany's North Rhine-Westphalia. In: *Public Money and Management,* 34(5), 339–346.

Brand, S. (2015). Paradigmenwechsel in der Kommunalfinanzierung. Der lange Schatten der Finanzkrise. In: *Wirtschaftsdienst: Zeitschrift für Wirtschaftspolitik* 95, 1, 51–55.

buergerhaushalt.org (2015). Landkarte Bürgerhaushalte. http://www.buergerhaushalt.org/de/list?field_commune_land_va lue=All&field_commune_state_value=All&field_commu ne_ebene_value_i18n=All&field_commune_population_va lue=All&field_process_status_value_i18n=All&keys=&or der=field_process_status&sort=asc. Zugegriffen: 31. 08. 2015.

Bulmer, S. (2007). Theorizing Europeanization. In: P. Graziano & M. Vink (Hrsg.), *Europeanization: New Research Agendas* (S. 46–58). Basingstoke: Palgrave Macmillan.

Bürgerbegehrensbericht 2012 (2012). Hrsg. von Mehr Demokratie e. V., Wuppertal.

Bürgerbegehrensbericht 2014 (2014). Onlineversion vom 28. 10. 2014. http://www.mehr-demokratie.de/fileadmin/pdf/bb-be richt2014.pdf. Zugegriffen: 1. März 2015.

Burth, A. (2013). HaushaltsSteuerung.de – Weblog. Sparkommissar in der Gemeinde Nideggen. http://www.haushaltssteue rung.de/weblog-sparkommissar-in-der-gemeinde-nideggen. html. Zugegriffen: 28.08.2015.

Burth, A. (2015). HaushaltsSteuerung.de – Lexikon. Gewerbesteuerumlage. http://www.haushaltssteuerung.de/lexikon-gewerbesteuerumlage.html. Zugegriffen: 12.08.2015.

Callanan, M. (2012). Subnational Collective Action: The Varied Patterns of Mobilisation of Local Government Association. In: *Local Government Studies, 38* (6), 753–775.

Church, A., & Reid, P. (2002). Local democracy, cross-border collaboration and the internationalization of local government. In: R. Hambleton, H.V. Savitch & M. Stewart (Hrsg.), *Globalism and local democracy* (S. 201–218). Basingstoke: Palgrave Macmillan.

Däumer, R. (1997). *Vom demokratischen Zentralismus zur Selbstverwaltung. Verwaltungen und Vertretungen kleiner kreisangehöriger Gemeinden Ostdeutschlands im Transformationsprozeß (Raum Halle: Saalkreis).* Hamburg: Verlag Dr. Kovac.

Denters, B., & Rose, L.E. (Hrsg.) (2005). *Comparing Local Governance. Trends and Developments.* Basingstoke: Palgrave Macmillan.

Derenbach, R. (2006). Die stärkere Einbindung der lokalen Gebietskörperschaften in das europäische Aufbauwerk: Partnerschaft im Modell der „multilevel governance" statt zunehmender Entfremdung. In: U. Alemann & C. Münch (Hrsg.), *Europafähigkeit der Kommunen. Die lokale Ebene in der Europäischen Union* (S. 77–101). Wiesbaden: VS Verlag für Sozialwissenschaften.

Derlien, H.U., Gürtler, C., Holler, W., & Schreiner, H.J.(1976). *Kommunalverfassung und kommunales Entscheidungssystem.* Meisenheim: Hain.

Derlien, H.-U., & von Queis, D. (1986). *Kommunalpolitik im geplanten Wandel. Auswirkungen der Gebietsreform auf das kommunale Entscheidungssystem* (Die kommunale Gebietsreform II/3). Baden-Baden: Nomos.

Destatis (2014). Staat & Gesellschaft – Schulden, Finanzvermögen. Schulden. https://www.destatis.de/DE/ZahlenFakten/Gesell schaftStaat/OeffentlicheFinanzenSteuern/OeffentlicheFi nanzen/Schulden/Tabellen/KassenkrediteNichtOeffentlich. html. Zugegriffen: 10. 08. 2015.

Deutscher Städtetag (2015). *Herausforderung Flüchtlinge – Integration ermöglichen. Schlaglichter aus dem Gemeindefinanzbericht 2015* (Beiträge des Deutschen Städtetages Bd. 104). Köln: Deutscher Städtetag.

Deutscher Städtetag (2013). *Statistisches Jahrbuch Deutscher Gemeinden.* Berlin: Deutscher Städtetag.

Deutsches Institut für Urbanistik (2006). EU-Aktivitäten deutscher Städte und Gemeinden – Ergebnisse einer aktuellen Difu-Umfrage. In: *Difu-Berichte 2/2006, 20–23.*

Diemert, D. (2013). Aktuelle Dimensionen der kommunalen Haushaltskrise. In: M. Haus & S. Kuhlmann (Hrsg.), *Lokale Politik und Verwaltung im Zeichen der Krise?* (S. 84–99). Wiesbaden: Springer VS.

DIW (2008). Deutsches Institut für Wirtschaftsforschung, Wochenbericht Nr. 10/2008: Schrumpfende Mittelschicht – Anzeichen einer dauerhaften Polarisierung der verfügbaren Einkommen? Berlin.

DIW (2010). Deutsches Institut für Wirtschaftsforschung, Wochenbericht Nr. 24/2010: Polarisierung der Einkommen: Die Mittelschicht verliert. Berlin.

DPA (2014). Gemeinden scheitern mit Klage gegen Verteilung. In: *Die Welt.* 6. 5. 2014. https://www.welt.de/regionales/dues seldorf/article127686275/Gemeinden-scheitern-mit-Klage-gegen-Verteilung.html. Zugegriffen: 5. 04. 2017.

Duve, T. (2008). Staatskommissare als Manager kommunaler Haushaltskonsolidierungsprozesse. In: *Verwaltung & Management: Zeitschrift für moderne Verwaltung* 14, 6, 283–293.

Egner, B. (2013a). Das Ratsmitglied, das unbekannte Wesen. In: B. Egner, M.-C. Krapp & H. Heinelt (Hrsg.), *Das deutsche Gemeinderatsmitglied. Problemsichten – Einstellungen – Rollenverständnis* (S. 57–67). Wiesbaden: Springer VS.

Egner, B. (2013b). Gemeinderäte zwischen Verwaltungsorgan und Parlamentarismus. In: B. Egner, M.-C. Krapp & H. Heinelt (Hrsg.), *Das deutsche Gemeinderatsmitglied. Problemsichten – Einstellungen – Rollenverständnis* (S. 83–104). Wiesbaden: Springer VS.

Egner, B., Krapp, M.-C., & Heinelt, H. (2013). *Das deutsche Gemeinderatsmitglied. Problemsichten-Einstellungen-Rollenverständnis*. Wiesbaden: Springer VS.

Egner, B., & Heinelt, H. (2005). Sozialprofil und Handlungsorientierung von Bürgermeistern in Deutschland. In: J. Bogumil & H. Heinelt (Hrsg.), *Bürgermeister in Deutschland. Politikwissenschaftliche Studien zu direkt gewählten Bürgermeistern* (S. 143–200). Wiesbaden: VS Verlag für Sozialwissenschaften.

Eichhorn, P. (Hrsg.) (1985). *Verwaltungslexikon*. Baden-Baden: Nomos.

Eliassen, K. A., Pedersen, M. N. (1978). Professionalization of Legislatures: Longterm Change in Political Recruitment in Denmark and Norway. In: *Comparative Studies in Society and History*, 20(2), 286–318.

Ellwein, T. (1997). Perspektiven der kommunalen Selbstverwaltung in Deutschland. In *Archiv für Kommunalwissenschaften (AfK)*, I/97, 1–21.

Ercole, E., Wolters, M., & Goldsmith, M. (1997). Cities, Networks, Euregions, European Offices. In: M. Goldsmith & K.

Klausen (Hrsg.), *European Integration and Local Government* (S. 219–236). Cheltenham: Elgar.

Eschenburg, T. (1967). Rathausparteien – das Zunftmonopol der „Politiker". In: T. Eschenburg (Hrsg.), *Zur politischen Praxis in der Bundesrepublik,* Band I, (S. 134–138). München: Piper.

Eurobarometer Special 307 (2009). Rolle und Einfluss lokaler und regionaler Gebietskörperschaften innerhalb der Europäischen Union. Brüssel.

EVAS 71327 (2013 [2002]). Datenangebot. Jährliche Schulden der Gemeinden und Gemeindeverbände. http://www.forsch ungsdatenzentrum.de/bestand/gemschuld/index.asp. Zugegriffen: 14. 08. 2015.

Expertenkommission (2015). *Stärkung von Investitionen in Deutschland. Bericht der Expertenkommission im Auftrag des Bundesministers für Wirtschaft und Energie, Sigmar Gabriel.* Berlin: BMWi.

Faas, T. (2009). Wer wählt wen? Kommunales Wahlverhalten am Beispiel einer Großstadt. Wesseling, 21. März 2009. http://www.thorstenfaas.de/wp-content/uploads/2009/03/ kommunaler_wahlkampf.pdf. Zugegriffen: 1. März 2015.

Faas, T. (2013). Wahlbeteiligung. In: J. van Deth & M. Tausendpfund (Hrsg.), *Politik im Kontext: Ist alle Politik lokale Politik? Individuelle und kontextuelle Determinanten politischer Orientierungen* (S. 413–440). Wiesbaden: Springer VS.

Faber, H. (1982). *Die Macht der Gemeinden.* Schriftenreihe der Juristischen Studiengesellschaft Hannover, Bd. 8. Bielefeld: Gieseking.

Faber, H. (1984). Kommunalverfassung. In: A. Azzola u. a. (Hrsg.), *Kommentar zum Grundgesetz für die Bundesrepublik Deutschland (Alternativkommentar),* Bd. 2 (S. 72–106). Neuwied und Darmstadt: Luchterhand.

Featherstone, K. (2003). Introduction: In the name of ‚Europe‘. In: K. Featherstone & C. M. Radaelli (Hrsg.), *The Politics of Europeanization* (S. 3–26). Oxford: Oxford University Press.

Featherstone, K., & Radaelli, C. M. (Hrsg.) (2003). *The Politics of Europeanization.* Oxford: Oxford University Press.

Fischer, H. G. (2006). Die Rolle des europäischen Gemeinschaftsrechts in der kommunalen Verwaltungspraxis. In: U. Alemann & C. Münch (Hrsg.), *Europafähigkeit der Kommunen. Die lokale Ebene in der Europäischen Union* (S. 105–118). Wiesbaden: VS Verlag für Sozialwissenschaften.

Forndran, E., & Krause, B. (2002). Kommunalpolitik und Wahlverhalten. In: K.-B. Roy (Hrsg.), *Wahlen 2002 in Sachsen-Anhalt. Ausgangsbedingungen, Handlungsrahmen, Entscheidungsalternativen* (S. 89–102). Wiesbaden: VS Verlag für Sozialwissenschaften.

Fraenkel, E. 1991 [1964]. Die repräsentative und die plebiszitäre Komponente im demokratischen Verfassungsstaat. In: E. Fraenkel (Hrsg.), *Deutschland und die westlichen Demokratien,* 3. Aufl. (S. 153–203). Frankfurt/Main: Suhrkamp.

Freier, R., & Grass, V. (2013). Kommunale Verschuldung in Deutschland. Struktur verstehen – Risiken abschätzen. In: *DIW Wochenbericht* 80, 16, 13–21.

Fuchs, G. (2012). *Der Landrat. Karrierewege, Stellung, Amtsführung und Amtsverständnis.* Wiesbaden: VS Verlag für Sozialwissenschaften.

Gabriel, O. W. (1984). Parlamentarisierung der Kommunalpolitik. In: O. W. Gabriel, P. Haungs & M. Zender (Hrsg.), *Opposition in Großstadtparlamenten* (S. 101–160). Melle: Knoth.

Gabriel, O. W. (1991). Das lokale Parteiensystem zwischen Wettbewerbs- und Konsensdemokratie. In: D. Oberndörfer & K. Schmitt (Hrsg.), *Parteien und regionale politische Traditionen in der Bundesrepublik Deutschland* (S. 371–391). Berlin: Duncker & Humblot.

Gabriel, O. W. (1994). Lokale politische Kulturen. In: U. von Alemann (Hrsg.), *Politik. Eine Einführung* (S. 203–252). Opladen: Westdeutscher Verlag.

Gabriel, O. W. (1997). Kommunales Wahlverhalten. Parteien, Themen und Kandidaten. In: O. W. Gabriel, F. Brettschneider & A. Vetter (Hrsg.), *Politische Kultur und Wahlverhalten in einer Großstadt* (S. 147–168). Opladen: Westdeutscher Verlag.

Gabriel, O. W. (1999). Das Volk als Gesetzgeber: Bürgerbegehren und Bürgerentscheide in der Kommunalpolitik aus der Perspektive der empirischen Forschung. In: *Zeitschrift für Gesetzgebung/ZG,* 14, 4, 299–332.

Gabriel, O. W., & Holtmann, E. (1996). Kommunale Demokratie. In: R. Graf von Westphalen (Hrsg.), *Parlamentslehre,* 2. Aufl. (S. 469–488). München und Wien: Oldenbourg.

Gabriel, O. W., Kunz, V., & Zapf-Schramm, T. (1989). Parteiideologien und Problemverarbeitung. In: *APUZ* B 30-31, 14–26.

Gabriel, O. W., Haungs, P. (1984). Einleitung: Opposition in Großstadtparlamenten. In: O. W. Gabriel, P. Haungs & M. Zender (Hrsg.), *Opposition in Großstadtparlamenten* (S. 15–31). Melle: Knoth.

Gabriel, O. W., & Walter, M. (2003). Kommunale Demokratie. In: E. Jesse & R. Sturm (Hrsg.), *Demokratien des 21. Jahrhunderts im Vergleich. Historische Zugänge, Gegenwartsprobleme, Reformperspektiven* (S. 139–171). Opladen: Leske + Budrich.

Gabriel, O. W., & Keil, S. I. (2012). Theorien des Wählerverhaltens. In: O. W. Gabriel, und B. Westle (Hrsg.), *Wählerverhalten in der Demokratie. Eine Einführung* (S. 43–85). Baden-Baden: Nomos.

Gabriel, O. W., & Keil, S. I. (2014). Empirische Wahlforschung in Deutschland. Kritik und Entwicklungsperspektiven. In:

J. W. Falter & H. Schoen (Hrsg.), *Handbuch Wahlforschung* (S. 827–868). Wiesbaden: Springer VS.

Gau, D. (1983). *Politische Führungsgruppen auf kommunaler Ebene. Eine empirische Untersuchung zum Sozialprofil und den politischen Karrieren der Mitglieder des Rates der Stadt Köln.* München: Minerva.

Gehne, D. H. (2008). *Bürgermeisterwahlen in Nordrhein-Westfalen.* Wiesbaden: VS Verlag für Sozialwissenschaften.

Gehne, D. H. (2012) Bürgermeister. Führungskraft zwischen Bürgerschaft, Rat und Verwaltung. Stuttgart et al.: Richard Boorberg Verlag.

Gehne, D. (2013). Ent-Partei-Politisierung der lokalen repräsentativen Demokratie? In: M. Haus & S. Kuhlmann (Hrsg.), *Lokale Politik und Verwaltung im Zeichen der Krise?* (S. 49–63). Wiesbaden: Springer VS.

Geißel, B. (1999). *Politikerinnen. Politisierung und Partizipation auf kommunaler Ebene.* Opladen: Leske + Budrich.

Gnädinger, M. (2014). HaushaltsSteuerung.de – Weblog. Sparkommissar kommt nach Altena. http://www.haushaltssteuerung.de/weblog-sparkommissar-kommt-nach-altena.html. Zugegriffen: 28. 08. 2015.

Gnädinger, M. (2015). HaushaltsSteuerung.de. DIW-Studie zur Kommunalverschuldung. Weblog. http://www.haushaltssteuerung.de/weblog-diw-studie-zur-kommunalverschuldung.html. Zugegriffen: 14. 08. 2015.

Göhlert, S., Holtmann, E., Krappidel, A., & Reiser, M. (2008). Independent local lists in East and West Germany. In: M. Reiser & E. Holtmann (Hrsg.), *Farewell to the party model? Independent local lists in Eastern and Western European countries* (S. 127–148). Wiesbaden: VS Verlag für Sozialwissenschaften.

Göschel, A. (1987). Lokale Identität: Ortsgebundenheit und Ortsverbundenheit. Empirische Befunde im Zeit- und Regionalvergleich. In: *Informationen zur Raumentwicklung, 3,* 91–107.

Goldsmith, M. (2011). Twenty Years On: The Europeanization of Local Government. In: E. Van Bever, H. Reynaert & K. Steyvers (Hrsg.), *The road to Europe: Main street or backward alley for local government in Europe?* (S. 31–48). Brugge: Vanden Broele.

Grauhan, R.-R. (1972). Der politische Willensbildungsprozess in der Großstadt. In: R.-R. Grauhan (Hrsg.), *Großstadt-Politik. Texte zur Analyse und Kritik lokaler Demokratie* (S. 145–162). Gütersloh: Bertelsmann.

Greenwood, J. (2011). *Interest representation in the European Union.* Basingstoke: Palgrave Macmillan.

Grüner, H., Jaedicke, W., & Ruhland, K. (1988). Rote Politik im schwarzen Rathaus? Bestimmungsfaktoren der wohnungspolitischen Ausgaben bundesdeutscher Großstädte. In: *PVS,* 29, 42–57.

Guderjahn, M. (2011). A Fusion Perspective of European Integration of Local Government in Baden Württemberg. In: E. Van Bever, H. Reynaert & K. Steyvers (Hrsg.), *The road to Europe: Main street or backward alley for local government in Europe?* (S. 139–164). Brugge: Vanden Broele.

Haasis, H.-A. (1978). *Kommunalpolitik und Machtstruktur. Eine Sekundäranalyse deutscher empirischer Gemeindestudien.* Frankfurt/Main: Haag + Herchen.

Hamedinger, A., & Wolffhardt, A. (2010). Introduction. Understanding the interplay between Europe and the cities: Frameworks and perspectives. In: A. Hamedinger & A. Wolffhardt (Hrsg.), *The Europeanization of Cities. Policies, Urban Change & Urban Networks* (S. 9–39). Amsterdam: Techne Press.

Hartwich, H.-H. (2001). Das ‚Rheinmodell' des Kapitalismus. Deutschlands Marktwirtschaft vom Wirtschaftswunder zur Europäisierung und Globalisierung. In: U. Willems (Hrsg.), *Demokratie und Politik in der Bundesrepublik 1949–1999* (S. 85–102). Opladen: Leske + Budrich.

Heinelt, H., & Niederhafner, S. (2008). Cities and Organized Interest Intermediation in the EU Multi-Level System. In: *European Urban and Regional Studies* 15(2), 173–187.

Heinelt, H., Vetter, A. (2008). Einleitung. In: H. Heinelt & A. Vetter (Hrsg.), *Lokale Politikforschung heute.* 1. Aufl. (S. 7–17). Stadtforschung aktuell, Bd. 112. Wiesbaden: VS Verlag für Sozialwissenschaften.

Heinig, F. (2008). Eine quantitative Inhaltsanalyse von Wahlprogrammen kommunaler Wählergemeinschaften durch das Wordscore-Verfahren. Diplomarbeit Universität Halle-Wittenberg (unveröffentlicht).

Herzog, R. (1963). Subsidiaritätsprinzip und Staatsverfassung. In: *Der Staat* 2, 399–423.

Hesse, J. J. (Hrsg.) (1986). *Erneuerung der Politik „von unten"? Stadtpolitik und kommunale Selbstverwaltung im Umbruch* (S. 11–25). Opladen: Westdeutscher Verlag.

Hoffmann-Lange, U., & de Rijke, J. (2008). Das Wahlverhalten junger Menschen und das Wahlrecht. In: Stiftung für die Rechte zukünftiger Generationen (Hrsg.), *Wahlrecht ohne Altersgrenze?* (S. 95–117). München: Oekom-Verlag.

Holtkamp, L. (2003). Parteien in der Kommunalpolitik – Konkordanz- und Konkurrenzdemokratien im Bundesländervergleich. *polis* Nr. 58/2003. Hagen: FernUniv.

Holtkamp, L. (2007). Wer hat Schuld an der Verschuldung? Ursachen nationaler und kommunaler Haushaltsdefizite. *polis* Nr. 64/2007. Hagen: FernUniv.

Holtkamp, L. (2007). Local Governance. In: A. Benz u.a. (Hrsg.), *Handbuch Governance* (S. 366–377). Wiesbaden: VS Verlag für Sozialwissenschaften.

Holtkamp, L. (2008a). Das Scheitern des Neuen Steuerungsmodells. In: *Der moderne Staat: Zeitschrift für Public Policy, Recht und Management*, 423–446.

Holtkamp, L. (2008b). *Kommunale Konkordanz- und Konkurrenzdemokratie. Parteien und Bürgermeister in der repräsentativen Demokratie.* 1. Aufl. Gesellschaftspolitik und Staatstätigkeit, Bd. 30. Wiesbaden: VS Verlag für Sozialwissenschaften.

Holtkamp, L. (2009). Governance-Konzepte in der Verwaltungswissenschaft. Neue Perspektiven auf alte Probleme von Verwaltungsreformen. https://www.fernuni-hagen.de/polis/download/lg4/09.pdf.

Holtkamp, L. (2010). *Kommunale Haushaltspolitik bei leeren Kassen. Bestandsaufnahme, Konsolidierungsstrategien, Handlungsoptionen. Modernisierung des öffentlichen Sektors*, Bd. 33. Berlin: Edition Sigma.

Holtkamp, L. (2011) Kommunale Haushaltspolitik bei leeren Kassen. In: *APUZ* 7-8, 13–19.

Holtkamp, L. (2011). *Professionalisierung der Kommunalpolitik? Empirische und normative Befunde.* In: W.J. Patzelt & M. Edinger (Hrsg.), Politik als Beruf. *PVS Sonderheft 44.* Wiesbaden: VS Verlag für Sozialwissenschaften, 103–120.

Holtkamp, L. (2012). *Verwaltungsreformen. Problemorientierte Einführung in die Verwaltungswissenschaft.* Grundwissen Politik, Bd. 53. Wiesbaden: Springer VS.

Holtkamp, L. (2013). Kommunale Handlungsspielräume und demokratische Legitimation. In: K. Harm & J. Aderhold (Hrsg.), *Die subjektive Seite der Stadt. Neue politische Heraus-*

forderungen und die Bedeutung von Eliten im lokalen Bereich (S. 131–149). Wiesbaden: Springer VS.

Holtkamp, L., & Eimer, T. R. (2006). Totgesagte leben länger … Kommunale Wählergemeinschaften in Westdeutschland. In: U. Jun, H. Kreikenbom & V. Neu (Hrsg.), *Kleine Parteien im Aufwind. Zur Veränderung der deutschen Parteienland-schaft* (S. 249–276). Frankfurt/Main et al.: Campus Verlag.

Holtkamp, L., Bogumil, J., & Kißler, L. (2006). *Kooperative Demokratie. Das demokratische Potenzial von Bürgerengage-ment.* Studien zur Demokratieforschung, Bd. 9. Frankfurt am Main u. a.: Campus Verlag.

Holtkamp, L., Eimer, T. R., & Wiechmann, E. (2013). Lokale Disparitäten: Ursachen der Frauen(unter-)repräsentanz in deutschen Stadträten, Hagen, *polis* Nr. 71/2013.

Holtkamp, L., Bathge, T., & Friedhoff, C. (2015). Kom-munale Parteien und Wählergemeinschaften in Ost- und Westdeutschland. In: *Zeitschrift für Vergleichende Politikwis-senschaft,* 9, 1–18.

Holtmann, E. (1989) Politik und Nichtpolitik. Lokale Erschei-nungsformen politischer Kultur im frühen Nachkriegs-deutschland, Opladen: Westdeutscher Verlag.

Holtmann, E. (1992). Politisierung der Kommunalpolitik. In: *APUZ,* 42, B22-23, 13–22.

Holtmann, E. (1995). Kommune/Kommunalpolitik. In: D. Nohlen und R.-O. Schultze (Hrsg.) *Lexikon der Politik,* Bd. 1 (Politische Theorien) (S. 236–240). München: Beck.

Holtmann, E. (1998). Parteien in der lokalen Politik. In: H. Wollmann & R. Roth (Hrsg.), *Kommunalpolitik – Politi-sches Handeln in der Gemeinde* (S. 208–226). Opladen: Les-ke + Budrich.

Holtmann, E. (1999). „Das Volk" als örtlich aktivierte Bürger-schaft. Zur Praxis kommunaler Sachplebiszite In: *Archiv für Kommunalwissenschaften (AfK),* 38/II, 187–211.

Holtmann, E. (2004). Dynamische Gewaltenteilung – ein „vergessenes" Thema der Politikwissenschaft. In: *PVS*, 45, 3, 311–320.

Holtmann, E. (2010) Bürgerbegehren als Weg lokaler Demokratie? In: der städtetag, Heft 6, 7–9.

Holtmann, E. (2011). Fluid local party systems: a bottom-up challenge for European multi-level governance? Germany as an exemplary case. In: E. Van Bever, H. Reynaert & K. Steyvers (Hrsg.), *The road to Europe: Main street or backward alley for local government in Europe?* (S. 49–70). Brugge: Vanden Broele.

Holtmann, E. (2012). *Der Parteienstaat in Deutschland. Erklärungen, Entwicklungen, Erscheinungsbilder* (bpb Schriftenreihe Bd. 1289). Bonn: bpb.

Holtmann, E. (2012). Parteifrei im Parteienstaat. Kommunale Wählergemeinschaften in der politischen Landschaft der Bundesrepublik Deutschland. Eine Bestandsaufnahme. In: M. Morlok, T. Poguntke & J. Walther (Hrsg.), *Politik an den Parteien vorbei. Freie Wähler und Kommunale Wählergemeinschaften als Alternative* (Schriften zum Parteienrecht und zur Parteienforschung Bd. 42) (S. 25–50). Baden-Baden: Nomos.

Holtmann, E. (2013). Parteien auf der kommunalen Ebene. In: O. Niedermayer (Hrsg.), *Handbuch Parteienforschung* (S. 719–815). Wiesbaden: Springer VS.

Holtmann, E., & Killisch, W. (1991). *Lokale Identität und Gemeindegebietsreform. Der Streitfall Ermershausen* (Erlanger Forschungen Reihe A, Bd. 58). Neustadt a. d. Aisch: Universitätsbund.

Holtmann, E., Killisch, W., Steinhart, A., & Tullner, M. (1998). *Die Kreisstadt als Standortfaktor. Auswirkungen der Kreisgebietsreform von 1994 in Sachsen-Anhalt.* Baden-Baden: Nomos.

Holtmann, E. et al. (2012)."Die Anderen". Parteifreie Akteure in der lokalen Risikogesellschaft. In: H. Best & E. Holtmann (Hrsg.), *Aufbruch der entsicherten Gesellschaft: Deutschland nach der Wiedervereinigung* (S. 150–171). Frankfurt/Main et al.: Campus Verlag.

Holtmann, E., & Rademacher, C. (2015). Kommunalpolitik. In: D. Nohlen & F. Grotz (Hrsg.), *Kleines Lexikon der Politik* (6., überarb. und aktualisierte Aufl.) (S. 317–322). München: Beck.

Hooghe, L., & Marks, G. (2001). *Multi-Level Governance and European Integration.* Lanham: Rowman & Littlefield.

Infoport (2013). Ausgabe 5 (18. Dezember 2013) Ostdeutscher Bankenverband (Hrsg). Berlin.

Infratest Dimap/Ns (2011). Niedersachsen KommunalTREND August 2011. Berlin.

Infratest Dimap/Bw (2014). LänderTREND Baden-Württemberg Mai 2014. Berlin.

Infratest Dimap/BY (2014). Bayern vor der Kommunalwahl 2014. Ergebnisse der repräsentativen Befragung der Wahlberechtigten in Bayern vor der Kommunalwahl am 16. März 2014. Berlin.

Infratest Dimap/MV (2014). LänderTrend Mecklenburg-Vorpommern Mai 2014. Berlin.

Infratest Dimap/NRW (2014). LänderTrend Nordrhein-Westfalen Mai 2014. Berlin.

Infratest Dimap/RhP (2014). LänderTrend Rheinland-Pfalz Mai 2014. Berlin.

Ipsen, J. (2007). Die Entwicklung der Kommunalverfassung in Deutschland. In: T. Mann & G. Püttner (Hrsg.), *Handbuch der kommunalen Wissenschaft und Praxis, Bd. 1: Grundlagen und Kommunalverfassung* (S. 565–660). Berlin et al.: Springer-Verlag.

Isensee, J. (1968). *Subsidiaritätsprinzip und Verfassungsrecht. Eine Studie über das Regulativ des Verhältnisses von Staat und Gesellschaft.* Univ., Diss. – Erlangen-Nürnberg. Schriften zum öffentlichen Recht, Bd. 80. Berlin: Duncker & Humblot.

ISI (2011). Informationsdienst Soziale Indikatoren, Ausgabe 45, Februar 2011, Artikel „Schichtzugehörigkeit nicht nur vom Einkommen bestimmt". Mannheim.

Jaeck, T., Harm, K., & Aderhold, J. (2013). Einheit der Eliten? *Berliner Journal für Soziologie* 23(1), 229–256.

Jann, W. (1998). Neues Steuerungsmodell. In: S. von Bandemer u. a. (Hrsg.), *Handbuch zur Verwaltungsreform* (S. 47–57). Opladen: Leske + Budrich.

Jann, W., & Wegrich, K. (2004). Governance und Verwaltungspolitik In: A. Benz (Hrsg.), *Governance – Regieren in komplexen Regelsystemen* (S. 193–214). Wiesbaden: VS Verlag für Sozialwissenschaften.

John, P. (2000). The Europeanisation of Sub-national Governance. In: *Urban Studies,* 37(5-6), 877–894.

John, P. (2001). *Local Governance in Western Europe.* London: Sage.

Junkernheinrich, M. (2011). Wege aus der kommunalen Schuldenfalle. In: M. Hansmann (Hrsg.), *Kommunalfinanzen in der Krise. Problemlagen und Handlungsansätze.* 1. Aufl. Schriften zur öffentlichen Verwaltung und öffentlichen Wirtschaft, Bd. 223 (S. 115–138). Berlin: Berliner Wissenschafts-Verlag.

Junkernheinrich, M. et al. (2011). *Haushaltsausgleich und Schuldenabbau. Konzept zur Rückgewinnung kommunaler Finanzautonomie im Land Nordrhein-Westfalen.* 1. Aufl. Forum öffentliche Finanzen, Bd. 13. Kaiserslautern, Leipzig, Bottrop: Analytica Verlag.

Jürgen, M., & Karl, S. (2008). *Kommunales Führungspersonal im Umbruch. Austausch, Rekrutierung und Orientierung in Thüringen.* Wiesbaden: VS Verlag für Sozialwissenschaften.

KAS (2013). *Kommunales Wahllexikon, Nr. 31 Aktualisierte Fassung,* Stand: Dezember 2013. Sankt Augustin und Berlin: Konrad-Adenauer-Stiftung e. V.

Kern, K., & Bulkeley, H. (2009). Cities, Europeanization and Multi-level governance: Governing Climate Change through Transnational Municipal Networks. In: *Journal of Common Market Studies,* 47, 309–322.

Kern, T. (2008). *Warum werden Bürgermeister abgewählt? Eine Studie aus Baden-Württemberg über den Zeitraum von 1973 bis 2003.* Stuttgart: Kohlhammer.

Kersting, N. (2004). *Die Zukunft der lokalen Demokratie – Modernisierungs- und Reformmodelle.* Frankfurt/Main: Campus Verlag.

Kersting, N. (2008). Evaluation dialogischer Beteiligungsinstrumente. In: N. Kersting (Hrsg.), *Politische Beteiligung. Einführung in dialogorientierte Instrumente politischer und gesellschaftlicher Partizipation.* 1. Aufl. Bürgergesellschaft und Demokratie, Bd. 28 (S. 270–293). Wiesbaden: VS Verlag für Sozialwissenschaften.

Kevenhörster, P. (1976). Parallelen und Divergenzen zwischen gesamtsystemarem und kommunalem Wahlverhalten. In: P. Kevenhörster et al. (Hrsg.), *Kommunales Wahlverhalten* (S. 241–281). Bonn: Eichholz.

KGSt (1976). Kommunale Gemeinschaftsstelle, Verfahren der Aufgabenkritik. KGSt-Bericht, 25/1976. Köln.

Killisch, W., Holtmann, E., & Ruf, M. (1993). Die Milieuschutzsatzung als Instrument der Wohnungsbestandssicherung – Das Beispiel Nürnberg. In: *Mitteilungen der Fränkischen Geographischen Gesellschaft,* Bd. 40, 155–182.

Klausen, K. K., & Goldsmith, M. (1997). Conclusion: Local Government and the European Union. In: M. Goldsmith & K. K. Klausen (Hrsg.), *European Integration and Local Government* (S. 238–239). Cheltenham: Elgar.

Klein, A. (2011) Je kleiner, desto größer? Gemeindegröße und Wahlbeteiligung bei Gemeinderats- und Bürgermeisterwahlen in Baden-Württemberg. In: *Statistisches Monatsheft Baden-Württemberg* 1, 3–10.

Klein, A. (2014). *Bürgermeisterwahlen in Baden-Württemberg: Wahlbeteiligung, Wahltypen und Sozialprofil.* Stuttgart: Kohlhammer.

Kleinfeld, R. (1996). Politikwissenschaft und Kommunalpolitik in Deutschland: Ein Forschungsüberblick. In: R. Kleinfeld et al. (Hrsg.), *Kommunalpolitik. Eine problemorientierte Einführung* (S. 17–72). Opladen: Leske + Budrich.

Klüver, H. (2012). Informational Lobbying in the European Union: The Effect of Organisational Characteristics. In: *West European Politics,* 35(3), 491–510.

Knemeyer, F.-L. (1999). Gemeindeverfassungen. In: H. Wollmann & R. Roth (Hrsg.), *Kommunalpolitik. Politisches Handeln in den Gemeinden* (S. 104–122). Opladen: Leske + Budrich.

König, R. (1956). Die Gemeinde im Blickfeld der Soziologie. In: H. Peters (Hrsg.), *Handbuch der kommunalen Wissenschaft und Praxis,* Bd. 1 (S. 18–50). Berlin, Göttingen, Heidelberg: Springer-Verlag.

Korte, K.-R. (2013). *Wahlen in Deutschland.* Bonn: bpb.

Koselleck, R. (1962). Staat und Gesellschaft in Preußen 1815–1848. In: W. Conze (Hrsg.), *Staat und Gesellschaft im deutschen Vormärz 1815–1848* (S. 79–112). Stuttgart: Klett.

Köser, H. (2000). Der Gemeinderat in Baden-Württemberg. Sozialprofil, Rekrutierung, Politikverständnis. In: T. Pfizer & H.-G. Wehling (Hrsg.), *Kommunalpolitik in Baden-Württemberg* (S. 153–171). Stuttgart: Kohlhammer.

Kost, A. (2010). Kommunalpolitik in Nordrhein-Westfalen. In: A. Kost & H. G. Wehling (Hrsg.), *Kommunalpolitik in den deutschen Ländern. Eine Einführung* (S. 231–254). Wiesbaden: VS Verlag für Sozialwissenschaften.

Kost, A. (2013). *Direkte Demokratie.* Wiesbaden: Springer VS.

Kost, A., & Wehling, H.-G. (Hrsg.) (2010). *Kommunalpolitik in den deutschen Ländern. Eine Einführung.* Wiesbaden: VS Verlag für Sozialwissenschaften.

Kranenpohl, U., & Niedermayer, O. (2013). Kleinstparteien. In: O. Niedermayer (Hrsg.), *Handbuch Parteienforschung* (S. 663–681). Wiesbaden: Springer VS.

Krapp, M.-C., & Egner, B. (2013). Parteien in der Kommunalpolitik. In: B. Egner, M.-C. Krapp & H. Heinelt (Hrsg.), *Das deutsche Gemeinderatsmitglied* (S. 69–82). Wiesbaden: Springer VS.

Krappidel, A. (2016). *Verhalten rechtsextremer und demokratischer Kommunalpolitiker. Selbstwahrnehmung und Fremdwahrnehmung von Wählergemeinschaften und Parteien.* Wiesbaden: Springer VS.

Kuhlmann, S. (2004). Evaluation lokaler Verwaltungspolitik: Umsetzung und Wirksamkeit des Neuen Steuerungsmodells in den deutschen Kommunen In: *PVS,* 45, Heft 3, 370–394.

Kuhlmann, S. (2006). Kommunen zwischen Staat und Markt. Lokalmodelle und -reformen internationalen Vergleich. In: *Deutsche Zeitschrift für Kommunalwissenschaft,* 45, 5–17.

Kuhlmann, S. (2009). Ökonomisierung der deutschen Kommunen: „Neue Steuerung" und Privatisierung. In: G. Foljanty-Jost (Hrsg.), *Kommunalreform in Deutschland und Japan. Ökonomisierung und Demokratisierung in vergleichender Perspektive* (S. 59–78). Wiesbaden: VS Verlag für Sozialwissenschaften.

Kuhlmann, S., & Wollmann, H. (2013). *Verwaltung und Verwaltungsreformen in Europa. Einführung in die vergleichende Verwaltungswissenschaft.* Grundwissen Politik, Bd. 51. Wiesbaden: Springer VS.

Kuhn, S., & Vetter, A. (2013). Die Zukunft der nationalen Parteien vor Ort. In: O. Niedermayer, B. Höhne & U. Jun (Hrsg.), *Abkehr von den Parteien? Parteiendemokratie und Bürgerprotest* (S. 93–124). Wiesbaden: Springer VS.

Kunz, V. (2000). *Parteien und kommunale Haushaltspolitik im Städtevergleich.* Opladen: Leske + Budrich.

Lamping, W., & Koschützke, A. (Hrsg.) (2002). *Der aktivierende Staat. Positionen, Begriffe, Strategien; Studie für den Arbeitskreis Bürgergesellschaft und Aktivierender Staat der Friedrich-Ebert-Stiftung.* Bonn: Friedrich-Ebert-Stiftung.

Laux, A. (2011). Was motiviert Parteimitglieder zum Beitritt? In T. Spier u. a. (Hrsg.), *Parteimitglieder in Deutschland* (S. 61–78), Wiesbaden: VS Verlag für Sozialwissenschaften.

Legner, J. (2013). Politik im Nirgendwo – Parteipolitik in Ostdeutschland. In: H. Burmester & I. Pfaff (Hrsg.), *Politik mit Zukunft – Politik als Beruf* (S. 105–115).Wiesbaden: Springer VS.

Lehmbruch, G. (1975). Der Januskopf der Ortsparteien. Kommunalpolitik und das lokale Parteiensystem. In: *Der Bürger im Staat* 25 (1), 3–8.

Lehmbruch, G. (1991). Das konkordanzdemokratische Modell in der vergleichenden Analyse politischer Systeme. In: H. Michalsky (Hrsg.), *Politischer Wandel in konkordanzdemokratischen Systemen* (S. 13–24). Vaduz: Verlag der Liechtensteinischen Akademischen Gesellschaft.

Lenhof, A. (2013). *Die Abwahl des Bürgermeisters. Ein Beispiel direkter Demokratie auf kommunaler Ebene.* Frankfurt/Main: Peter Lang.

Lohse, F. (2006). *Kommunale Aufgaben, kommunaler Finanzausgleich und Konnexitätsprinzip.* 1. Aufl. Kommunalrecht – Kommunalverwaltung, Bd. 48. Baden-Baden: Nomos.

Luckmann, B. (1970*). Politik in einer deutschen Kleinstadt.* Stuttgart: Enke.

Mäding, H. (1998). Kommunale Haushaltskonsolidierung in Deutschland – die 80er und 90er Jahre im Vergleich. In: H. Mäding & R. Voigt (Hrsg.), *Kommunalfinanzen im Umbruch. Städte und Regionen in Europa*, Bd. 3. (S. 97–119). Opladen: Leske + Budrich.

Mäding, H. (2013). Die Krise der Kommunalfinanzen. Ursachen und Handlungsfelder. In: M. Haus & S. Kuhlmann (Hrsg.), *Lokale Politik und Verwaltung im Zeichen der Krise?* (S. 67–83). Wiesbaden: Springer VS.

Magin, R. (2010). Kommunalwahlsysteme zwischen Konkordanz- und Konkurrenzdemokratie. Ein Vergleich der 16 Bundesländer. In: M. Freitag & A. Vatter (Hrsg.), *Vergleichende subnationale Analysen für Deutschland* (S. 97–130). Münster: LIT Verlag.

Margedant, U. (2003). Die Föderalismusdiskussion in Deutschland. In: *APUZ* 53, 29, 6–30.

Marks, G., Haesly, R., & Mbaye, H. (2002). What Do Subnational Offices Think They Are Doing in Brussels? In: *Regional and Federal Studies,* 12(3), 1–23.

Mecking, S. (2012). *Bürgerwille und Gebietsreform. Demokratieentwicklung und Neuordnung von Staat und Gesellschaft in Nordrhein-Westfalen 1965–2000* (Studien zur Zeitgeschichte Bd. 85). München: De Gruyter.

Meyer, H. (2007a). Kommunalwahlrecht. In: T. Mann & G. Püttner (Hrsg.), *Handbuch der kommunalen Wissenschaft und Praxis, Bd. 1: Grundlagen und Kommunalverfassung* (S. 391–458). Berlin et al.: Springer-Verlag.

Meyer, H. (2007b). Die Entwicklung der Kreisverfassungssysteme. In: T. Mann & G. Püttner (Hrsg.), *Handbuch der kommunalen Wissenschaft und Praxis, Bd. 1: Grundlagen und Kommunalverfassung* (S. 661–716). Berlin et al.: Springer-Verlag.

MIK NRW (2014). Pressemitteilungen, Kommunales. NRW setzt Beauftragten für Altena ein – Kommunalminister Jäger: Hilfe aus dem Stärkungspakt Stadtfinanzen ist kein Freibrief. http://www.mik.nrw.de/presse-mediathek/aktuelle-meldungen/ak tuelles-im-detail/news/nrw-setzt-beauftragten-fuer-altena-ein-kommunalminister-jaeger-hilfe-aus-dem-staerkungs pakt-stad.html. Zugegriffen: 28.08.2015.

MIK NRW (2015). Karte NRW Kommunen im Stärkungspakt. http://www.mik.nrw.de/fileadmin/user_upload/Redakteu re/Dokumente/Themen_und_Aufgaben/Kommunales/kom munale_finanzen/Kommunen_im_Staerkungspakt_01.pdf. Zugegriffen: 28.08.2015.

Ministerium des Innern des Landes Sachsen-Anhalt (2001). Pressemitteilung Nr. 111/01 vom 20. August. Magdeburg.

Möller, M. (2009). *Subsidiaritätsprinzip und kommunale Selbstverwaltung. Kommunalrecht – Kommunalverwaltung,* Bd. 53. Baden-Baden: Nomos.

Moore, C. (2007). A Europe of the Regions vs. the Regions in Europe: reflections on regional engagement in Brussels. Konferenzpapier, EUSA Annual Conference, Montreal, 17.–19. Mai 2007.

Morlok, M., Poguntke, T., & Walther, J. (2012). *Politik an den Parteien vorbei: Freie Wähler und kommunale Wählergemeinschaften als Alternative.* Baden-Baden: Nomos.

Münch, C. (2006). *Emanzipation der lokalen Ebene? Kommunen auf dem Weg nach Europa.* Wiesbaden: VS Verlag für Sozialwissenschaften.

Naßmacher, H. (1996). Die Rathausparteien. In: O. Niedermayer (Hrsg.), *Intermediäre Strukturen in Ostdeutschland* (S. 173–192). Opladen: Leske + Budrich.

Naßmacher, H. (1997). Parteien und Wählergruppen in der Kommunalpolitik. In: O.W. Gabriel, O. Niedermayer & R. Stöss (Hrsg.), *Parteiendemokratie in Deutschland* (S. 427–442). Bonn: bpb.

Naßmacher, H. (2013). Kommunalwahlen unter veränderten Wettbewerbsbedingungen. In: *ZParl* 44, (4): 847–872.

Naßmacher, H., & Naßmacher, K.-H. (1999). *Kommunalpolitik in Deutschland,* 2. Aufl., Opladen: Leske + Budrich.

Naßmacher, H., & Naßmacher, K.-H. (2007). *Kommunalpolitik in Deutschland.* Lehrbuch (2., völlig überarb. und aktual. Aufl.). Wiesbaden: VS Verlag für Sozialwissenschaften.

Neckel, S. (1995). Die ostdeutsche Doxa der Demokratie. In: *Kölner Zeitschrift für Soziologie und Sozialpsychologie,* 4, 658–680.

Niclauss, K. (2015). *Kanzlerdemokratie. Regierungsführung von Konrad Adenauer bis Angela Merkel.* 3., aktualisierte und erw. Aufl. Wiesbaden: Springer VS.

Niedermayer, O. (2013). Parteimitgliedschaften im Jahre 2015. In: *ZParl,* 47, 411–436.

Niedermayer, O. (2013). Das Parteiensystem der Bundesrepublik Deutschland. In: O. Niedermayer (Hrsg.), *Handbuch Parteienforschung,* (S. 739–764). Wiesbaden: Springer VS.

Niedersächsischer Städtetag (2011). *Existenzfragen kommunaler Selbstverwaltung. Kommunale Finanzlage im Gesamtbild. Denkschrift des Niedersächsischen Städtetages.* Hannover: Niedersächsischer Städtetag.

Nierhaus, M. (2011). Selbstverwaltungsgarantie und wirtschaftliche Betätigung der Kommunen. In: T. Mann & G. Püttner (Hrsg.), *Handbuch der kommunalen Wissenschaft und Praxis.* 3., völlig neu bearbeitete Aufl. (S. 35–56). Berlin: Springer-Verlag.

Nierhaus, M. (2013). Verfassungsmäßige Ordnung in den Ländern, Wahlrecht, kommunale Selbstverwaltung, Gewährleistung durch den Bund. In: M. Sachs (Hrsg.), *Grundgesetz. Kommentar.* 7. Aufl. (S. 1032–1071). München: Beck.

Nohlen, D. (2014). *Wahlrecht und Parteiensystem.* Opladen et al.: Leske + Budrich.

Pähle, K. (2011). *Kommunale Mandatsträger in der Herausforderung von Bürgerideal und Mandatspraxis. Eine Befragung in sechs Gebietskörperschaften Sachsen-Anhalts und Nordrhein-Westfalens.* Hamburg: Verlag Dr. Kovac.

Pähle, K., & M. Reiser (2007). Lokale politische Eliten und Fragen der Legitimation – ein relevantes Forschungsfeld. In: K. Pähle & M. Reiser (Hrsg.), *Lokale politische Eliten und Fragen der Legitimation* (S. 7–21). Baden-Baden: Nomos.

Partmann, M., G. Strohmeier (2012). Politische Verfasstheit der kommunalen Ebene. In: *APuZ* 38-39/2012: 38–43.

Pielke, C. (2010). *Das Konnexitätsprinzip in der deutschen Finanzverfassung. Eine interdisziplinäre und rechtsvergleichende Analyse.* Schriftenreihe Verfassungsrecht in Forschung und Praxis, Bd. 80. Hamburg: Verlag Dr. Kovac.

Plant, R. (1987). Community. In: D. Miller (Hrsg.), *The Blackwell Encyclopedia of Political Thought* (S. 88–90). Oxford: Blackwell.

Plassa, R., & Holtmann, E. (2010). *Urban Party Systems in Motion? Developments from 1994 to 2007.* Präsentation zur EURA Conference 2010, „Understanding City Dynamics". Darmstadt (unveröffentlicht).

Poguntke, T., & Webb, P. (Hrsg.) (2005). *The Presidentialization of Politics. A Comparative Study of Modern Democracies.* Oxford: Oxford University Press.

Pollach, G., Wischermann, J., & Zeuner, B. (2000). *Ein nachhaltig anderes Parteiensystem – Profile und Beziehungen von Parteien in ostdeutschen Kommunen.* Opladen: Leske + Budrich.

Preuss, H. (1920). Die Entwicklung der kommunalen Selbstverwaltung in Deutschland. In: G. Anschütz u. a. (Hrsg.), *Handbuch der Politik,* Bd. I, 3. Aufl. (S. 266–280). Berlin und Leipzig: Rothschild.

Püttner, G. (1982). Zum Verhältnis von Demokratie und Selbstverwaltung. In G. Püttner (Hrsg.), *Handbuch der kommunalen Wissenschaft und Praxis,* Bd. 2, 2. Aufl. (S. 3–10). Berlin usw.: Springer-Verlag.

Püttner, G. (Hrsg.) (1985a). *Handbuch der kommunalen Wissenschaft und Praxis. Kommunale Finanzen.* 2. Aufl., Bd. 6. Berlin, Heidelberg, New York: Springer-Verlag.

Püttner, G. (1985b). Überblick über Schuldenstand und Schuldenregelungen. In: G. Püttner (Hrsg.), *Handbuch der kommunalen Wissenschaft und Praxis. Kommunale Finanzen.* (S. 616–620). 2. Aufl., Bd. 6. Berlin, Heidelberg, New York: Springer-Verlag.

Radaelli, C. (2003). The Europeanization of Public Policy. In: K. Featherstone & C. Radaelli (Hrsg.), *The Politics of Europeanization* (S. 27–56). Oxford: Oxford University Press.

Rademacher, C. (2007). Wahlentscheidungskriterien bei lokalen Direktwahlen. Das Beispiel der Bürgermeisterwahlen im Saalkreis. In: K. Pähle & M. Reiser (Hrsg.), *Lokale politische Eliten und Fragen der Legitimation* (S. 83–102). Baden-Baden: Nomos.

Rademacher, C. (2011). „Issue Ownership" von Kommunalen Wählergemeinschaften in Deutschland. http://www.uni-kassel.de/fb05/uploads/media/panel1_Christian_Rademacher.pdf.

Rademacher, C. (2013). *Deutsche Kommunen im Demographischen Wandel. Eine Evaluation lokaler bevölkerungspolitischer Maßnahmen.* Wiesbaden: Springer VS.

Rademacher, C. (2015). The Consequences of Coping with Demographic Change for Fiscal Capacity of and Unemployment in German Municipalities. In: R. Sackmann et al. (Hrsg.), Coping with demographic change. A comparative view on education and local government in Germany and Poland. *European studies of population,* vol. 19, 251–281.

Rebentisch, D. (1981). Die Selbstverwaltung in der Weimarer Zeit. In: G. Püttner (Hrsg.), *Handbuch der kommunalen Wissenschaft und Praxis,* Bd. 1 (S. 86–100). Berlin usw.: Springer-Verlag.

Rechlin, S. (2004). *Die deutschen Kommunen im Mehrebenensystem der Europäischen Union — Betroffene Objekte oder aktive Subjekte?* Discussion Paper SP IV 2004-101, WZB Berlin.

Rehm, H., & Matern-Rehm, S. (2010). *Kommunalfinanzen.* Wiesbaden: VS Verlag für Sozialwissenschaften.

Rehmet, F., Weber, T., & Pavlovic, D. (1999). Bürgerbegehren und Bürgerentscheide in Bayern, Hessen und Schleswig-Holstein. In: T. Schiller (Hrsg.), *Direkte Demokratie in Theorie und kommunaler Praxis* (S. 117–164). Frankfurt/Main et al.: Campus Verlag.

Reiser, M. (2006a). Kommunale Wählergemeinschaften in Ost- und Westdeutschland. Eine Analyse zur Präsenz der parteifreien Gruppierungen in vier Bundesländern. In: U. Jun, H. Kreikenbom & V. Neu (Hrsg.), *Kleine Parteien im Aufwind. Zur Veränderung der deutschen Parteienlandschaft* (S. 277–297). Frankfurt/Main et al.: Campus Verlag.

Reiser, M. (2006b). *Zwischen Ehrenamt und Berufspolitik. Professionalisierung der Kommunalpolitik in deutschen Großstädten.* Wiesbaden: VS Verlag für Sozialwissenschaften.

Reiser, M. (2010). Kommunalpolitik in Sachsen-Anhalt. In: A. Kost & H.-G. Wehling (Hrsg.), *Kommunalpolitik in den deutschen Ländern. Eine Einführung* (S. 307–324). Wiesbaden: VS Verlag für Sozialwissenschaften.

Reiser, M. (2011). Ressourcen- oder Mitgliederbasiert? Zwei Formen politischer Professionalisierung auf der lokalen Ebene und ihre institutionellen Ursachen. In: M. Edinger & W. J. Patzelt (Hrsg.), Politik als Beruf. *PVS-Sonderheft* 44/2010. Wiesbaden: VS Verlag für Sozialwissenschaften, 121–144.

Reiser, M. (2012). Kommunale Wählergemeinschaften. Deutsche Besonderheit oder gesamteuropäisches Phänomen? In: M. Morlok, T. Poguntke & W. Jens (Hrsg.), *Politik an den Parteien vorbei: Freie Wähler und kommunale Wählergemeinschaften als Alternative* (S. 73–94). Baden-Baden: Nomos.

Reiser, M. (2017). Zeitaufwand für das kommunalpolitische Ehrenamt. In: M. Tausendpfund & A. Vetter (Hrsg.), *Politische Einstellungen von Kommunalpolitikern* (S. 81–109). Wiesbaden: Springer VS.

Reiser, M., Rademacher, C., & Jaeck, T. (2008). Präsenz und Erfolg Kommunaler Wählergemeinschaften im Bundesländervergleich. In: A. Vetter (Hrsg.), *Erfolgsbedingungen lokaler Bürgerbeteiligung* (S. 123–147). Wiesbaden: VS Verlag für Sozialwissenschaften.

Reiser, M., & Holtmann, E. (Hrsg.) (2008). *Farewell to the Party Model? Independent Local Lists in East and West European Countries.* Wiesbaden: VS Verlag für Sozialwissenschaften.

Reiser, M., & Krappidel, A. (2008). Parteien ohne Parteilichkeit? Analyse zum Profil parteifreier Gruppierungen. In: M. Reiser, A. Krappidel, E. Holtmann & S. Göhlert (Hrsg.), Parteifrei im Parteienstaat. Kommunale Wählergemeinschaften – Elektorale Verankerung und soziales Profil im Ost-West-Vergleich. *SFB 580 Mitteilungen,* Bd. 25, 74–97.

Reiser, M., Rademacher, C., & Jaeck, T. (2008). Präsenz und Erfolg Kommunaler Wählergemeinschaften im Bundesländervergleich. In: A. Vetter (Hrsg.), *Erfolgsbedingungen lokaler Bürgerbeteiligung* (S. 123–147). Wiesbaden: VS Verlag für Sozialwissenschaften.

Reiser, M., & Vetter, A. (2011). Political Parties and Local Interest Representation in Multi-Level Democracies", Konferenzpapier, ECPR General Conference, Reykjavik, August 2011.

Ribhegge, W. (1973). Die Systemfunktion der Gemeinden. Zur deutschen Kommunalgeschichte seit 1918. In *APuZ* B 47/73, 4–29.

Ritter, G. (1928). Der Freiherr vom Stein und die politischen Reformprogramme des Ancien Régime in Frankreich. In: *Historische Zeitschrift (HZ)*, 137, 442–497 und 138, 24–46.

Rokkan, S. (1966). Electoral Mobilization, Party Competition, and National Integration. In: J. La Palombara & M. Weiner (Hrsg.), *Political Parties and Political Development* (S. 241–265). Princeton: Princeton University Press.

Ronge, V. (1994). Der Zeitaspekt ehrenamtlichen Engagements in der Kommunalpolitik. In: *ZParl*, 25(2), 267–282.

Sackmann, R. et al. (Hrsg.) (2015). Coping with demographic change. A comparative view on education and local government in Germany and Poland. *European studies of population*, vol. 19. Cham: Springer.

Schacht, K. (1986). *Wahlentscheidung im Dienstleistungszentrum. Analysen zur Frankfurter Kommunalwahl vom 22. März 1981.* Opladen: Westdeutscher Verlag.

Schäfer, A. (2009). Wer geht wählen? Die soziale Schieflage einer niedrigen Wahlbeteiligung. http://www.mpifg.de/aktuelles/forschung/diskussion/doks/Schaefer_Wahlbeteiligung_in_Koeln_Sept09.pdf. Zugegriffen: 1. März 2015.

Schäfer, A. (2012). Beeinflusst die sinkende Wahlbeteiligung das Wahlergebnis? Eine Analyse kleinräumiger Wahldaten in deutschen Großstädten. In: *PVS*, 53, Heft 2, 240–265.

Schäfer, A. (2013). *Prekäre Wahlen. Milieus und soziale Selektivität der Wahlbeteiligung bei der Bundestagswahl 2013.* Gütersloh: Bertelsmann.

Schäfer, A. (2013). *Wer sind die Nichtwähler? Langfristige Trends und die Wahlbeteiligung in Großstädten.* Vortrag bei der Friedrich-Ebert-Stiftung am 2.März 2013 in Berlin (unveröffentlichte Präsentation).

Schäfer, A., Vehrkamp, R., & Gagné, J. F. (2014). *Prekäre Wahlen. Milieus und soziale Selektivität der Wahlbeteiligung bei der Bundestagswahl 2013,* hrsg. von der Bertelsmann Stiftung (www.bertelsmann-stiftung.de). Gütersloh: Bertelsmann.

Schenderlein, C. (2015). *Landesvertretungen im Entscheidungsprozess der Europäischen Union.* Marburg: Tectum.

Scherf, W. (2010). Die kommunalen Finanzen in Deutschland. In: A. Kost & H.-G. Wehling (Hrsg.), *Kommunalpolitik in den deutschen Ländern. Eine Einführung* (S. 367–388). 2., aktualisierte u. überarb. Aufl. Lehrbuch. Wiesbaden: VS Verlag für Sozialwissenschaften.

Scheuner, U. (1981). Grundbegriffe der Selbstverwaltung. In G. Püttner (Hrsg.*), Handbuch der kommunalen Wissenschaft und Praxis* (S. 7–23), Bd. 1. Berlin usw.: Springer-Verlag.

Scheytt, O. (1992). Städte, Kreise und Gemeinden im Umbruch – Der Aufbau der Kommunalverwaltungen in den neuen Bundesländern. In: *Deutschland Archiv,* 1/92, 12–21.

Schimanke, D. (1982). Folgen und Folgeprobleme der kommunalen Gebietsreform. In: *Archiv für Kommunalwissenschaften* (AfK), 21, 307–320.

Schmitt, O. (2013). Der kommunale Finanzausgleich aus verfassungsrechtlicher Sicht. In: *Die öffentliche Verwaltung* (DÖV) 66, 12, 452–459.

Schmitt-Beck, R., Mackenrodt, C., & Faas, T. (2008), Hintergründe kommunaler Wahlbeteiligung. Eine Fallstudie zur Kommunalwahl 2004 in Duisburg. In: *ZParl* 39, 3, 561–580.

Schniewind, A. (2010). Kommunale Parteiensysteme zwischen Mehrheits- und Verhandlungsdemokratie. In: M. Freitag

& A. Vatter (Hrsg.), *Vergleichende subnationale Analysen für Deutschland* (S. 131–176). Münster: LIT Verlag.

Scholz, R. (2014). Das Subsidiaritätsprinzip. In: R. Herzog (Hrsg.), *Grundgesetz. Kommentar* (S. 99–112). München: Beck.

Schröter, E., & Wollmann, H. (1998). New Public Management. In: S. Bandemer u. a. (Hrsg.), *Handbuch zur Verwaltungsreform* (S. 59 ff.). Opladen: Leske + Budrich.

Schubert, K., & Klein, M. (2011). *Das Politiklexikon. Mit über 1300 Stichwörtern.* Neuaufl. Bonn: Dietz.

Schultze, C. J. (1997). *Die deutschen Kommunen in der Europäischen Union. Europa-Betroffenheit und Interessenwahrnehmung.* Baden-Baden: Nomos.

Schultze, C. J. (2003). Cities and EU Governance: Policy-Takers or Policy-Makers? In: *Regional and Federal Studies,* 13 (1), 121–147.

Schulze-Fielitz, H. (1988). Artikel 20 GG. In: H. Dreier (Hrsg.), *Grundgesetz-Kommentar* (S. 128–247). Tübingen: Mohr.

SFB 580. DFG-Sonderforschungsbereich 580 Halle-Jena, Mandatsträger-Umfrage 2006/2007 des Teilprojekts A6 (unveröffentlicht).

SRH (2008). Jahresbericht 2008. Leipzig.

SRH (2014). Jahresbericht 2014. Bd. II: Kommunalbericht. Leipzig.

Stadt Halle (Hrsg.) (2014). *Sonderveröffentlichung Kommunalwahl 2014. Ergebnisse für die Stadt Halle (Saale).*

Stahl, G., & Degen, M. (2014). Die Europäisierung der Kommunen und der Ausschuss der Regionen. In: E. Alber, & C. Zwilling (Hrsg.), *Gemeinden im Europäischen Mehrebenensystem: Herausforderungen im 21. Jahrhundert* (S. 191–216). Baden-Baden: Nomos.

Statistisches Bundesamt (1953 ff.). *Statistisches Jahrbuch für die Bundesrepublik Deutschland.* Wiesbaden: Statistisches Bundesamt.

Statistisches Bundesamt (Destatis) (2010). *Finanzen und Steuern. Jahresrechnungsergebnisse kommunaler Haushalte* (für 2008). Fachserie 14, Reihe 3.3. Wiesbaden: Statistisches Bundesamt.

Statistisches Bundesamt (Destatis) (2014). *Finanzen und Steuern. Schulden der öffentlichen Haushalte.* Fachserie 14, Reihe 5. Wiesbaden: Statistisches Bundesamt.

Statistisches Bundesamt (Destatis) (2015). *Finanzen und Steuern. Rechnungsergebnisse der Kernhaushalte der Gemeinden* (für 2013). Fachserie 14, Reihe 3.3. Wiesbaden: Statistisches Bundesamt.

Statistisches Jahrbuch (Deutschland und Internationales) (2009 ff.). Statistisches Bundesamt (Hrsg.). Wiesbaden: Statistisches Bundesamt.

Stein, L. (1962, erstmals 1866). *Die Verwaltungslehre,* Teil 1, Abteilung 2 (Die Selbstverwaltung und ihr Rechtssystem). Aalen: Scientia-Verlag.

Stöss, R. (1983). Wählergemeinschaften I. In: R. Stöss (Hrsg.), *Parteienhandbuch* (S. 2392–2428), Bd. 4. Opladen: Westdeutscher Verlag.

Streit, T. (2007). Kommunale Mandatsträger sind Abgeordnete. In: *Mitteilungen des Instituts für Parteienrecht und Parteienforschung* (MIP), 14, 28–35.

Sturm, R., & Pehle, H. (2006). *Das neue deutsche Regierungssystem. Die Europäisierung von Institutionen, Entscheidungsprozessen und Politikfeldern in der Bundesrepublik Deutschland.* Wiesbaden: VS Verlag für Sozialwissenschaften.

Thieme, W., & Prillwitz, G. (1981). *Durchführung und Ergebnisse der kommunalen Gebietsreform* (Die kommunale Gebietsreform, Bd. 12). Baden-Baden: Nomos.

Thränhardt, D. (1999). Die Kommunen und die Europäische Union. In: H. Wollmann, & R. Roth (Hrsg.), *Kommunalpolitik. Politisches Handeln in der Gemeinde* (S. 361–377). Opladen: Leske + Budrich.

Thumfart, A. (2004). Bürgerschaftliches Engagement in den Kommunen – Erfahrungen aus Ostdeutschland. Online-Ressource: http://library.fes.de/pdf-files/stabsabteilung/019 26.pdf. [14. 11. 2012].

Timm, H., & Jecht, H. (Hrsg.) (1964). *Kommunale Finanzen und Finanzausgleich.* Schriften des Vereins für Socialpolitik, N. F., 32. Berlin: Duncker & Humblot.

Timm-Arnold, K.-P. (2011). *Bürgermeister und Parteien in der kommunalen Haushaltspolitik. Endogene Ursachen kommunaler Haushaltsdefizite.* Stadtforschung aktuell, Bd. 116. Wiesbaden: VS Verlag für Sozialwissenschaften.

Unruh, G.-C. von (1981). Ursprung und Entwicklung der kommunalen Selbstverwaltung im frühkonstitutionellen Zeitalter. In: G. Püttner (Hrsg.), *Handbuch der kommunalen Wissenschaft und Praxis* (S. 57–70), Bd. 1. Berlin usw.: Springer-Verlag.

Van Bever, E., Reynaert, H., & Steyvers, K. (2011). The road to Europe: Main street or backward alley for local government in Europe? In: E. Van Bever, H. Reynaert & K. Steyvers. (Hrsg.), *The road to Europe: Main street or backward alley for local government in Europe?* (S. 13–30). Brugge: Vanden Broele.

Van Bever, E., & Verhelst, T. (2013). Towards a more active approach of local level Europeanization. Discussing horizontal and bottom-up Europeanization in Flemish local government. Konferenzpapier, PSA Annual Conference, Cardiff, März 2013.

Verhelst, T. (2014). Towards a proactive role for local government in EU decision-making? Exploring bottom-up Europeanization in Flemish cities. Konferenzpapier, PSA Annual Conference, Manchester, April 2014.

Vetter, A. (2002). *Lokale Politik als Ressource der Demokratie in Europa?* Opladen: Leske + Budrich.

Vetter, A. (2007). *Local Politics: A Ressource for Democracy in Western Europe?* Lanham, MD: Lexington Books.

Vetter, A. (2011). Lokale Politik als Rettungsanker der Demokratie? In: *APUZ* (7-8): 25–32.

Vetter, A. (2013). Kumulieren, Panaschieren und die Beteiligung der Bürger an kommunalen Wahlen. In: S. I. Keil & S. I. Thaidigsmann (Hrsg.), *Zivile Bürgergesellschaft und Demokratie* (S. 237–258). Wiesbaden: Springer VS.

Vetter, A., & Holtkamp, L. (2008). Lokale Handlungsspielräume und Möglichkeiten der Haushaltskonsolidierung in Deutschland. In: H. Heinelt & A. Vetter (Hrsg.), *Lokale Politikforschung heute* (S. 19–50), 1. Aufl. Stadtforschung aktuell, Bd. 112. Wiesbaden: VS Verlag für Sozialwissenschaften.

Vetter, A., & Kuhn, S. (2013). (Nationale) Parteien in der lokalen Politik: Wandel oder Krise. In: M. Haus & S. Kuhlmann (Hrsg.), *Lokale Politik im Zeichen der Krise?* (S. 28–46). Wiesbaden: Springer VS.

Vetter, A., & Soós, G. (2008). Kommunen in der EU. In: O. W. Gabriel & S. Kropp (Hrsg.), *Die EU-Staaten im Vergleich* (S. 579–604). Wiesbaden: VS Verlag für Sozialwissenschaften.

Vogel, H. (2014). Wahlen im vereinten Deutschland. Atlas der Wahlergebnisse 1990–2000; Bd. 2: Wahlergebnisse in den Bundesländern. http://www.mpifg.de/projects/demokratie/Daten/Wahlen/Atlas Wahlergebnisse Band 2.pdf (Modifiziert: Dienstag, 25. März 2014, 17:08:15 Uhr), Zugegriffen: 1. März 2015.

vom Stein, K. Freiherr (1929). *Ausgewählte Schriften,* ausgewählt und erläutert von Dr. Klaus Thiede. Jena: Fischer.

Wallerath, M. (2013). Steuerung des Wandels durch kommunale Gebiets- und Funktionalreformen. In: M. Junkernheinrich & W. H. Lorig (Hrsg.), *Kommunalreformen in Deutschland* (S. 95–117). Baden-Baden: Nomos.

Walter, M. (1997). Stuttgarter Ratsmitglieder: Sozialprofil, politische Einstellungen und kommunale Aufgaben. In: O. W. Gabriel, F. Brettschneider & A. Vetter (Hrsg.), *Politische Kultur und Wahlverhalten in einer Großstadt* (S. 229–247). Opladen: Westdeutscher Verlag.

Walter-Rogg, M., Kunz, V., & Gabriel, O. W. (2005). Kommunale Selbstverwaltung in Deutschland. In: O. W. Gabriel & E. Holtmann (Hrsg.), *Handbuch politisches System der Bundesrepublik Deutschland* (S. 411–455), 3., völlig überarb. und erw. Aufl. Lehr- und Handbücher der Politikwissenschaft. München: Oldenbourg.

Weber, M. (1922). *Gesammelte Aufsätze zur Wissenschaftslehre.* Tübingen: Mohr.

Weber, M. (1976). *Wirtschaft und Gesellschaft,* 6. Aufl. Tübingen: Mohr.

Weber, M. (1994). Politik als Beruf. In: W. J. von Mommsen & W. Schluchter (Hrsg.), *Studienausgabe der Max Weber-Gesamtausgabe* I/17, (S. 35–88) [1919]. Tübingen: Mohr.

Wehling, H.-U. (1986). *Kommunalpolitik in der Bundesrepublik Deutschland.* Berlin: Colloquium Verlag.

Wehling, H.-G. (1987). Die Bedeutung regionaler politischer Kulturforschung. In: *Politische Vierteljahresschrift,* Sonderheft Politische Kultur in Deutschland, 18. Opladen: Westdeutscher Verlag, 259–266.

Wehling, H.-G. (1991). ‚Parteipolitisierung' von lokaler Politik und Verwaltung? Zur Rolle der Parteien in der Kommunalpolitik. In: H. Heinelt & H. Wollmann (Hrsg.), *Brennpunkt Stadt.* (S. 149–166). Basel: Birkhäuser.

Wehling, H.-G. (2007). Unterschiedliche Verfassungsmodelle. In ders. Kommunalpolitik (= Informationen zur politischen Bildung; 242). http://www.bpb.de/izpb/10409/kommunal politik. Zugegriffen 1. März 2015.

Wehling, H.-G. (2010a). Kommunalpolitik in Baden-Württemberg. In: A. Kost & H.-G. Wehling (Hrsg.), *Kommunalpolitik in den deutschen Ländern. Eine Einführung,* (S. 19–39). Wiesbaden: VS Verlag für Sozialwissenschaften.

Wehling, H.-G. (2010b). Rat und Bürgermeister in der deutschen Kommunalpolitik. Ein Rückblick auf die Reformprozesse. In: A. Kost & H.-G. Wehling (Hrsg.), *Kommunalpolitik in den deutschen Ländern. Eine Einführung* (S. 353–366). Wiesbaden: VS Verlag für Sozialwissenschaften.

Wehling, H.-G., & Siewert, H.-J. (1984). *Der Bürgermeister in Baden-Württemberg.* Stuttgart et al.: Kohlhammer.

Wehling, H.-G., & Stortz, O. (2013). Freie Wähler (FW/FWG). In: F. Decker & V. Neu (Hrsg.), *Handbuch der deutschen Parteien* (S. 283–289). Wiesbaden: Springer VS.

Weitzker, F. (2008). *Die Freien Wähler in Deutschland: Geschichte – Struktur – Leitlinien* (= Zukunftsforum Politik; 93/2008). Sankt Augustin, Berlin: Konrad-Adenauer-Stiftung.

Winter, M., & Haffmans, H. (2012). Die Entstehungs- und Erfolgsbedingungen Kommunaler Wählergemeinschaften in Nordrhein-Westphalen. In: M. Morlok, T. Poguntke & J. Walther (Hrsg.), *Politik an den Parteien vorbei. Freie Wähler und Kommunale Wählergemeinschaften als Alternative* (S. 51–71). Baden-Baden: Nomos.

Witt, P. (2012). Position und Situation der Gemeinderäte in Baden-Württemberg. In: B. Remmert & H.-G. Wehling (Hrsg.), *Die Zukunft der kommunalen Selbstverwaltung* (S. 90–116). Stuttgart: Kohlhammer.

Witte, S. (2011). The (German) Local Level as an Actor in European Lobbying. Involvement and Impact of the Local Level in the European Policy-Making Process. In: E. Van Bever, H. Reynaert & K. Steyvers (Hrsg.), *The road to Europe: Main street or backward alley for local government in Europe?* (S. 279–298).Brugge: Vanden Broele.

Wittmann, W. (1976). *Öffentliche Schuld, öffentlicher Haushalt, Finanzausgleich, kommunale Finanzen, öffentliche Unternehmen, Sozialversicherung.* 2., erw. und verb. Aufl. Einführung in die Finanzwissenschaft, III. Stuttgart: Fischer.

Wohltmann, H.-W., & Horn, G. A. (2015). Globalsteuerung. (Version: 7). http://wirtschaftslexikon.gabler.de/Archiv/554 17/globalsteuerung-v7.html. Zugegriffen: 07.08.2015.

Wollmann, H. (1998). Kommunalvertretungen: Verwaltungsorgane oder Parlamente? In: H. Wollmann & R. Roth (Hrsg.), *Kommunalpolitik – Politisches Handeln in der Gemeinde* (S. 50–66). Opladen: Leske + Budrich.

Wollmann, H. (2002). Die traditionelle deutsche kommunale Selbstverwaltung – ein „Auslaufmodell"? In: *Deutsche Zeitschrift für Kommunalwissenschaften* (DfK), 41 (1), 24–51.

Wollmann, H. (2012). Local government reform in (seven) European countries. Between convergent and divergent, conflicting and complementary developments. In: *Local Government Studies,* 38 (1), 41–70.

Woyke, W. (2013). *Stichwort: Wahlen. Ein Ratgeber für Wähler, Wahlhelfer und Kandidaten.* Wiesbaden: Springer VS.

Wüst, A. M., & Tausendpfund, M. (2009). 30 Jahre Europawahlen. In: *APUZ* B 23-24, 3–9.

Wyn Jones, R., & Scully, R. (2010). Introduction: Europe, Regions, and European Regionalism. In: R. Wyn Jones & R. Scully (Hrsg.), *Europe, Regions, and European Regionalism* (S. 1–15). Basingstoke: Palgrave Macmillan.

Zicht, W. (1999). Kommunalwahlrecht. http://www.wahlrecht. de/kommunal/. Zugegriffen: 1. März 2015.

Zohlnhöfer, R. (2006). Vom Wirtschaftswunder zum kranken Mann Europas? Wirtschaftspolitik seit 1945. In: M.G. Schmidt, & R. Zohlnhöfer, R. (Hrsg.), *Regieren in der Bundesrepublik Deutschland. Innen- und Außenpolitik seit 1949* (S. 285–313), 1. Aufl. Wiesbaden: VS Verlag für Sozialwissenschaften.